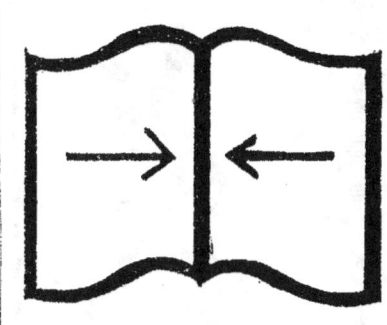

RELIURE SERREE
Absence de marges
intérieures

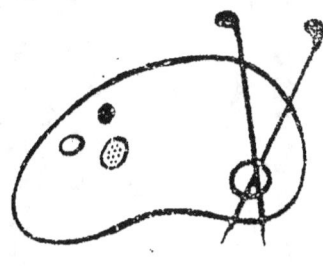

Couvertures supérieure et inférieure
en couleur

LABLE POUR TOUT OU PARTIE
U DOCUMENT REPRODUIT

PARIS
PAUL OLLENDORFF, ÉDITEUR
28 bis, Rue Richelieu, 28 bis

LIBRAIRIE PAUL OLLENDORFF

28 bis, rue de Richelieu, Paris, 28 bis.

Collection in-18 jésus à 3 fr. et 3 fr. 50 le volume.

La Jeune Garde, par Vast-Ricouard.
La Vieille Garde, par Vast-Ricouard, 20e édition.
Le Père de Martial, par Albert Delpit, 11e édition.
Le Fils de Coralie, par Albert Delpit, 20e édition.
La Maison des Deux Barbeaux, *Le sang des Finoël*, par André Theuriet, 4e édition.
Sauvageonne, par André Theuriet 9e édition.
L'Amour au Village, par Camille Fistié, avec une préface de André Theuriet, 2e édition.
Les Armes de la Femme, par Ernest d'Hervilly, avec dessins de P. Outin, 6e édition.
Le bel Armand, par Henri Bocage.
Voyage autour des Parisiennes par le vicomte Georges de Létorière, 6e édition.
Amours et Amitiés Parisiennes par le Vte G. de Létorière, 4e édition.
Le Roman d'une Nihiliste, par Ernest Lavigne, 3e édition.
La Chasse aux Nihilistes, par Paul Vernier, 2e édition
Voyage au pays des Roubles, via Munich et Berlin, par un militaire français, 2e édition.
La Belle Juive, par Mme Rattazzi
A l'Atelier, par A. Gobin.
Par Mer et par Terre, par Gustave Aimard. Le *Corsaire*, 1 volume; le *Bâtard*, 1 volume.
Les Protestants, — *Côte à Côte*, par Edouard Rod.
Claire Aubertin, *Vices parisiens*, par Vast-Ricouard, 9e édition.
Les Bêtises du Cœur, par Émile Villemot, 9e édition.
Séraphin et Cie, par Vast-Ricouard, 12e édition.
L'Espagne, par A. Eschenauer.
L'Ecuyère, par Alain Bauquenne
Une Parvenue, par Guy de Charnacé, 2e édition.
Un Drame de la Rue, par Edmund Yates.

Philippe Faucart, par Georges Glatron, 2e édition.
Les Belles Millionnaires, par Léopold Stapleaux, 3e édition.
La Maison de Lierre, par Re... Sosta.
Souvenirs de Frédérick-Lemaître, 2e édition.
Les Fils de l'Homme au cœur de pierre, par Maurice Jokaï
Mademoiselle Clarens, par D... noy, 2e édition.
Le Château de Castelloubou... par Cousté.
Le Carnet d'un Ténor, par Roger, 5e édition.
Madame de Krudener, par Paul Lacroix (Bibliophile Jacob), édition.
Serge Panine, par G. Ohnet, ouvrage couronné par l'Académie française, 31e édition.
Le Maître de Forges, par Georges Ohnet, 21e édition.
Bartolomea par Georges Lafenestre.
Les Dieux qu'on Brise, par Albert Delpit.
Pièces à Dire, par A. Carcassonne
Les Contes d'à présent, par Paul Delair, 2e édition.
Dinah Samuel, par F. Champsaur
Les malheurs du Commandant Laripète par Armand Silvestre, 11e édition.
Les Farces de mon Ami Jacques, par Armand Silvestre, 12e édition
Eclats de Rire, par Maurice Rollin.
Le Mot et la Chose, par Francisque Sarcey, 3e édition.
Les Mauvais Ménages, par A... Theuriet, 3e édition.
Théâtre de Campagne, Recueil périodique de comédies de salon par les meilleurs auteurs dramatiques contemporains. Ont paru les séries 1 à 7.
Dictionnaire des Lieux communs, par Lucien Rigaud 6 fr

Imp. A. Warmont Palais-Royal.

HARA-KIRI

DU MÊME AUTEUR :

En préparation :

Bilboquet
Les Politiques : **Les Marmiteux.**

Imp. du Fort-Carré Saint-Dizier (Haute-Marne) 19, Chaussée-d'Antin, Paris.

HARRY ALIS

HARA-KIRI

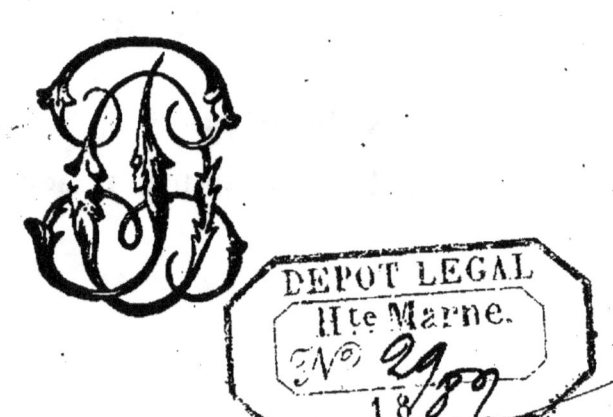

PARIS

PAUL OLLENDORFF, ÉDITEUR

28 *bis*, rue de Richelieu, 28 *bis*

1882

TOUS DROITS RÉSERVÉS.

A

EDMOND DESCHAUMES

HARA-KIRI

I

GRAND VOYAGE

Là-bas, là-bas, par delà les mers, dans le Japon mystérieux, sur les flancs du sacré Fousi-Yama, près de la coquette Mionoska, la ville aux eaux thermales miraculeuses, vivait le vieux samouraï Taïko-Naga.

Il se tenait éloigné des cours depuis les terribles événements de 1868 qui avaient renversé le shogoun, fils d'une race d'usurpateurs, et tiré de son immobile majesté le mikado, roi national. Taïko-Naga avait été un des fougueux partisans de celui-ci. Dans sa vaillance farouche, il pensait que la victoire du sombre mikado serait le signal d'une proscription générale des todjins, ces cruels barbares d'Europe que leur insatiable avidité poussait sur les côtes de l'empire.

Mais, hélas ! Taïko s'était trompé, de même que les autres Samouraïs. Le mikado, ce prince fainéant, invisible et immobile dans son impénétrable palais de Kioto, ne semblait sortir de sa torpeur que pour dépasser les plus fantasques, dans leur amour des innovations. Il avait quitté l'antique cité royale pour venir à Yedo, la ville des shogouns, la première station où soufflait maintenant comme un vent empesté des idées étranges des barbares. Semblant perdre la tête, ce descendant des martyriseurs de chrétiens se faisait l'hôte empressé des Occidentaux. Une à une, il abattait les barrières élevées pendant des siècles par la prudence de ses ancêtres. Le vieux samouraï, irrité, désappointé, désespéré, voyait disparaître peu à peu toutes les traditions de l'empire. Un courant de folie entraînait les esprits. Le costume national, même, si majestueux, si original, avec ses nuances fines et délicates, était abandonné. Des gens à grande barbe, à longs cheveux, semblant éternuer quand ils parlaient, étaient venus et coupaient en lanières des cadavres humains ; d'autres, à longs favoris, à longues dents, à longues jambes, creusant le sol, paraissant chercher des trésors ; puis d'autres encore, dorés sur les coutures, l'air belliqueux, disant aux guerriers nationaux qu'ils ignoraient l'art de tuer en bonne forme et les faisant manœuvrer comme des écoliers.

Le mikado, enchanté, souriait. Docile aux conseils de ces étrangers, il bouleversait les coutumes et les lois. Entre Yedo et Yokohama, la ville maudite où débarquaient ces races avides, il laissait établir, par les hommes aux grandes dents, de longues barres luisantes plus dures que du bambou, sur lesquelles glissaient en vomissant des flammes, des monstres rapides, traîneurs de fardeaux.

Quelque temps après, le souverain lui-même abandonnait ses vêtements majestueux pour se couvrir de l'accoutrement ridicule des todjins : un tuyau, pareil à un cylindre noir, couvrait sa tête, et ses jambes avaient une robe chacune, avec, sur le côté, des bandes dorées, comme les étrangers belliqueux. Enfin des samouraïs, légitimement indignés de cette invasion qu'ils n'avaient point provoquée, ayant, dans leur colère, tué quelques-uns des envahisseurs, un décret impérial les priva du droit immémorial et distinctif de porter deux sabres à la ceinture. C'était plus que n'en pouvait supporter Taïko-Naga. Le lendemain il quittait la ville impériale et, désespérant presque de l'avenir du Japon, il allait s'enfermer dans son *siro* de campagne avec son fils Fidé. Là il se consolait en cultivant ses chères fleurs qu'il avait toujours aimées.

Tandis que le petit Fidé, à l'école de Kioto, terminait ses premières études, se perfectionnait dans la connaissance des classiques chinois, apprenait les principes éternels de la théologie, comme quoi il est défendu de manger du bœuf, de boire du lait de vache et de tuer des canards mandarins, le samouraï fougueux se faisait homme des champs pour oublier ses déboires. A force de voir autour du siro de bambous l'assemblage charmant des camélias et des azalées, avec, derrière, comme l'entourage d'un vaste bouquet, les jolies fleurs doubles des cerisiers, des pruniers, des poiriers et des pêchers, tous rabougris avec art, il se prenait à se consoler et laissait abîmer sa colère dans l'envahissement d'une philosophie grognonne et satisfaite.

L'adversité a vraiment ses avantages. Ainsi, il avait fallu, pour qu'il appréciât les charmes de cette résidence, vieille propriété de ses ancêtres, qu'un revers politique le forçât de fuir les plaisirs plus amers des villes. Et, tout en exhalant son ressentiment devant les rares visiteurs, lorsqu'il se trouvait seul, il se disait qu'après tout, il faut bien prendre son parti de ce qu'on ne saurait empêcher, et qu'un samouraï peut encore être heureux en remplissant sa petite pipe au tabaccoboon et vidant sa tasse de thé dans les senteurs parfumées des bosquets, en regardant rêveusement les touffes de beaux lis bleus sur les toits des maisonnettes et, derrière, la tête perdue dans les amoncellements de vapeurs, les flancs majestueux aux couleurs magnifiquement fondues de la montagne sacrée.

Un seul souci refusait de s'envoler avec les petits nuages bleus qui s'échappaient de la pipe de Taïko-Naga. Le fils de ses entrailles, ce Fidé qui étudiait à Kioto et qu'il chérissait de toutes les forces de son âme, paraissait suivre le courant général et incliner vers les idées nouvelles. Même, la dernière fois qu'il était venu passer quelques jours à Mionoska, il avait manifesté le désir d'aller à Yedo où, disait-il, il devenait indispensable d'achever ses études.

Tout de suite, le vieux samouraï repoussa cette proposition avec colère. Aller à Yedo, la ville semi-européenne, la cité profanée, où il avait résolu, pour son compte, de ne plus retourner !... Jamais ! Mais maintenant, il se demandait avec anxiété s'il n'avait pas eu tort, et s'il ne mettait pas son fils dans une situation inférieure à celle de ses camarades, en lui refusant ce complément d'instruction, peut-être utile, après tout. L'affection paternelle et la vieille haine du samouraï pour l'étranger se livraient combat dans sa tête. Enfin, l'amour l'emporta. Il l'aimait tant, ce Fidé, ce fils unique, cet héritier d'un nom illustré par une longue suite de samouraïs célèbres ! Et ses idées changeant, il se remémorait l'histoire de ses ancêtres. Tant avaient été tués dans les guerres contre les Chinois, tant avaient succombé dans des luttes intestines, tant avaient fait hara-kiri et s'étaient ouvert le ventre avec honneur !

Ces glorieux souvenirs l'exaltaient et lui dondaient du courage. Fidé ne mentirait pas au sang de tant de héros.

Donc, Fidé partit pour apprendre le droit à Yedo. Taïko-Naga l'accompagna jusqu'à l'extrémité du verger. Tout en marchant lentement par les sentiers ombragés, il donnait, d'une voix tremblante d'émotion, des conseils à l'être cher, partant pour ce voyage qui l'effrayait. Il lui rappelait les traditions d'honneur de sa famille, lui recommandait d'obéir aux grands daïmios et au mikado, et surtout de se défier des todjins.

— Va, mon fils, disait-il, étudie avec ces hommes, puisque tu crois leur science utile, mais ne profite de leurs leçons que pour servir le Japon et les mieux combattre. Car ils sont le fléau de notre pays. Auparavant, nous étions riches, et leurs vols nous ont appauvris. Les samouraïs étaient sobres et ils leur ont appris à s'enivrer de saki. Nous nous battions quelquefois ; mais rarement les blessures étaient graves, et c'était toujours le plus brave qui l'emportait. Maintenant, ils nous ont appris à tuer davantage, sans bravoure. Enfin, nous avons une religion simple, qui ne nous passionne pas : ils veulent nous diviser avec la leur qui est compliquée et immorale.

Fidé, la tête baissée, pensait aux merveilles qu'on lui avait contées de la ville impériale et n'écoutait pas. Il monta dans son norimon, et les quatre porteurs partirent au trot.

Il semblait à Taïko-Naga que son fils était perdu et que quelque chose se déchirait en lui. Les larmes aux yeux, il suivit machinalement, pour rentrer, les bords de la rivière, sans s'arrêter, comme il avait coutume de le faire, devant le sillage argenté que décrivaient, aux appels du gardien, ses carpes apprivoisées.

Rentré chez lui, il se laissa tomber sur sa natte et ses yeux hébétés regardèrent fixement les branches fleuries des poiriers dans leurs vases, les émaux cloisonnés et les porcelaines de Nagoya reproduisant en décors bleus la silhouette aimée du vieux Fousi-Yama. Mais sa pensée était ailleurs. Elle suivait, dans le vague des impressions tristes, l'enfant des samouraïs, balancé là-bas, sur la route de Yedo, par le trot régulier des porteurs et s'apprêtant à se jeter dans l'avant-garde de cette civilisation européenne que le vieux Taïko-Naga craignait à l'égal de la peste.

En entrant à Yedo, Fidé fut pénétré d'admiration devant le spectacle bizarre qui s'offrait à lui. Il n'avait jamais vu d'autre grande ville que Kioto, la vieille cité des mikados, aujourd'hui abandonnée, avec des rues tranquilles et mortes, menant à des temples désertés par leurs prêtres.

Ballotté dans son norimon, il considérait d'un œil ébahi les files de petits ponts, les gens pressés courant les bras écartés, les cangos rapides et les minces habitations de bambous, qui laissaient apercevoir, par leurs cloisons relevées, de jolies femmes aux dents noires, sortant du bain et se dorant les lèvres ou croisant leurs nattes avec les longues épingles d'écaille, puis d'autres accroupies, prenant le thé ou mangeant le riz dans les tasses légères.

Sur une petite place, des soldats, vêtus à la nouvelle mode, manœuvraient aux commandements d'un jeune todjin à fine moustache, grand, bien fait, les cheveux coupés ras. C'était le premier étranger que voyait Fidé. Il fit arrêter les porteurs et longtemps il le regarda, allant, venant, l'air énergique, la voix forte, habituant ses hommes aux mouvements réguliers de la tactique européenne.

Le norimon de Fidé était riche. Sa belle robe de soie verte serrée à la taille, ses pantalons bouffants, son manteau léger en soie violette la plus fine, dénotaient un samouraï.

Le todjin le remarqua, s'avança et lui adressa la parole dans une langue inconnue.

Fidé indiqua qu'il ne comprenait pas. Alors, toujours souriant, dans un mauvais japonais mêlé de mots barbares, l'officier entama la conversation. Puis, l'exercice étant terminé, il laissa le commandement à un subalterne et offrit au jeune homme de lui servir de guide. Fidé accepta.

Quelques jours après, le fils de Taïko-Naga avait commencé ses études de droit avec les deux professeurs français mandés récemment par le mikado ; mais d'abord, il fallait apprendre leur langue, et c'est à quoi Fidé s'appliquait. La fréquentation de l'officier, avec lequel il était demeuré en relations, lui devint fort utile. Bientôt, ce fut une amitié véritable. Le todjin était un ancien sergent français, venu comme instructeur. Il se faisait appeler monsieur de Durand et à chaque occasion répétait son nom avec fierté, donnant des détails sur la vieille noblesse européenne. A la légation, on l'appelait simplement monsieur Durand. Il était jeune et aimait à s'amuser.

Dans la société agréable du Français, Taïko-Fidé délaissa peu à peu les cours. Il fréquenta les tcha-jia où l'on buvait le thé dans les fines tasses de porcelaine ornementée, en fumant et regardant en face les jolies femmes, facilement amoureuses du beau todjin et de son ami. Ensemble, ils allaient par ce chemin de fer qui avait tant effrayé le vieux Taïko-Naga à Yokohama, la ville cosmopolite, ou Fidé, qui commençait à baragouiner les langues du vieux monde, aimait à parler aux officiers français et anglais. Maintes fois, entraînés par ces marins, heureux de toucher terre après un long voyage, ils s'enivraient avec eux et, la tête pleine encore des fumées du saki capiteux, ils entraient dans les bateaux de fleurs. Là, en dépit des conseils du vieux samouraï, ils se divertissaient à voir sauter et tourner, en jouant du samsin criard, les danseuses légères aux costumes multicolores et aux rondes vertigineuses.

L'animation gagnant les esprits échauffés, on leur faisait mimer le chiri-fouri, la danse aux poses lascives, aux phrases rythmées et composées à la suite, séance tenante, émaillées de bons mots qui découvraient les dents, dans un rire communicatif. Alors Fidé, oubliant les vertus vantées des samouraïs ses aïeux et le droit et la haine des todjins, s'égarait avec quelque belle danseuse dans les bosquets de poiriers fleuris où il goûtait les plaisirs de l'amour aux sons des musiques adoucies, tandis que brillaient au loin les transparences bizarres des lanternes aux mille couleurs.

Partout et toujours, à propos des moindres choses, Durand dépeignait à son ami les merveilles de la vieille Europe et surtout de ce Paris unique au monde, où les femmes étaient plus enivrantes que partout ailleurs et pareilles à des fées, où se trouvaient des chemins de fer en chaque endroit et où l'on passait dans les rues sur des chars immenses et rapides.

Il parlait des cafés tapissés de glaces, des énormes monuments de pierre, auprès desquels les plus beaux palais de bambous paraîtraient des jouets d'enfants, des bals publics où l'on tourne en des danses plus entraînantes que le chiri-fouri. Il décrivait minutieusement ces choses auxquelles il trouvait toutes les infinies beautés de la patrie absente. Et, à la peinture de ces félicités, Fidé sentait s'éveiller dans son cœur le désir intense de partir sur un de ces gigantesques paquebots qui allaient là-bas, dans les pays féeriques, aussi formidables, comparés aux petites jonques de Yokohama, que la civilisation occidentale elle-même est supérieure à la civilisation japonaise.

Il disait ses aspirations à l'officier, et en même temps les craintes que lui inspirait cet inconnu qui l'attendait au-delà des mers. Durand le rassurait, répondait que ce voyage est aujourd'hui sans péril et que les Français accueillent avec courtoisie les étrangers. En même temps Fidé songeait au prestige qui l'accompagnerait dans sa nation après un pareil voyage, si rarement exécuté par ses compatriotes.

En suivant les cours de cette école de droit de Paris, tant estimée, il deviendrait peut-être aussi érudit que les deux maîtres français de Yedo et, au retour, pourrait occuper un poste important dans les plans de réforme du mikado. D'ailleurs, il vaincrait ainsi rapidement les difficultés qu'il éprouvait à apprendre le français et l'anglais, et qui lui rendaient ses études si difficiles.

Peu à peu ces visées ambitieuses, mêlées à une avidité des plaisirs parisiens décrits par Durand, lui faisaient entrer plus profondément dans l'esprit l'idée de quitter le Japon. Bientôt, cette ville de Yedo qu'il avait d'abord trouvée si belle l'ennuya. Il allait alors de plus en plus fréquemment à Yokohama, se mêlait aux Européens et se promenait sur le port, contemplant ces fiers steamers aux allures puissantes qui partaient pour les pays du rêve, en laissant derrière eux, comme une trace fugitive, un noir panache de fumée. Là, il sentait quelquefois la tête lui tourner, sous l'impression d'une mélancolie involontaire, et il revenait, songeur, chercher dans les bateaux de fleurs et les chants des danseuses une distraction qu'il n'y trouvait plus.

Une seule crainte le retenait encore. Il se disait que Taïko-Naga, avec sa haine profonde pour les todjins, après l'avoir laissé, à grand peine, venir à Yedo, ne consentirait jamais à son départ pour l'Europe. La pensée seule de l'épouvantable colère du vieillard l'empêchait de lui faire aucune ouverture à ce sujet.

Mais la nouvelle se répandit un jour que le mikado allait déléguer à Paris huit jeunes Japonais, pour y étudier le droit et rapporter ensuite dans leur patrie les connaissances de l'Occident. Fidé vit dans cette circonstance un événement providentiel qui lui permettait d'exécuter ses projets, sans exciter le courroux de son père. S'il réussissait, en effet, à se faire comprendre parmi les envoyés du mikado, Taïko-Naga ne pourrait lui reprocher d'avoir observé ses recommandations d'obéissance au souverain.

Il passa dès lors son temps à voir plusieurs samouraïs, anciens amis de son père, qui avaient conservé leur influence. Il ne lui fut pas facile d'obtenir ce qu'il convoitait. Bien d'autres avaient, comme lui, le désir de faire le grand voyage. Pourtant, autant le mal qu'il se donna, les démarches qu'il fit, que la connaissance plus grande qu'il avait acquise de la langue française, dans ses relations avec Durand, lui valurent l'honneur d'être choisi.

Dès qu'il fut certain d'avoir atteint le but qu'il se proposait, Fidé vit tomber toute son exaltation. Et, sans regretter rien, il comprit mieux les inconvénients et les ennuis de ce départ tant désiré. Dans la crainte d'une opposition formelle, il n'avait averti son père ni de ses démarches ni de ses intentions. Mais, maintenant que la décision était prise et signée par le mikado, que tout était arrêté et que, bientôt, le navire qui devait l'emporter quitterait Yokohama, il fallait bien cependant prévenir Taïko-Naga, et surtout lui demander les ressources nécessaires au voyage. Fidé eut un instant la pensée de garder le silence jusqu'au dernier moment et d'écrire alors à Mionoska, de façon que le samouraï apprît seulement le départ de son fils lorsque celui-ci voguerait en plein Océan. Mais il abandonna vite cette pensée. Il chérissait son père et ne pouvait se faire à l'idée de partir sans l'embrasser. Il lui écrivit donc brièvement pour lui annoncer son arrivée à Mionoska.

Monté dans son norimon, Fidé parcourait ce pays qu'il avait traversé une fois déjà en sens inverse. C'était la belle saison. Par les chemins accidentés, à peine tracés, la végétation luxuriante du Japon, baignée des rayons d'un soleil d'or, semblait se parer de teintes plus belles pour retenir dans sa patrie l'enfant voyageur. Au milieu des forêts de bambous altiers, autour des petits lacs et des immenses champs de riz, régnait un calme grandiose, serein, troublé à peine de temps à autre par les vols de cigognes ou la fuite rapide d'un blaireau, effrayé à l'approche des porteurs. Fidé, ennuyé déjà du séjour des villes, admirait cette heureuse tranquillité champêtre. Par instants il marchait, prenant plaisir à voir de près ces arbres qu'il allait quitter, et regardait rêveusement les transparences de l'air, laissant apercevoir des paysages paradisiaques terminés par de hautes montagnes dont les sommets se perdaient au milieu de légers nuages blancs, floconneux.

Mais si ce spectacle magique charmait les yeux de Fidé, il ne détournait pas ses pensées de leur but et, remonté dans son norimon, tout en glissant sur le chemin, frôlé par les branches basses des muriers, des paulonias, parmi les magnolias pourpres ou blancs ivoirins, et les citronniers aux senteurs embaumées, il songeait anxieusement à l'accueil que lui ferait Taïko-Naga.

Celui-ci avait senti des larmes de joie lui monter aux yeux, lorsque l'homme de poste rapide, avec une ceinture pour tout vêtement, était venu lui remettre la lettre de l'enfant prodigue, attachée parmi les autres, au bout du long bâton d'épaule. Hélas! cette lettre était bien laconique et n'indiquait pas le désir de demeurer définitivement à Mionoska.

Fidé approchait. Déjà, sur les flancs de la montagne géante, il distinguait les marches des escaliers de granit et les maisons grises qui semblaient, entre les cascades écumeuses et scintillantes, des rochers superposés au centre d'une fusion d'argent. Il dégringolait les degrés des rues escarpées, trouvant lente la marche des porteurs. Enfin, il revoyait le siro des Taïkos et, devant, un bâton à la main, bien vieilli, bien cassé, le père, qui s'avançait à grands pas, de ses jambes devenues débiles, le cœur palpitant et les yeux troubles.

Dans la joie des embrassements, le vieillard oubliait de remarquer les vêtements de Fidé qui portaient la marque abhorrée de la façon étrangère. Jamais Taïko-Naga ne s'était senti aussi ému. Pourtant, l'enfant avait déjà fait de longues absences autrefois, lorsqu'il étudiait à Kioto. Mais, alors, le samouraï était plus jeune ; d'autres soucis hantaient son esprit. Aujourd'hui, confiné par sa volonté dans son siro de Mionoska, déjà âgé et de jour en jour vieillissant, il avait mis tous ses espoirs sur la tête de son fils. Il en faisait l'objet unique de ses pensées.

Lorsqu'un bon repas et un long sommeil eurent remis Fidé des fatigues du voyage, Taïko-Naga le promena dans ses terres et prit plaisir à lui montrer ses troupeaux de poissons, ses jardins, ses rizières, ses bois de bambous, toutes choses dont il serait bientôt le propriétaire. Il espérait ainsi intéresser son fils à la culture des terres et le décider à demeurer à Mionoska. Mais Fidé, tout en reculant le moment des aveux, persistait dans ses résolutions avec toute l'ardeur des désirs accumulés dans son esprit pendant son séjour à Yedo. Et, triste à la pensée du chagrin qu'il allait causer au vieillard, il se disait cependant qu'il fallait parler et repartir, car le temps pressait. Un soir donc, en prenant du thé et fumant avec son père, brusquement, rapidement, il lui avoua tout. Taïko-Naga ne comprit pas, d'abord. Puis, sentant à l'air de Fidé que ses projets étaient sérieux, il entra dans une colère terrible. Pâle, debout, retrouvant ses forces dans l'excitation de la haine, il cria, menaça, s'accusant lui-même d'avoir laissé partir son fils pour Yedo, où ces idées étranges lui étaient venues, maudissant les todjins funestes qui, par leurs peintures et leurs promesses, voulaient lui enlever son enfant.

Silencieux et résolu, Fidé laissait passer l'orage. Le vieillard se sauva, craignant sa propre colère.

Le lendemain, après une nuit d'insomnies et de tristes réflexions, l'abattement avait succédé à la fureur. Taïko-Naga essaya encore, par tous les arguments qu'il put trouver, de dissuader son fils. Il lui faisait le plus noir tableau des défauts qu'il connaissait aux todjins et de ceux qu'il leur supposait. L'Europe était un pays sauvage où régnaient des maladies pernicieuses, où les hommes étaient vicieux et cruels. Ah! maudit devait être celui qui avait ouvert les portes de l'antique Japon à ces barbares, dont le seul aspect était repoussant ! Comment Fidé pouvait-il les trouver beaux avec leurs longues barbes pareilles à celles des boucs, leurs yeux renversés, leur face livide, leurs cheveux comme des crins, leurs habits ridicules ? Ils étaient à peine civilisés, avaient toutes sortes de superstitions absurdes ; ils mangeaient leurs dieux, craignaient la chair certains jours et adoraient des bois croisés !

Pour toute réponse, Fidé montra la signature du mikado au bas d'une autorisation de départ, et annonça qu'il quitterait Mionoska le soir même. Alors, Taïko-Naga, tout d'un coup, cessa de lutter. Il regarda longuement, d'un air morne, cette simple signature qu'il était habitué à respecter et qui lui prenait son enfant pour l'envoyer si loin, dans un pays d'où l'on ne revient peut-être jamais.

Sentant les larmes monter à ses yeux, le vieux samouraï se redressa honteux et farouche :

— Pars donc, dit-il, puisque tu préfères les séductions de l'Occident à l'affection de ton père et aux joies tranquilles de notre vie... J'aurais dû prévoir tout cela lorsque je t'ai envoyé à Yedo... Au moins, je veux te donner les moyens de représenter dignement, chez les todjins, l'héritier des samouraïs de Mionoska... Je t'accompagnerai jusqu'à la mer... Puisses-tu revenir assez tôt pour recevoir mes derniers adieux...

Le soir même, deux norimons portant le vieillard accablé, et Fidé, heureux de son prochain départ, mais attristé par la douleur paternelle, reprenaient le chemin de Yedo et il semblait au jeune homme endormi, et secoué par le mouvement régulier des porteurs que déjà il était bercé par des vagues, chantant joyeusement à son oreille le clapotement des mers européennes.

Ils ne demeurèrent pas longtemps à Yedo, seulement le temps nécessaire pour que Fidé pût recevoir les dernières instructions officielles et réaliser des valeurs de banque.

De plus en plus triste, Taïko-Naga passait hautain et silencieux dans ces rues fermées naguères aux étrangers, où allaient et venaient les fiers samouraïs à deux sabres, et où, maintenant, se promenaient des todjins, l'air insolent, dédaigneux de l'étiquette japonaise, mettant dans les tonalités soyeuses des costumes nationaux, la tache sombre de leurs grossiers vêtements, — ce qui semblait au vieillard l'emblème de leur civilisation, ternissant l'éclat des mœurs indigènes.

Malgré toutes les explications de son fils, il ne consentit pas à prendre le chemin de fer pour aller à Yokohama. Ils parcoururent encore la route en norimon.

Lorsqu'ils arrivèrent, dans la rade tranquille formée par la baie de Yedo, se balançait gracieusement, aux poussées des vagues montantes, le paquebot qui devait, le lendemain, emporter aux contrées lointaines le fils de Taïko-Naga. En l'apercevant, le vieillard lança un regard brillant de haine farouche, et des larmes lui vinrent aux yeux. Ému, le cœur torturé par ses craintes, il adressa à son fils une dernière adjuration.

Se sentant gagner par l'attendrissement, il se laissa tomber sur la natte de l'hôtel où l'on était arrivé, et sans vouloir rien manger, sans chercher un sommeil impossible, il se mit à parler au jeune homme du passé, de vieux souvenirs de son enfance, qui, à mesure, l'attendrissaient davantage, et lui mettaient dans la voix plus d'abandon. Fidé, pleurant lui-même d'émotion, rassurait le vieillard, lui prodiguait des caresses enfantines, lui causant, avec des intonations douces et persuasives comme autrefois, lorsque, bambin capricieux et gâté, il désirait obtenir un jouet, une tortue aux pattes branlantes, une poupée masquée, un cerf-volant ou un petit feu d'artifice.

Taïko-Naga, toujours soupçonneux, feignait de le croire, pour ne pas lui donner le souci de ses craintes.

La nuit passa ainsi.

Le jour apparaissait à l'horizon infini, dissipant la brume grisâtre, donnant aux objets noyés dans les demi-teintes des aspects indécis qui se précisaient peu à peu, jusqu'à devenir bien distincts.

L'activité des préparatifs de départ régnait sur

le port. Déjà l'équipage était à bord et une fumée blanche épaisse s'échappait de la cheminée du steamer, en même temps que retentissaient, au-dessous, les grondements sourds et les échappées de vapeur de la chaudière, la veille encore silencieuse. Une chaloupe parée, les matelots droits contre les avirons, se tenait près du bord et, sur le quai, les officiers joyeux, alertes, donnaient aux expatriés des poignées de main, répétant les promesses pour des commissions dont on les chargeait. Les compagnons de Fidé prirent place dans l'embarcation. Une dernière étreinte, et déjà l'enfant des samouraïs avançait rapidement vers le paquebot, aux secousses rythmées des avirons.

Peu à peu semblait s'assombrir et s'éloigner la silhouette de Taïko-Naga immobile, maîtrisant sa douleur, au milieu des autres Japonais qui répétaient leurs adieux avec des gestes et des cris.

L'ancre était levée. Mugissant et sifflant, le paquebot dérapait, décrivant sous la pression du gouvernail une courbe gracieuse, salué par les cris simultanés des passagers et des amis restés au rivage.

Déjà, les parties diverses de Yokohama, se fondant à mesure que croissait le recul, prenaient des aspects de panoramas. Dans l'éloignement, la ville chinoise, avec ses pagodes pauvres et sales, la ville européenne, jolie, propre, aux rues bien alignées, bordées de maisons en bois et en briques, et enfin la ville japonaise, s'unissaient pour former une seule cité coquette, avec ses assises étagées. Les hommes, puis les constructions paraissaient comme des points. Et bientôt, par-dessus l'île de Yokohama, dont les contours semblaient se rapetisser, se dessinaient dans de lointaines perspectives, les blocs moutonnants du rivage, recouverts d'une végétation puissante. Le paquebot, glissant sur les lames avec rapidité, gagnait le milieu du golfe de Yedo et les paysages variaient, se multipliaient des deux côtés, à mesure que fuyait le chenal.

Fidé, appuyé sur un bastingage, se sentait envahir par une tristesse immense. Alors lui apparaissaient, avec une intensité singulière, les douceurs, les joies de la patrie et les incertitudes de l'avenir, et, dans le flou de ses pensées, quelques légers incidents de son enfance, surgissant par hasard, prenaient une importance exagérée, amenant des ressouvenirs attendris.

Avidement, il fixait ses regards sur la côte fuyante, où venait de disparaître Yokohama. Bientôt le paquebot passait devant l'île d'Ohosima et s'avançait en plein Océan. Le Japon tout entier, noyé dans l'espace brumeux et caché en partie par la courbure des mers, se révélait seulement comme une tache, énorme d'abord, puis, d'instant en instant, moins visible. Enfin, elle disparut et les yeux obstinément fixés de Fidé ne perçurent plus à l'horizon que les vagues clapotantes et écumeuses, barrière d'heure en heure plus large qui s'élevait entre lui et la patrie des samouraïs.

Là-bas, sur le quai de Yokohama, le vieillard se tenait encore, contemplant avec une persévérance anxieuse et sombre la route liquide par où l'enfant prodigue était parti pour l'Occident inconnu.

II

UNE VADROUILLE

Il ne restait pas une place de libre, au *Cancan*. Autour des tables de marbre, sur les banquettes et sur les chaises, des femmes, le regard perdu, et des étudiants, fumant des pipes et buvant des bocks, se tenaient pressés. Une fumée âcre, remplissant l'espace libre, se mêlait, en spirales capricieuses, aux odeurs méphitiques des consommations et des tabacs.

Dans ce brouillard, des gens à moitié ivres entraient et sortaient sans relâche, échangeant avec les premiers occupants des poignées de main et des engueulements fraternels, demeurant parfois plantés debout, à leur aise comme s'ils eussent été au milieu du Champ-de-Mars. Entre ces gêneurs, les femmes se glissaient, agiles, portant des verres, attentives aux mouvements brusques et cherchant à préserver leur plateau des chocs et des heurts. Les étudiants, gouailleurs, tout en s'effaçant, leur pinçaient les hanches et négligemment, elles tapaient sur les doigts sans trop s'émouvoir, embêtées seulement à cause des retards, tutoyant tout le monde dans le tas.

Joséphine, la patronne, assise dans un coin, près de la fontaine à bière, surveillait sa fille, une gamine de huit ans, qui, effarouchée par le bruit et la fumée, écrivait ses devoirs en se fourrant les doigts dans les oreilles pour se relire. De temps à autre, un client plus intime s'approchait et Joséphine, contente, expliquait que la petite était sa fille. Puis, distraite par le cri d'une bonne dont on fourrageait les jupes, elle se levait et criait :

— Dis donc, Houdart, laisse donc Margot tranquille... C'est stupide, ça...

— Mais c'est elle qui me chatouille !

— Oui, oui, je la connais... Allons, bon ! c'est Kopeck, à présent ! Vous perdez la boule, je crois... Qu'est-ce qui m'a fichu des types comme ça ?... Colle-lui une gifle, Louise !...

Et, ayant obtenu une accalmie, elle se rasseyait et se faisait servir une cerise à l'eau-de-vie. Elle était bien contente. La petite n'apprenait pas mal. Ses maîtresses disaient qu'elle était une des premières de sa classe.

— N'est-ce pas, Mi-Mi ?

Était-elle gentille, hein? Le petit garçon aussi. Seulement, lui, il restait encore à la campagne. Elle demeurait même très perplexe à son sujet. Dans quelle pension le mettrait-elle? C'était bon, tout de même, d'avoir ses enfants autour de soi.

Elle s'attendrissait.

A l'autre extrémité de la salle, près de la vitrine vert pâle, une mignonne fille se trouvait seule. Elle était brune, grassouillette, jolie, avec des tons de chairs mats. Ses bottines mordorées élevées sur de hauts talons, l'échancrure semblable à une échelle laissant apercevoir, entre les barrettes piquées de rose, des bouffées de satin bleu, s'appuyaient sur la chaise opposée, par-dessous la table. Les jupons, richement brodés, faisaient une tache blanche sous les teintes chatoyantes d'une robe pompadour aux reflets pareils à des élytres d'insectes brillants. Le corsage, moulant un corps bien fait, avec des rondeurs fermes de seins tentateurs, se terminait, au sommet, par une ruche Henri III en dentelles fines, au travers de laquelle une peau savoureuse, excitante, s'apercevait vaguement. Le chapeau disparaissait sous une écharpe aux couleurs éclatantes.

Renversée sur le dossier de la banquette, la jeune femme lisait un livre gris de bibliothèque à deux sous, avec un cartonnage sombre, des pages jaunies et des caractères larges. Sur la robe, entre les genoux relevant l'étoffe, un petit chat jaune, roulé en boule, dormait au chaud.

A chaque instant, de nouveaux arrivants, excités par la pose abandonnée de la femme et par les promesses de sa chair, lui chuchotaient, en passant, des grivoiseries et, sous prétexte de caresser le chat, glissaient la main sous les jupes.

Elle, sans s'émouvoir, sans même relever les yeux, tant le livre l'intéressait, repoussait la main hardie, d'un petit coup sec sur les doigts, avec un haussement d'épaules. Parfois elle grommelait :

— Fichez-moi donc la paix !

Et le petit chat jaune, tordant son joli museau, allongeait ses pattes douces, bâillait et se remettait à dormir.

A la fin, autour de la jeune femme, un groupe s'était formé. Ceux-là étaient des habitués du *Cancan* : des étudiants ès-bières, des journalistes tintamarresques, des peintres inconnus, des musiciens vadrouilleurs, des acteurs d'avenir sans présent, des poètes s'éditant à leurs frais ou ne s'éditant pas du tout. Tous faisaient partie d'une société littéraire et artistique de la rive gauche, donnant le samedi des soirées où, sous prétexte d'art, on buvait des bocks en récitant des poésies pimentées ou des scies d'atelier. Dans la semaine, ces artistes qui s'étaient baptisés du nom de

Tristapattes, se réunissaient au *Cancan,* dont ils avaient fait leur quartier général.

Ce soir, ayant absorbé beaucoup de bière, ils cherchaient à s'amuser. Et, assis en rond, ils lançaient à la fille, indifférente, des quolibets, échangeaient entre eux des observations salées, espérant qu'à la fin, lorsqu'ils deviendraient plus entreprenants, elle se mettrait en colère. Alors on rirait !

Sur l'autre banquette, en face, deux jeunes gens causaient : à gauche, un petit, avec un chapeau melon. Son teint cuivré, son nez court ouvert au vent, ses moustaches maigres à gros brins, ses yeux tirés, relevés vers les tempes, dénotaient l'origine orientale. Des piles de soucoupes, devant eux, cliquetaient au moindre choc, contre la table de marbre. Le petit lançait des phrases courtes, puis riait d'un rire silencieux qui lui ridait le visage. Ce qu'il disait l'amusait beaucoup. L'autre, un gros rougeaud, se tordait. L'accent étranger, bizarre, de son voisin, ses intonations particulières, le divertissaient prodigieusement : l'Oriental ne pouvait prononcer les *r* ; malgré tous ses efforts, c'était toujours un *y* qui sortait.

Le chapeau melon, comme les autres, regardait la fille au chat :

— Payie que je vais l'embyasser...

— Tu vas te faire gifler.

— Oh ! je sais pyend yé femme. Je vais l'embyasser...

— Eh bien, vas-y.

Le petit se leva, tandis que l'autre se renversait en arrière pour cocasser mieux à son aise.

D'un pas mal assuré, les yeux toujours fixés sur la femme, il s'approcha du cercle. Toute la bande, un peu ivre, regardait avec ahurissement cette face jaune qui semblait sortir d'une boite. On crut que c'était l'amant. Un des jeunes gens se recula pour le laisser passer, en criant :

— Ah ! elle est bien bonne, celle-là. C'est ce moricaud-là qu'elle attendait.

Ce fut une explosion de rires :

— Ah ben ! c'était pas la peine de nous faire poser.

— Il est joli !

— Il va faire une scène de jalousie au chat...

Un grand gaillard, le mystificateur Kopeck se leva solennellement :

— Protégeons cet animal contre la colère d'un époux...

L'Oriental, riant toujours, s'était assis près de la belle fille. Puis, sans perdre de temps, avant même qu'elle pût soupçonner son intention, il lui saisissait la tête entre les mains et l'embrassait sur les lèvres.

La jeune femme, impatientée, trouvant qu'on on prenait vraiment trop à son aise, repoussa brusquement l'audacieux d'un coup de coude et voulut continuer sa lecture. Mais l'autre, enflammé par ce chaud baiser sur les lèvres roses, se rapprocha et, parant les coups, il l'embrassa de nouveau, s'exaltant dans la lutte et égarant sa main sous les jupes.

Furieuse, indignée qu'on voulût la prendre ainsi de force, la fille, lâchant d'un mouvement brusque le livre qui glissa à terre et le chat effrayé, se leva pour se défendre.

— En voilà un sale moricaud !

Les spectateurs, ravis, enthousiasmés, battaient des mains. De tous côtés on accourait. On hurlait des encouragements.

— L'embrassera !
— L'embrassera pas !
— Étonnant, ce lapin-là !

Le petit, échauffé, la tête montée par le bruit, n'en voulait pas démordre. Parant les gifles, garantissant seulement sa tête de la main gauche, il tenait solidement un coin du jupon relevé, et les étudiants émerveillés, allumés, pouvaient voir, sous le fin bas de soie bien tendu, dessinant les formes rondes du mollet et la naissance de la cuisse, la transparence nacrée des chairs.

Alors furieuse, se sentant faiblir, irritée encore par les rires des assistants, elle abandonna tout décorum. Oubliant la tenue et sa belle robe et son chapeau riche, elle se révéla forte fille des faubourgs. D'une violente secousse, elle se dégagea et fit face à l'assaillant, auquel elle envoya une bordée d'injures.

Les spectateurs, se tenant les côtes, aplatis dans les chaises, étalés sur les banquettes, riaient, riaient. C'était un délire. Ah ! on s'amusait ! Il ne fallait pas sitôt les priver du spectacle. Du geste, de la voix, on excitait les combattants qui, du reste, n'avaient pas besoin d'encouragements.

Mais Joséphine trouvait que ça avait assez duré. Elle s'interposa et, tirant la femme par sa manche :

— Jeanne, ma fille, va t'assoir à ma place. C'est le seul moyen pour qu'ils ne t'embêtent pas. Tu vois bien qu'ils sont tous saoûls...

La bande protesta :

— Oh ! Joséphine !...

Jeanne, reprenant son livre et, d'un coup du plat de la main, remettant en place sa robe et ses jupes froissées, se dirigeait déjà vers le fond. Pendant ce temps, la patronne s'approchait du petit, moitié riant, moitié décontenancé, et lui faisait la morale :

Il était fou de penser à des choses pareilles... devant le monde, encore ! Il ne savait donc pas que cela pouvait déconsidérer son établissement ?.. De jolies manières !... Et bien, merci ! si c'était comme ça qu'on se conduisait en Chine !

Et, pour le faire tenir tranquille, elle lui envoya chercher un bock. Lui, hébété, découvrait ses dents blanches dans un rire bruyant. Autour de lui le cercle s'était resserré. On le trouvait amusant, le Chinois. On avait fait apporter des consommations, et des voisins, empressés, lui mettaient un verre dans la main, pour trinquer. On le questionnait.

— Qu'est-ce que tu fais? demanda Houdart.
— Je suis étudiant en dyoit.
— Tu es Chinois?
— Non, je suis Japonais.
— Ah ! et qu'est-ce que tu étais, là-bas?
— J'étais Samouyiaï.

Ce mot intrigua. On demanda des explications. Le petit les donnait d'un air ennuyé, cherchant des yeux la femme. On ne comprit pas bien. On crut que c'était un prince. Un murmure d'étonnement, d'admiration mêlée d'ironie, courut la salle dans un chuchotement. On était enchanté de posséder un prince japonais, et surtout de le voir se saoûler fraternellement avec les étudiants.

Un des assistants, plus enthousiasmé, fit apporter d'autres bocks.

Joséphine, pleine de vénération, rudoyait les plus proches pour les faire écarter. Le prince ne pouvait pas respirer. Il ne fallait pas l'étouffer, que diable !

Lui, obstiné, demandait toujours la femme. C'était une idée fixe : il la voulait.

Alors Joséphine, empressée, se leva et alla

trouver Jeanne, au fond. Elle la grondait. Il fallait être folle de se fâcher pour si peu de chose. Il avait voulu seulement plaisanter, ce garçon. C'était un bonhomme très chic, un prince chinois, ma chère. Voyons, pas de bêtise. Jeanne pouvait bien prendre un bock avec lui, pour faire la paix... Il ne la mangerait pas, après tout...

Du cercle, on voyait gesticuler les deux femmes, Joséphine cherchant à convaincre Jeanne qui refusait d'un mouvement de tête. Enfin, elle céda, et d'un pas nonchalant, l'air maussade, elle vint s'asseoir près du prince. Une acclamation générale l'accueillit. On redemanda des bocks. Houdart, se penchant vers le prince, lui dit :

— C'est pas la peine de t'enflammer, elle restera bien avec toi toute la soirée.

Alors le petit voulut l'embrasser. Elle fit mine de s'éloigner.

— Allons, voyons, cria Monnet, c'est le baiser de la réconciliation.

Jeanne, voyant que le prince demeurait tranquille, quitta son air maussade et se mit à causer avec les étudiants. Tandis que la bande admirait le Chinois, Kopeck, le fumiste, la lançait dans la voie des confidences :

— Tu es donc seule ?
— Oui, j'ai lâché mon amant. Il m'embêtait.

Je vais entrer dans la boîte au père Charles. J'a là une amie...

— Ah bien ! c'est pas drôle, tu sais, de servir en Brasserie. Il vaut mieux prendre un autre amant... Attends...

Après quelques minutes de réflexion, Kopeck se leva, grave, l'air pontifical, tira les bouts de sa cravate-foulard et, d'un ton sérieux, parla :

— Prince, Messieurs, je demande la parole.

On devina une fumisterie. Tous connaissaient et admiraient cet original, cet esprit baroque, une illustration de la rive gauche, toujours prêt, avec son air sérieux, aux plus invraisemblables mystifications. Houdart, le président des Tristapattes, releva le nez qu'il trempait dans son bock, se renversa en arrière, et, tirant une bouffée de sa pipe, il dit :

— Monsieur Kopeck, notre dessinateur et fumiste illustre, a la parole.

— Messieurs, je veux vous faire un grand discours.

Très court.

Je continue en prose, ma poésie vous humilierait. Or donc, j'ai recours à votre sagesse bien connue. Nous voyons ici deux personnes, appartenant à l'un et l'autre sexe — du moins tout permet de le supposer. — L'une, c'est la toute gracieuse Jeanne, ici buvante, dont nul ne contestera les charmes. L'autre, c'est cet excellent prince... A propos, comment vous appelez-vous, prince ?

— Taïko...

— Ko-Ko, c'est ça. L'autre, dis-je, c'est cet excellent prince Ko-Ko en qui sont enfermées toutes les grâces de l'Orient. Or, chose bizarre, je dirais presque énorme... Oui, au fait, je dis énorme... Ces deux êtres qui semblent également créés pour l'amour me paraissent complètement célibataires. Pour Jeanne, le fait est acquis, elle vient de me le révéler. Quant à notre cher prince Ko-Ko, l'ardeur et l'exaltation... qu'il a montrées... tout à l'heure m'autorisent à croire que son sexe est taquiné par les abstinences du célibat.

La bande approuva bruyamment. Pendant quelques secondes, des exclamations bizarres partirent de tous les côtés.

Kopeck fit signe qu'il désirait continuer. Alors, posant sa pipe, Houdart cria, en roulant des yeux féroces :

— Messieurs, je vous donne une minute pour boire, après laquelle l'orateur reprendra la parole. N'interrompez pas.

Les bras s'étendirent, soulevèrent les bocks qu'ils reposèrent, vides. Kopeck reprit :

— Je disais, messieurs, qu'un tel état de choses était tout à fait anormal. Je propose que nous unissions ces êtres incomplets dans les liens du collage. Les Tristapattes serviront de témoins, et le bal de noces aura lieu dans vingt minutes, à Bullier. Approuvez-vous cette proposition ?

Il y eut un hurlement de joie. Le prince, dont la tête tournait, comprenant à peine, trouvait cela très amusant. Jeanne eut un instant la pensée de refuser, mais elle se ravisa aussitôt, par peur des jeunes gens, qui criaient comme des forcenés. D'ailleurs, cela ne lui déplaisait pas d'aller à Bullier. Là-bas, elle pourrait les lâcher plus facilement.

Pendant un moment ce fut un brouhaha, un méli-mélo indescriptible. On cherchait les cannes, les chapeaux. On payait les consommations en répondant aux réclamations des femmes.

Enfin, on se trouva sur le trottoir, au complet.

Kopeck, bizarre dans son costume irlandais, avec un gilet brodé, une culotte courte, laissant voir ses mollets énormes, son grand chapeau à bords plats renversé en arrière, battait la mesure avec sa canne et avait organisé le cortège.

En avant marchaient le prince et Jeanne, bras dessus, bras dessous, à peu près de même taille. Derrière, à la file indienne, en monome, se tenaient les plus fameux Tristapattes : le président Houdart le poète, Arguesorre, le compositeur ; Toutbeck, le violoncelliste échevelé ; Vavin, directeur du journal officiel de la société ; Coton, le futur député ; Murot, l'employé de ministère ; le grand Vaissel, étudiant en droit ; Boumol, le pion ; les deux Alène, les fumistes ; Monnet, l'architecte ennemi des portiers ; puis d'autres, et d'autres encore.

Et tous, marquant le pas, criaient à tue-tête :

> Qui qu'a, qui qu'a vu Ko-Ko,
> Ko dans l' Tro,
> Ko dans l' Tro,
> Ko-Ko dans l' Trocadéro ?

Au refrain, Kopeck, mettant la main devant sa bouche, imitait le fameux cri du petit chien *qu'on lui* marche sur la patte.

Le grand air ayant surpris les cerveaux échauffés, tous devenaient abominablement gris. Il était environ dix heures du soir. Les passants, nombreux, s'arrêtaient pour voir défiler l'étrange bande. Les sergents de ville, ahuris, la suivaient longtemps des yeux. Le monôme s'allongeait. A chaque instant on rencontrait des Tristapattes, on les appelait, et ils venaient à la file. A un moment, sans qu'on pût savoir comment, les premiers en ligne hissèrent, au bout de leurs cannes, des lanternes vénitiennes allumées. Des gamins, admiratifs, suivaient à distance. D'instant en instant, un immense cri de :

— Vive Ko-Ko !

partait du monôme. Cette longue théorie serpentant avec ses cris et ses lanternes multicolores dans la pénombre blafarde des becs de gaz, prenait des allures de marche triomphale.

Sur le boulevard Saint-Michel, pourtant habitué aux tumultes nocturnes, des têtes de bourgeois ensommeillés, effrayés, apparaissaient aux fenêtres, croyant à un incendie. Et, en voyant se dérouler, houleux, le serpent humain, ils demeuraient bouche béante, quelques-uns rêvant d'un bœuf gras monstrueux et fantastique.

Ainsi, toujours chantant, gueulant, la bande atteignit la porte de Bullier que décelait une traînée de lumière. Les sergents de ville essayèrent de couper la file pour remettre un peu d'ordre et empêcher les manifestations. Mais tous tinrent bon avec l'obstination calme des ivrognes. Cédant aux observations de Kopeck, qui allait de l'un à l'autre, donnant le mot d'ordre, ils consentirent seulement à se taire. Un à un, ils arrivaient devant le guichet, payaient, passaient, et malgré les gardiens, se reformaient en monôme sur l'escalier intérieur. Là, ils descendaient à petits pas rythmés, fredonnant leur chanson en sourdine. De tous les coins de la vaste halle, femmes et étudiants se précipitaient vers l'entrée. Et autant le placide entêtement des Tristapattes que la colère inutile des gardiens menaçant, criant, se démenant, les amusaient prodigieusement.

Tout à coup, au moment où les premiers en tête du cortège mettaient les pieds sur le parquet, un cri assourdissant de : Vive Ko-Ko ! fut poussé par toute la bande.

Du coup, les derniers danseurs, abandonnant l'hémicycle, se précipitèrent et les musiciens, surpris, laissèrent échapper des couacs. Tandis que deux Tristapattes, Toutbeck et Vavin, payant pour les autres, se disputaient avec l'autorité représentée par les gardiens et protestaient de leur innocence, le monôme se dispersait. En même temps, grâce aux bavardages des nouveaux venus, des rumeurs bizarres se répandaient dans la salle :

— Vous ne savez pas ?
— Quoi ?
— Il y a un prince chinois qui est venu se promener à Bullier.
— Ah ! c'est donc ça, qu'on faisait tant de potin ?
— Oui.
— Tenez, regardez-le, là-bas, avec cette femme au bras...
— Tiens, c'est Jeanne ! A-t-elle de la veine cette grue-là !

Puis, sur le passage de Taïko, des chuchotements :

— Eh ben, merci, il est rien pochard, le Chinois !...
— Dis, Charles, qu'est-ce qu'il a fait de sa queue ?
— Il l'a laissée à l'hôtel. Ici, avec les femmes, elle courait trop de dangers... c'est hors de prix ces choses-là.

— Gros libidineux !
— Comment s'appelle-t-il ?
— C'est le prince Ko-Ko.
— Ah ! c'est un drôle de nom !
— Ils sont tous comme ça, en Chine
— Ce qu'il doit avoir de la galette !

Jeanne, glorieuse de l'effet produit par son cavalier, ne le quittait plus. Elle tenait à lui, maintenant. Les Tristapattes, fiers d'avoir découvert ce phénomène, lui formaient une suite et les fumistes de la bande donnaient des détails, chuchotant aux oreilles les explications les plus biscornues.

Taïko, émerveillé, ouvrait de grands yeux. Il admirait l'aspect d'ensemble, l'animation, les jolies filles et les jeunes gens gais, s'appelant, se poussant, s'embrassant à la barbe des municipaux. Il y avait dans la salle un mouvement endiablé de promeneurs et de danseurs, se cognant aux femmes qui agitaient leurs mouchoirs pour se rafraîchir. Tout au fond, dans le jardin obscur, flambaient les becs de gaz, donnant aux feuilles une douce pâleur verte, avec des recoins foncés et projetant, sous les grottes facticés, des pénombres silencieuses.

Le Japonais regardait longuement les danseuses tournant en des valses lascives ou s'avançant en des quadrilles chahuteux. Les jambes levées dans des pas hardis, avec les jupons blancs et les pan-

talons brodés couvrant les cuisses, et leur donnant
l'attrait du mystère entrevu allumaient sa chair,
lui mettaient dans le sang des désirs furieux. Il
serrait le bras de Jeanne et ses yeux brillaient.
Puis, les éclats entraînants des cuivres mêlés sous
son crâne aux tourbillonnements de l'ivresse, lui
donnaient des envies de s'élancer comme les
autres, et de s'enfuir ensuite entraînant une femme,
comme là-bas, dans les bateaux de fleurs, après le
chirifouri. Ces Françaises, avec leurs toilettes pro-
vocantes, leurs effets de torse, leurs gamineries,
l'arrangement de leurs vêtements et la politique
de leurs sourires, laissant tout pressentir et ne
livrant rien, lui paraissaient d'une autre essence
que les femmes d'Orient, dont les soumissions
sont souvent bestiales. Il avait été accoutumé à
ne voir dans la Japonaise qu'un être d'espèce
inférieure, destiné au plaisir et à la reproduction.
Et voilà qu'une autre femme se révélait à lui,
joignant aux charmes de l'amour les séductions
de l'esprit. Celle-là avait une valeur. Elle comptait
intellectuellement. Dans son cerveau ébloui, la
pensée de devenir l'amant d'une de ces femmes,
en plus du plaisir des sens, prenait les aspects
séduisants du viol d'une intelligence. Ah ! il comprenait bien maintenant ce que lui avait dit Durand
jadis, et il s'applaudissait d'avoir résisté aux adju-
rations de son père. Ébloui, chancelant sous les
fumées alcooliques et les envolées troublantes de

ses désirs, il s'assit à une table. Les Tristapattes se groupèrent autour de lui. On commençait à avoir soif. Taïko paya des consommations.

L'ivresse gagnait les cerveaux. Devant, les couples passaient en chuchotant, se montrant le Chinois et riant. Au bout d'un moment, la bande s'ennuya. On trouvait que le prince devenait trop répandu et perdait de son relief. D'ailleurs, il y avait assez longtemps qu'on était à Bullier. Ça devenait assommant. Si on allait vadrouiller? La proposition fut adoptée à l'unanimité. Le temps de prendre une nouvelle tournée et l'on sortit.

Alors commença une odyssée inénarrable : l'alcool des bocks avait mis de la fantaisie dans les attitudes. Maintenant, chacun marchait à sa guise. Quelques-uns décrivaient sur les trottoirs des arabesques, accrochant au hasard les arbres, les becs de gaz et les passants attardés. Jeanne était soutenue des deux côtés par Toutbeck et Arguesorre qui lui disaient des bêtises. Ko-Ko marchait en avant avec Kopeck, à grandes enjambées. Houdart, monomaniaque, s'acharnait dans une idée fixe : lorsqu'il rencontrait un gardien de la paix, il s'avançait vers lui et, poliment, levait son chapeau.

— Veux-tu un cigare?

Le sergent, paternel, à cette heure propice aux ivrognes, refusait, disant au poète de passer son chemin. Alors, Houdart, tenace, insistait. Certainement, il aurait compris le refus de l'honorable sergent si le cigare n'eût pas été bon, mais il était excellent, c'était un cigare délicieux, parfumé...

Et si le gardien de la paix, impatienté, menaçait de le conduire au poste, le poète ajoutait avec un geste d'épaules, l'air peiné :

— Oh! alors, si tu te fâches!... Fallait le dire tout de suite, tu comprends... C'est égal, tu as tort tout de même, ce sont de bons cigares...

On entrait dans les brasseries, surtout dans celles où servaient des femmes. Quelquefois on ne prenait rien. Mais on taquinait les filles, on embêtait le patron, ce qui fait toujours plaisir. On présentait solennellement le prince Ko-Ko aux assistants, avec son épouse. Même on eut un instant la pensée de lui faire manger du tabac. Mais Kopeck ayant proposé un lapin cru, ce qui est plus couleur locale, on ne trouva pas de lapin et l'idée fut abandonnée.

Le pauvre Ko-Ko était tout à fait ivre. Il n'avait plus conscience de rien et riait constamment d'un rire hébété. Seul, le corps se tenait encore, tant bien que mal. Sur le boulevard Saint-Michel, Monnet, sous prétexte de faire une farce à un concierge, entra dans un vestibule avec les deux Alène. Là, il poussa un cri sauvage, cogna les vitres de la loge et se sauva en tirant la porte après lui. Puis, entendant à l'intérieur un grand bruit, des coups et des protestations, content de lui, il revint vers le groupe en demandant ce qu'étaient devenus les Alène.

La bande diminuait. L'élément féminin avait disparu avec Jeanne, demeurée dans un café en compagnie de ses deux soupirants. Il ne restait plus que le prince Ko-Ko, Houdart, Kopeck, Monnet, Boumol, le grand Vaissel, Murot, Coton et Vavin.

Où allait-on finir la vadrouille ?

On parla des Halles, de Frontin, de Hill's. Mais le grand Vaissel l'emporta. On s'amusait épatamment, disait-il, du côté de la Bastille. Et puis, il y avait par là un marchand de vin soigné.

On partit en décrivant des zigzags sur les trottoirs.

On s'embêta ferme pendant le trajet. Arrivé à la Bastille, le grand Vaissel, ivre-mort, ne pouvait pas retrouver son marchand de vin. On entra chez un autre et on fit servir des mêlé-cassis qui furent joués au zanzibar. Puis, au moment de sortir, Houdart déclara que c'était la faute de ce mastroquet si l'autre était parti. Kopeck ajouta qu'il ne serait que juste de l'en punir, et proposa d'emporter une chaise. L'idée fut trouvée excellente. On mit le meuble sur le dos du prince.

Une fois en goût, on continua. Sur la route, on fit des échanges. Le politique Coton expliqua qu'en économie sociale ça s'appelait le lib... lib... libre-échange.

Il restait trois chaises. On les mit sur les épaules de Ko-Ko. Ça devait l'amuser, ce Chinois. Bien sûr, il n'avait jamais fait ça dans son pays.

On arriva, après des courses et des stations sans nombre, place Saint-Michel, devant la fontaine. Là, à bout d'idées et de forces, les Tristapattes s'assirent gravement, les uns sur leurs chaises, les autres sur les rebords du bassin. Plusieurs agitèrent la question de partir pour Londres sur-le-champ, parce qu'à Paris on s'embêtait trop, vraiment.

Les gardiens de la paix, habitués aux excentricités des étudiants, n'auraient peut-être rien dit. Mais tout à coup Vavin, à qui les vapeurs de l'alcool donnaient envie de casser quelque chose, prit une chaise et se mit à la briser sur le rebord du bassin, sous prétexte de voir lequel des deux sièges était le plus dur. Une ronde s'approcha, attirée par le bruit. On entoura Vavin, qui cognait toujours, et, comme il ne pouvait expliquer d'où provenait la chaise, on voulut le conduire au poste. Alors les autres intervinrent. Une seconde patrouille, survenant, arrêta Ko-Ko, qui demeurait inerte sur sa chaise, les yeux obstinément fixés dans la direction de la vasque. Cela indigna profondément les Tristapattes. Ils réclamèrent leur Chinois avec le sentiment de la propriété violée.

Enfin, après une lutte acharnée, où les gardiens de la paix n'eurent pas de peine à triompher, Houdart, Kopeck, Boumol et Monnet, moins ivres, réussirent à s'échapper et suivirent de loin les autres menés au poste.

— Ce n'est pas tout ça, dit Monnet, il faut les réclamer. Qu'un de nous se fasse une tête d'homme grave pour y aller.

Boumol fut choisi, à l'unanimité. C'était un pion en disponibilité, à large face, avec une tenue très débraillée. Il était bon enfant, profondément philosophe. Il se laissa faire. On monta dans la chambre de Monnet, où gisaient des tas d'objets, servant au carnaval. En allant en outre réveiller des amis, on parvint à compléter le costume de Boumol : une chevelure filasse, tranchant sur sa barbe noire, un vieux tube en forme de tronc de cône renversé, un pantalon à pont, un habit vert, à queue. On le trouva très bien, comme ça. Lui-même avait assez confiance. Il réclamait seulement une paire de lunettes, avec insistance. On finit par la lui donner.

Lorsqu'au poste, on vit arriver Boumol dans cet accoutrement baroque, on crut d'abord que c'était un fou, puis un mauvais plaisant. Il réclama le prince Ko-Ko. Alors, on enleva la perruque, on le reconnut et on l'envoya rejoindre ses amis.

Dans la chambre de Monnet, les autres avaient trouvé à boire. Là, après avoir, en vidant leurs verres, pris les résolutions les plus viriles, forcé le poste en imagination et délivré les prisonniers, ils s'étaient endormis et ronflaient, vautrés sous la table.

III

CORA, PERLE

—

Quand il s'éveilla, la tête lourde encore, Taïko-Fidé chercha à mettre de l'ordre dans ses idées. Cela lui fut assez difficile, d'abord. Les péripéties diverses de la nuit se présentaient à son esprit avec les contours vagues des rêves enfuis.

Ce n'était pas la première fois qu'il s'enivrait, mais jamais il ne s'était trouvé dans un tel état d'inconscience. Il se rappelait avoir été arrêté par des gardiens de la paix et enfermé, mais il ne savait pas pour quel motif et, malgré tous ses efforts, il sentait une inquiétude irritante l'envahir. Pourtant, ce qu'il avait fait ne devait pas être bien grave. Quelle fâcheuse idée de boire jusqu'à perdre la raison !

A vrai dire, les jours précédents, il commençait à se croire dupé par les promesses de Durand.

Dès son arrivée à Paris, il s'arrêtait, pénétré d'admiration devant les merveilles de la grande ville. Les monuments gigantesques, les voitures rapides, les chemins de fer, les costumes étranges, les hautes maisons avec des ameublements compliqués, toutes ces nouveautés le ravissaient, l'enthousiasmaient. Et, la première fois qu'il était entré à l'École de droit, il avait éprouvé comme un respect étonné. Puis, d'autres choses plus simples, plus futiles de la vie publique, mais qui frappaient par hasard son attention, renouvelaient ses surprises. Ainsi, il remarquait les saluts donnés en soulevant le chapeau, et les petits rubans multicolores que portaient à la boutonnière des hommes presque toujours âgés, les longues files de fiacres noirs ou jaunes, tous pareils, alignés le long des trottoirs, contre les cordons de gaz éblouissants.

Ses compagnons de la mission japonaise, avec lesquels il s'était intimement lié pendant le voyage, formaient dans sa vie nouvelle comme un coin où il retrouvait la trace des sentiments et des idées natales. Pour cela il les aimait. Mais, d'un autre côté, ces jeunes gens conservaient, dans la capitale de l'Occident, les usages que Fidé voulait abandonner. Avec le concours de la légation, ils s'étaient logés dès les commencements, place de l'Odéon, à deux pas de l'École de droit. Là, ils vivaient entre eux, ne perdant jamais de vue l'objet de leur voyage, étudiant les langues qu'il leur était indispensable de bien connaître, allant aux cours assidûment, quoique très souvent ils n'entendissent rien aux choses qu'on professait. Ils faisaient l'amusement des auditeurs français, avec leur figure grave, impassible, leur recueillement oriental. Trois d'entre eux, assez versés dans la connaissance des langues vivantes, s'étaient mis courageusement à apprendre le latin et le grec. Ils voulaient savoir.

Fidé, lui, quoiqu'il ne se l'avouât pas complètement, était venu surtout pour goûter les joies enivrantes de la civilisation européenne. Il n'avait pas l'intention d'abandonner ses études, mais il désirait connaître les endroits où l'on s'amuse, il aspirait à vivre, enfin, et la constante application de ses camarades l'ennuyait. Cinq mois après son arrivée, il n'avait pas encore osé se présenter à ce bal Bullier, dont le nom, sur les pancartes vertes des cafés, flamboyait, tentateur comme l'image d'un paradis terrestre. Il ne savait comment s'y prendre pour entrer et craignait, avec son ignorance des habitudes, de paraître ridicule.

Pendant ces longs mois, combien de fois n'avait-il pas songé, autour de l'ennuyeuse table d'hôte, à planter là ses compagnons moroses et à se lancer à tout hasard dans une vie plus agréable, tandis que les autres s'entretenaient tranquillement des cours de droit et des bizarreries de ces peuples qui se disent civilisés ! Avec la nature inquiète, curieuse de Fidé, cela devenait à la fin une obsession. Les mœurs de la rue, les coutumes publiques, qui l'avaient tant surpris et amusé d'abord, le laissaient maintenant indifférent. Il voulait aller plus avant dans l'existence intime des Français et mener surtout cette vie de plaisirs dépeinte par Durand et qu'il ignorait encore aussi complètement que s'il n'eût jamais quitté Yokohama. C'est à peine s'il se mêlait à la conversation de ses camarades, et il les quittait aussitôt après le repas commun, pour se promener seul dans les rues du quartier latin, allant droit devant lui, au hasard, s'arrêtant seulement à la Seine.

Il avait surtout soif de connaître la femme, cette créature mystérieuse de l'Occident, dont l'image pleine de séductions hantait ses rêves depuis son départ de Mionoska. Il suivait des yeux, avec un regard plein de convoitises, les jolies Parisiennes traversant les rues de leur pas léger, laissant apercevoir par le coin relevé de leur robe la fine bottine découverte, modelant le pied en noir sur la blancheur des jupes brodées et parfois des désirs fous le prenaient de s'élancer brutalement, ainsi qu'une bête féroce, sur une de ces femmes, de l'emporter comme une proie.

Par hasard, dans une de ces promenades solitaires, il avait rencontré un gros garçon, près duquel il s'asseyait parfois aux cours. L'étudiant, après un salut, lui adressa une demande banale. C'était loin, près des chantiers du Trocadéro. Ils revinrent ensemble et le jeune homme trouva drôle de piloter au quartier latin ce Japonais ignorant. Ils se promenèrent dans les brasseries, causant, buvant, le Français tutoyant les femmes, amusé par les étonnements de son compagnon qui, d'instant en instant, devenait plus confiant et plus communicatif. Ainsi, ils étaient arrivés au *Cancan*...

Sur sa chaise dure, Fidé se rappelait toutes ces choses, et ce qui avait suivi : la femme du *Cancan*, le monôme sur le boulevard, l'entrée à Bullier, et ensuite, nébuleusement, la vadrouille interminable. Ces souvenirs lui causaient une joie étrange mélangée de craintes. Pour s'être amusé, oh ! certainement, il s'était amusé et même il regrettait la femme, qu'il trouvait très jolie. Seulement, il avait mal au cœur et à la tête, il était enfermé dans un endroit inconnu. Comment tout cela finirait-il ?

Cependant les autres se réveillaient un à un, frottant leurs yeux. Ils se levaient, l'air ahuri, pensifs puis, la mémoire revenant peu à peu, ils disaient :

— Nous sommes au clou.

Boumol ajouta même en se rasseyant.

— Restons-y.

On aperçut alors son costume étrange. Ce fut un rire général. On le palpait, on le remuait. Un loqueteux, dans un coin, riait aussi.

Boumol, éveillé, redressé malgré lui, dut se montrer et expliquer comment il se trouvait là. On se fit du bon sang.

Ce fut ensuite le tour de Taïko-Fidé. On rit encore ; on causa. C'était drôle, cette manière de lier connaissance. Il s'agissait de tuer le temps. L'affaire ne serait pas grave. C'est égal, on ne s'amusait pas, dans cette boîte, et puis ça sentait mauvais. Vraiment on devrait bien faire un poste spécial pour les étudiants. Ils regardaient de travers le loqueteux, et un ivrogne étendu au milieu de son vomissement.

Vavin demanda à parler au commissaire. Une heure après, on les fit appeler et ils défilèrent entre les gardiens de la paix. Dans une salle presque nue, le fonctionnaire se tenait assis. Les prisonniers se rangèrent devant lui. Sur la table, trois chaises, dont une cassée, représentaient le corps du délit. Le commissaire de police eut peine à retenir un sourire en voyant l'accoutrement de Boumol et la face jaune de Fidé ahurie par ce cérémonial inconnu. Il le réprima pourtant, prit un air grave et, après les interrogations d'usage, plaça une harangue : « C'était honteux pour des jeunes gens bien élevés de se mettre dans un état pareil. D'autant plus que ces bêtises pouvaient les mener loin. Il lui serait facile de citer tels farceurs de leur espèce qui avaient fini sur les bancs des assises. Quant au jeune Japonais auquel on pardonnait à cause de son ignorance, il devait se pénétrer de cette idée que les mœurs changent avec les pays, que ce qui est bien au Japon peut devenir mal à Paris, qu'en France on ne vole pas les chaises pour en assommer les gardiens de la paix. Cette fois encore on relâcherait les coupables. Mais il ne fallait pas recommencer... »

Vavin voulut prendre la parole.

— Justement, dit le commissaire, vous qui avez l'air malin, vous allez louer une voiture pour reporter ces chaises à leurs propriétaires. Je vous ferai accompagner par un agent.

Vavin courut toute la journée. Il dut payer la voiture et les repas de l'agent. Pour se venger, il entreprit de corrompre ce fonctionnaire et il s'y prit de telle façon que le soir, ils titubaient légèrement tous les deux. Le difficile était de retrouver les propriétaires, à cause des pérégrinations de la nuit et des échanges. Enfin, Vavin s'en tira, à peu près. Quelques marchands de vin voulaient l'assommer, un surtout, dont il avait embrassé la femme tandis que Murot enlevait une chaise.

. . . .

Dès lors, Taïko-Fidé mena la vie ordinaire des

étudiants noceurs. Il avait échangé des cartes avec les Tristapattes et savait les retrouver, au besoin. Il retourna souvent à Bullier, fréquenta les brasseries et tutoya les grenouilles. Il pensait toujours un peu à Jeanne, cette jolie femme entrevue et si sottement quittée pendant la vadrouille. Il la rencontra un soir et elle consentit à l'accompagner chez lui, où elle demeura deux jours. Puis, elle s'envola un matin et il ne la revit plus. Le bruit courut qu'elle avait émigré sur la rive droite.

On connaissait Fidé, maintenant, au quartier Latin. Les filles l'aimaient parce qu'il dépensait facilement son argent avec elles. Le surnom baroque inventé par Kopeck lui était demeuré : on l'appelait le prince Ko-Ko. Beaucoup ne lui connaissaient pas d'autre nom ; les femmes lui portaient, à cause du titre de prince, un certain respect et lui-même trouvait amusante cette fantaisie parisienne.

Dans cette existence décousue, irrégulière, allant à la dérive, suivant les velléités de sa cervelle et les fluctuations de sa bourse, Fidé ne négligeait pas complètement les cours de l'École de droit. Quand ses prodigalités avec les femmes amenaient la dèche passagère, ou dès qu'il pleuvait, on le voyait arriver, gravir lestement l'amphithéâtre et se glisser timidement à une place d'où il ne bougeait plus pendant la leçon. L'encrier de bois posé sur le banc, à son côté, le cahier sur ses genoux, il écoutait attentivement et tâchait de prendre des notes, qu'il reliait ensuite comme il pouvait, aux notes précédentes. Bientôt, la voix traînante du professeur et la lecture monotone des textes engourdissaient sa volonté et son intelligence déjà fatiguée par les noces. Alors, dans une rêverie paresseuse, somnolente, pleine de visions lointaines et de fugitives images, il revoyait, confus, s'entrechoquant, paraissant et disparaissant tour à tour, le *Cancan,* avec ses habitués, chantant, criant et jurant, puis, calme et douce, la figure grave de Taïko-Naga se promenant dans les sites aimés de Mionoska. Le regard de Fidé, perdu, noyé dans le vague, suivait machinalement les lambris de la salle, et, redescendant, retombait sur les auditeurs attentifs et le dos courbé. Le grincement des plumes courant sur le papier avec, de temps en temps, le bruissement des feuilles tournées à la hâte, tiraient le rêveur de sa distraction. Il regardait alors ses camarades, lentement, examinant leurs vêtements, leurs attitudes, comparant ce qu'il voyait aux choses déjà vues, trouvant en cette sorte de virginité de sensations une délicatesse infinie et une intime jouissance.

Il remarquait ainsi que les étudiants qui étaient là se connaissaient peu, et ne semblaient pas chercher l'occasion de se lier. Généralement, ils formaient entre eux des groupes, classés souvent par origine et qui demeuraient étrangers les uns aux autres.

La bande du *Cancan* constituait un parti tranché et méprisait profondément les piocheurs. Eux, ils venaient seulement aux cours les jours de chahut. Taïko observait alors qu'ils avaient une mise débraillée, des chapeaux mal brossés, du linge douteux, des cravates nouées en cordes et des bottines boueuses. Leurs regards exprimaient un dédain superbe pour tout ce qui semblait de la recherche et de l'élégance.

Un autre groupe habitait de l'autre côté des ponts. Les étudiants du quartier traitaient ceux-là de poseurs et de gommeux, les autres, en revanche, donnaient aux vadrouilleurs le nom de bohêmes.

Taïko trouvait les gommeux plus séduisants. Certains venaient dans de petites voitures aux coussins gris, à la caisse de bois jaune, avec tout un luxe et tout un éclat d'acier, de cuir neuf et de chaînettes sonnantes. Il se dégageait de leur personne un parfum léger et pénétrant de distinction. Leurs pieds, chaussés de souliers à rubans laissaient voir des chaussettes de soie fines et brillantes, et pouvaient rivaliser de finesse et de coquetterie avec ceux des femmes les plus élégantes. Leur coiffure soignée, la blancheur de leur linge, la finesse de leurs mains, tout donnait à leur personne une apparence d'aristocratie et de fierté. Ces jeunes gens-là semblaient ne point être faits pour travailler. Taïko se sentait attiré vers eux. Il pensait que leurs familles devaient occuper, en France, une situation aussi élevée que celle de son père, au Japon.

Les étudiants de la rive droite avaient, de leur côté, remarqué cette physionomie exotique et cet étrange personnage. Dès que son titre fantaisiste de prince fut connu, ils s'empressèrent de lui faire des avances et, tout en restant au quartier Latin, avec ses amis les Tristapattes, lentement Taïko prit pied dans un monde nouveau à l'aspect brillant, aux dehors séduisants qui le fascinait et l'attirait peu à peu.

Dans ces relations récentes, il avait distingué un jeune homme du nom de Levrault, qui souvent, pendant les cours se plaçait près de lui. Lorsque le professeur suspendait sa leçon et prenait quelques minutes de repos, Levrault causait avec le Japonais et s'étonnait de son ingénuité sur beaucoup de points.

Fidé lui racontait naïvement les vadrouilles avec les Tristapattes, les soulographies du *Cancan*, les batailles de la *Botte-de-Paille*, où Boumol avait été griffé par une grenouille, en pleine figure, les balades à Bullier, en compagnie des taupes un peu envoyées ou des rouleuses infectes.

Levrault, avec sa jolie figure, son teint frais, ses favoris de substitut, écoutait tout cela, tandis qu'un fin rictus laissait entrevoir ses dents blanches. Fils d'un médecin fort connu, il préparait son doctorat avec une grande facilité de travail, un bonheur insolent dans ses examens, promenant à travers le quartier Latin ses airs demi-sérieux, demi-gouailleurs, s'étant fait déjà, à vingt ans, une tête d'avoué ripailleur ou d'avocat de belles petites. En lui-même, il s'amusait extraordinairement de l'aventure de ce Japonais de haute naissance, tombant chez les Tristapattes, dans une bande de rapins, de pions sans ouvrage comme Boumol, de poètes et de petits journalistes, jetant son or aux filles de Bullier, content de cette existence et croyant avoir vu Paris. Alors, il racontait à Taïko que, par delà les ponts, couraient d'immenses boulevards et de longues avenues que, peut-être, il avait traversés en visiteur rapide, sans se douter que la variété d'aspect correspondait à une complète diversité de mœurs. Il lui décrivait tout un Paris différent, semé de riches hôtels, de splendides voitures, où chaque jour était pris par le plaisir, où la nuit ne suffisait pas à l'activité humaine, une ville où des jeunes gens possédaient des fortunes royales, avec des théâtres pleins de femmes splendides, à la voix harmonieuse, aux gestes superbes, qui se donnaient seulement en échange de monceaux d'or et de pierreries.

Le Japonais l'écoutait dans une sorte d'extase, les yeux dilatés, puis, se rappelant ses premières timidités et tout le temps qu'il lui avait fallu pour se familiariser aux choses, il lui semblait voir, sous ses pieds, des abîmes s'entr'ouvrir, fournissant d'intarissables aliments à sa curiosité et à ses désirs.

Un samedi d'été, Levrault proposa à son ami de le conduire au Cirque, puis à Mabille, promettant de lui faire connaître ce fameux Tout-Paris dont parlaient les journaux. — Deux heures après ils partaient.

Au Cirque, Fidé éprouvait une sorte de rage, tandis que les numéros de M. Franconi défilaient, et que le public attitré de l'endroit couvrait de bravos ses artistes favoris. Il songeait seulement à Mabille. Les exercices équestres, les intermèdes des clowns, pareils à ceux du Japon, lui paraissaient mortellement longs. Enfin, la représentation se termina.

Alors, se donnant le bras, les jeunes gens traversèrent les Champs-Elysées et entrèrent à Mabille. Taïko ressentait une joie enivrante au milieu de cette foule qui se pressait, tandis que l'orchestre, avec ses notes de cuivre, couvrait le vacarme des quadrilles où des femmes, accoutrées de *décrochez-moi ça* voyants, excentriques, faisaient parfois le grand écart à la fin d'une figure, pour plaire à des Anglais ventrus, que secouait un rire bête et sale. Levrault pilotait dans tout ce monde son compagnon, lui montrant les hommes et les femmes au passage, et, dans des coins sombres, des petits jeunes gens vêtus à la mode anglaise qui buvaient du pale ale ou du champagne avec des filles, en riant bruyamment:

— Voici France... Elle s'est rudement décatie, en deux ans... Ce petit-là, qui passe, le monocle dans l'œil, avec des favoris blonds, c'est Estourbiac, un journaliste. Je vous ferai souper avec lui... il est tordant, et puis il a toujours des femmes renversantes...

Tout à coup, faisant demi-tour, il changea brusquement de direction, voulant éviter une grande blonde qui passait. Cette femme le rasait pour se faire conduire à la Comédie-Française, le jour à la mode. Dès qu'il la voyait arriver, de loin, il se sauvait bien vite. Il ne se souciait pas vraiment de se faire pincer avec elle aux Français, où tout le monde le connaissait...

Ils continuaient à circuler ainsi autour du jardin. Levrault donnait des poignées de main à des jeunes gens qui se promenaient en fumant leur cigare, et citait des noms à Taïko :

— Ça, c'est Partisane... Cette grosse-là c'est Lucy — avec un *y*. N'oubliez pas !...

Brusquement, d'un groupe d'hommes et de femmes partit, à leur passage, une fusée de rires larges, tandis qu'une voix féminine rauque et sourde appelait :

— Albert ! Albert !

Levrault se retourna gaiement et, poussant Taïko devant lui, il lui glissa à l'oreille :

— Nous allons rire !

Toutes les mains se tendaient vers l'étudiant :

— Tu vas bien, petit ?

— Comment ça va, mon cher ?

— Veux-tu prendre un soyer avec nous.

Alors Levrault présenta gravement le prince Taïko-Fidé, un de ses bons amis, un Chinois — pour tout le monde, Fidé était un Chinois — Et tous, en riant, tendirent la main au prince chinois, s'amusant de l'idée qu'avait eue leur camarade de trimballer cet exotique.

Une des femmes, la grosse Blanche Timonnier, qui venait d'avaler goulûment quatre ou cinq babas, s'assit à côté de lui, le regardant parfois avec de grands jeux de prunelles, comme si elle eût voulu l'inonder d'amour et laissant passer au coin de ses lèvres un bout de langue effilé et rose comme celui d'une chatte.

Taïko en avait remarqué une autre, qu'on nommait Rosette. Elle ne parlait guère, mais elle était belle, d'une beauté un peu froide, et le jeune homme pensait qu'on était heureux de posséder une si adorable maîtresse. Malheureusement, Rosette n'était pas seule, et le Japonais comprenait qu'il n'y avait rien à faire, au moins ce soir-là. D'ailleurs le souvenir de Jeanne, réminiscence de désirs à moitié satisfaits, chantait en son cœur une musique amoureuse. Et dès que cette pensée lui fut venue, sans savoir pourquoi, il espéra la retrouver là, ce qui était possible, puisqu'elle avait passé l'eau.

Les amis de Levrault arrangeaient leur soirée : les uns soupaient, les autres partaient avec des femmes, l'étudiant rentrait philosophiquement chez lui. Un de ces messieurs, le vicomte de Valterre, allant à son club, proposa au Japonais et à son ami de les prendre dans sa voiture. Ils acceptèrent avec empressement.

Tandis que la victoria filait vers le boulevard, les trois jeunes gens causaient. Le vicomte de Valterre se faisait raconter des histoires du Japon et les vadrouilles du quartier Latin. Il trouvait le Chinois très drôle décidément avec son mélange d'ignorance orientale et d'érudition de bastringue, le priait de venir le voir et, arrivé au cercle, lui donnait sa carte en disant :

— Venez déjeuner demain avec moi.

En quelques jours, ils firent connaissance plus intime. Valterre, s'intéressant à Fidé, suivant son expression, le dégrossit, le ponça et le mit en forme : Il le promenait au Bois avec lui, le conduisait aux premières, le lançait dans les salons demi-mondains, tandis que Taïko, dévoré d'ambition, avide de faire honneur à son maître en parisianisme, s'européanisait rapidement, désertait le quartier Latin, portait des gants et s'habillait chez Alfred. Lui aussi, maintenant, savait faire tenir un monocle sous le sourcil. Cela avait été long, par exemple, ses yeux tirés ne s'y prêtant pas. Lui aussi savait pénétrer dans les coulisses, malgré les consignes les plus rigoureuses. Avec le temps, il s'accoutumait à porter ses vêtements simplement, sans exagérer la mode, ainsi que certains nègres dandies. Il avait appris tout cela un peu comme les singes apprennent à jouer du violon, en imitant le vicomte, mais, enfin, il était correct en tous points et Valterre s'en montrait très fier. Pourtant, le fond de son caractère ne se modifiait pas sensiblement. C'était bien, avec un peu plus de curiosité encore, ce caractère japonais, doux, timide, modéré d'ordinaire et capable des plus grands excès quand il se laisse emporter par ses passions. En général, Fidé causait peu. L'existence qu'il menait lui semblait plus agréable et plus relevée embellie encore par l'affection vraiment sérieuse qu'il éprouvait pour Valterre. Le vicomte l'entourait de toutes sortes d'attentions, lui donnait des conseils, et, en faisant continuellement son éducation, le traitait avec une douceur à laquelle ne l'avaient jamais habitué Boumol, Kopeck, Houdart et toute la bande charivaresque des Tristapattes.

Taïko suivait bien encore les cours, de loin en loin. Chez lui, place de l'Odéon, il travaillait par orgueil, ne voulant pas se laisser distancer, tenant à prouver qu'il n'était pas inférieur à ses camarades. Mais il lui fallait pour cela une profonde énergie, car il s'ennuyait terriblement dans cette chambre d'hôtel banale et froide où il ne venait plus qu'entre deux fêtes — comme disaient ses nouveaux amis.

Valterre lui conseilla de faire partie de son cercle et le présenta au *Young-Club*. Il fut admis à l'unanimité des voix. On fit à Taïko un véritable triomphe de ce succès sans précédent. Quelques journaux en parlèrent dans leurs échos. Lui, très fier, offrit à diner, dans un restaurant du boulevard, à ses deux parrains, Valterre et Partisane, ainsi qu'à d'autres amis : Levrault, Sosthène Poix et quelques femmes bien choisies ; Rosette, la belle fille qu'il avait admirée à Mabille, se trouvait de la fête. Il fut décidé qu'elle serait la marraine du prince, et le repas, superbe, colossal, se termina en une épouvantable orgie. Comme il y avait des parrains et une marraine, la grosse Timonnier, qui réussissait à se faufiler partout, déclara que c'était un baptême et qu'elle voulait être la nounou du petit. On ouvrit les fenêtres du salon, dont l'atmosphère devenait trop lourde, et Timonnier, faisant apporter des écrevisses bordelaises, les jetait à la volée aux passants du boulevard. La police dut intervenir et la petite fête continua *intra muros.* Ils partirent tous, le matin, au petit jour, à la lueur pâle des candélabres encore allumés.

Valterre, rentré chez lui en passant par le Hammam, se fit seller un cheval et partit au Bois pour se remettre.

Auprès du lac, il aperçut devant lui un couple à cheval. Le cavalier, à longue moustache blonde, très correct, se penchait avec sollicitude, entourant la taille de sa compagne, en lui attachant un bouquet de violettes sur la poitrine. Au bruit que faisait le cheval de Valterre, la jeune femme se retourna et, vivement, elle rabattit son voile sur sa figure, en cravachant son cheval.

— Tiens, murmura le vicomte avec un rire narquois, la belle Mme de Lunel est bien matinale.

Et, discrètement, il ralentit l'allure de sa bête. Plus loin, dans l'allée réservée aux cavaliers un autre groupe passait, un cavalier et une amazone, qui le croisèrent. C'était de Garrigal avec Flavie, une écuyère de l'Hippodrome. De Garrigal était du *Young-Club*. Les cavaliers s'arrêtèrent, se tendirent la main de cheval à cheval.

— Eh bien ! ça a-t-il été drôle, hier ? demanda de Garrigal.

— Ne m'en parlez pas, répondit Valterre en souriant. Figurez-vous qu'ils se sont amusés à faire boire mon petit Chinois. Il était gris comme un Polonais ! Je crois même qu'il dort encore...

Son cheval fit un brusque écart. Le jeune homme

ramena l'animal et, le tenant vigoureusement en main, partit au galop, en répétant de sa voix aristocratique :

— Là ! là ! Bellement ! Bellement !

Tandis qu'il saluait avec cette grâce chevaleresque dont il avait le secret, Flavie et de Garrigal poursuivaient leur route, s'enfonçant sous la verdure de l'allée sombre, où les oiseaux chantaient dans les branches et s'enfuyaient à leur passage.

....

Chaque soir, le vicomte de Valterre et Taïko-Fidé se retrouvaient, heureux, organisant des fêtes, cherchant des excentricités, donnant au Club l'impulsion de leur jeunesse et lui communiquant la gaieté de leur éclat de rire. Mais, vers la fin du carnaval, c'était, dans les salons, une débandade générale. Les figures, amaigries, avaient des reflets de cire ; les joueurs, décavés par des culottes successives, semblaient avoir perdu tout entrain avec leurs fonds. Il y avait ainsi des périodes d'avachissement où tout le monde était vanné. Dans les grandes pièces désolées, le gaz jetait une lumière crue et fatigante ; des laquais passaient, l'air ennuyé ; au fond, par une porte ouverte, on voyait deux vieux messieurs se mesurer au billard. Ils faisaient tranquillement leur partie, tournant sans hâte, avec des craquements de chaussures, le cigare au coin de la bouche, se penchant longuement pour jouer prenant, avant de lancer leurs billes, des précautions infinies. De temps en temps, l'un d'eux, furieux d'avoir manqué un carambolage, jurait : « Ah ! sacredié ! » et mettait du blanc, ou bien applaudissait d'un : « Bien joué ! » un coup difficile magistralement exécuté par son adversaire.

Valterre et Taïko, pris par l'engourdissement des autres, s'étaient installés au fond d'un petit salon où ils se trouvaient seuls. Là, renversés dans de larges fauteuils, tous deux fumaient mélancoliquement, les pieds sur les chenets, écoutant le tic-tac de la pendule, les yeux à demi fermés, somnolents, dans une douce sensation de paresse et de chaleur auprès du feu qui flambait. Neuf heures sonnèrent : Valterre, relevant la tête, regarda les aiguilles sur le cadran, puis, entre deux bâillements prolongés, entama la conversation :

— Je suis complètement abruti, mon cher, dit-il d'un ton morne.

— Moi aussi, répondit Fidé.

— J'en ai assez de faire la fête.

— Bah ! je la connais... Vous dites cela, et ce soir, vous allez recommencer.

— Ah ! quant à ça, mon bon, je ne vous conseillerai pas plus d'en faire le pari que de mettre de l'argent sur les chevaux du major Hatt...

— Et que faites-vous, ce soir, cher ?

— Moi, rien. Et vous ?

— Rien non plus.

Ils s'étirèrent tous deux, très veules et très ennuyés. Valterre reprit la parole :

— J'ai une idée, fit-il d'une voix dolente.

— Est-ce tordant ? hasarda l'autre.

— Peuh... euh !

— Dites toujours, cher.

— Je propose de rentrer chez nous et de nous coucher à dix heures.

— C'est drôle, riposta froidement Taïko.

Alors, amusés par ce projet bizarre, pour des noctambules, de se coucher à l'heure où, d'habitude, ils endossaient leur habit, ils se levèrent, nonchalants, et traversèrent les salons, donnant des poignées de main à tout le monde, répétant à chacun.

— Nous allons nous coucher, mon bon !

Brusquement réveillé, le club entier riait aux éclats ; la nouvelle se propageait d'un bout à l'autre des grands salons. On jugeait l'idée catapulteuse — c'était le mot à la mode. Dans un coin, toute une bande, présidée par le vieux Partisane et par Saint-Helm, se tordait et trouvait ça idiot. Un petit de la Bourse, une espèce de serin, très argenté, que l'on surnommait *La Moule* à cause de sa triomphante nullité, ricanait :

— Faudra que je fasse ça, un soir. Ça sera catapulteux ! catapulteux ! catapulteux !

Il ne voulait pas en démordre et il n'y avait

pas moyen de le faire taire. D'autres, des vieux, avec un front chauve et des favoris, montraient le doigt aux jeunes gens en leur lançant des regards polissons : Il ne fallait pas la leur faire, à eux ; ils en avaient vu bien d'autres dans leur vie. Ce devait être encore quelque histoire de femmes dont ils sauraient bien vite les dessous de cartes. Tout cela était cousu de fil blanc et la vérité se ferait jour. Plus candides, les jeunes gens du club croyaient que c'était arrivé et leur criaient : « Bonne nuit ! Dormez bien ! Tandis que les *billes de billard* toujours prêtes à suspecter la jeunesse, les accompagnaient d'ironiques :

— Bonsoir, don Juan ! Pioncez ferme, Lovelace !

Alors, très fiers de leur succès, Valterre et Taïko prirent leurs pelisses au vestiaire, et, les mains dans les poches, la démarche lente, la taille courbée, descendirent l'escalier marmoréen du *Young-Club,* tout radieux de lumières, de tapis et de plantes vertes aux larges feuillages, puis ils suivirent le boulevard, flânant et fumant.

Au coin d'une rue, un transparent lumineux annonçait en lettres de feu la nouvelle revue de fin d'année d'un théâtre en vogue. Valterre, oubliant déjà ses projets de nuit paisible, proposa à son ami d'entrer, pour voir s'il y avait quelque chose de drôle dans cette machine.

— Et nous coucher? répondit Taïko.

— Bah! Ce sera pour une autre fois !

Entraînés malgré eux par l'annonce, ils entrèrent au théâtre et louèrent une baignoire d'avant-scène pour lorgner les femmes de plus près. Le bruit courait en effet que dans le *Ban des belles-mères,* la pièce nouvelle, il y avait tout un essaim de créatures superbes et de filles à la mode longuement portraiturées et chantées par les courriéristes des théâtres.

Au moment où les deux jeunes gens arrivaient à leur baignoire, le directeur, le père Monaïeul, passait dans le couloir des loges. Il connaissait le vicomte d'assez longue date. Alors, avec sa familiarité de cabot et son importance de patron de la boîte, il serra la main aux deux jeunes gens, se donnant les petits airs de protection et de contentement d'un homme qui sait que sa pièce a cent cinquante bonnes représentations dans le ventre. Il entra au milieu de la loge à leur suite, s'asseyant un bout de temps, causant, papotant, leur racontant ses affaires, tandis que Taïko, émerveillé, dévorait ses moindres paroles et l'écoutait avec stupéfaction.

Monaïeul, le profil burlesque et sérieux tout à la fois, un Vitellius mâtiné de Pulcinella, le menton glabre, la face rougeaude, jetait un regard attendri sur son passé et se décernait de robustes louanges :

Ah! il n'y en avait pas deux à Paris... vous entendez bien, pas deux!... qui s'y entendissent comme lui pour monter une revue et avoir de jolies femmes! Aussi, on lui en faisait des demandes! Il fallait voir son cabinet quand il préparait sa machine... Il y en avait un défilé!.. C'est M°™ Monaïeul qui n'était pas contente! Pourtant il faut bien que vieillesse s'amuse!

Tout en parlant, il prenait des airs satisfaits et conquérants.

Elles étaient vite lancées, les petites femmes, à son théâtre. Un entrefilet dans les journaux! des photographies dans les passages, et... crac! — ça y était! Ça le faisait cocasser tout de même. D'abord il y avait les anciennes, les habituées... Celles-là, elles entraient tout droit dans le cabinet directorial, sans frapper, la tête haute, avec un frou-frou de satin et de soie, donnant un bon bécot à ce sacré père Monaïeul, puis lui posant crânement leurs conditions.

— Tu sais, ma vieille, cette fois, je veux un travesti ou sans ça... zut!

Les débutantes n'en menaient pas si large. Elles vous étaient tremblantes de trac, le rose aux joues, émues, faisant leur boniment, toutes craintives. Il y en avait qui ajoutaient pour leur défense :

— Je ne suis pas neuve, monsieur le Directeur,

j'ai déjà joué un acte du *Dépit amoureux* au cercle Pigalle.

On recevait des centaines de demandes apostillées par des députés, des ministres, des banquiers ! Il y avait au secrétariat une collection d'autographes signés des plus grands noms de France.

Pendant que le directeur pérorait ainsi dans la loge, sur la scène, une douzaine de grues en rang d'oignons, déshabillées par Grévin, chantaient plus faux que des jetons :

Nous somm's les parfums exotiques.
Ah ! ah ! ah !

à la grande joie du public qui applaudissait à tout rompre. Lui, Monaïeul, rageant, grondait :

— Les rosses ! ça chante comme des cordes à puits...

Haussant les épaules, il se calmait et reprenait la conversation. C'était dur à faire marcher, ce monde-là. Tant qu'elles n'étaient pas engagées, elles semblaient douces comme des anges, les petites femmes. Elles promettaient toutes d'être bien sages. Elles seraient là toujours à l'heure. Jamais ! au grand jamais ! elles ne rateraient une répétition. Alors on choisissait dans le tas. Les unes n'avaient pas de voix, les autres pas de jambe... et la jambe, c'est capital ! On en prenait de jolies pour l'orchestre et de vieilles pour faire repoussoir et pour chanter.

— Les jeunes promettent toujours des merveilles. Une fois qu'elles y sont, n-i-ni, c'est fini, on ne peut plus rien en tirer...

On avait beau leur flanquer des amendes, elles ne répétaient pas leurs rôles, elles ne les savaient pas, et, en pleine représentation, elles faisaient la causette avec les avant-scènes, au lieu de chanter leur partie dans les ensembles et dans les chœurs.

Une ouvreuse, frappant à la porte de la loge, vint prévenir Monaïeul qu'on le demandait sur la scène. Le gros directeur tendit sa main énorme aux deux jeunes gens; puis, tout affairé, il s'en alla, le chapeau sur l'oreille. A ce moment, la claque salua d'une salve d'applaudissements une femme qui faisait son entrée.

— C'est Cora, dit le vicomte.

Ils braquèrent leurs jumelles sur l'actrice. Elle, toute rose, s'en venait en scène, tranquillement, naïvement, si peu vêtue qu'à l'orchestre chuchotaient des oh! demi-pudiques, demi-égrillards. Cora semblait ne s'apercevoir de rien et ne se déconcertait pas. Elle avait de l'ambition. Les costumes les moins juponnés et les couplets les plus poivrés ne la faisaient pas reculer. Ça plaisait aux hommes et, pourvu qu'on la remarquât, elle s'en fichait comme de ça.

Cependant les musiciens attaquaient la ritournelle; l'actrice se planta devant le trou du souffleur, puis l'air adorablement bébête, elle défila son rondeau, d'une voix aigrelette, sans un trait, sans un geste, sans une intention — comme une boîte à musique bien organisée. Le rondeau fini, Cora salua d'un air timide, souriante, remontant la scène à reculons, pour rejoindre le compère qui l'attendait dans le fond.

Le public, bon enfant, la trouvait drôle. Des loges, on voyait des messieurs battre des mains avec ostentation. De l'orchestre, on lui cria *bis !* Le compère, tout gaillard, tout épanoui, lui prit la main, et, malgré ses protestations, la reconduisit à l'avant-scène. Les gens du poulailler crièrent : Chut ! à ceux de l'orchestre pour faire taire les *bis* afin qu'on pût écouter. On obtint du silence. Alors le compère dit :

— Allons, Cora... perle-nous encore ton petit air, puisque ces messieurs te le demandent.

Il n'était plus jeune, ce calembour-là, mais c'était une maladie chez le compère. Jamais il ne ratait une occasion de le placer.

Cora attaqua une seconde fois son dernier couplet :

Voulez-vous voir mon grand ressort ?

tandis que le public, de plus en plus joyeux, trépignait. Tout en chantant, l'actrice se tourna du côté de la loge de Valterre et de Taïko et les regarda avec attention. Le Japonais la tenait au bout de sa lorgnette, et lui aussi la dévisageait curieusement. Tout à coup, tapant sur la cuisse de Valterre :

— Mon bon ! dit-il, savez-vous pas ? Cette femme qui chante...

— Cora, répondit Valterre.

— Oui, Cora. Eh bien ! c'est Jeanne, la femme du quartier Latin dont je vous ai souvent parlé.

Le vicomte donna un coup de lorgnette scrutateur.

— Tiens ! tiens !... reprit-il, savez-vous qu'elle est catapulteuse, cette petite ?

Pendant que Valterre parlait, les regards de Cora et de Taïko se rencontrèrent. Mutuellement ils se reconnurent. La jeune femme sembla toute surprise de le revoir et lui sourit amicalement. A l'acte suivant, Fidé lui envoya un bouquet et sa carte, avec quelques lignes au crayon. Le vicomte, goguenard, présumait qu'on ne se coucherait probablement pas à dix heures, puis, à la sortie du théâtre, ne voulant pas gêner les amoureux, il donna une poignée de main à son ami et lui souhaita bien du plaisir.

Taïko avait fait avancer une voiture et attendait devant la porte des artistes. Cora se dépêcha, vite, vite, s'habillant à la diable, ne prenant même pas le temps de remettre son corset, courant dans le couloir comme une petite folle, bousculant au passage le pompier de service et se précipita en riant dans les bras du jeune homme.

— Te voilà donc, mon Loulou ? fit-elle.

Lui, tout ému de la revoir, l'embrassa à pleines joues. Elle se dégagea prestement, avec un rire de gamine.

— Voyons, monsieur... Comme cela ! devant le monde...

Taïko la poussa doucement du côté du fiacre.

— Tu plaisantes, répondit-elle. Nous n'en avons pas besoin, du sapin ! J'ai mon véhicule.

Fidé renvoya le cocher du fiacre, qui, fouettant sa rosse, grommela :

— De quoi ! de quoi ?... A-t-on jamais vu ?... Hé ! va donc !

Elle, toujours riant, disait à Fidé :

— Chez toi, mon chien. N'est-ce pas ? Donne ton adresse au cocher.

Alors, dans la voiture, appuyée sur l'épaule du jeune homme, elle restait silencieuse, se laissant embrasser, fermant les yeux, puis, les rouvrant bien grands, bien grands, regardant son amant d'autrefois avec une expression d'agacerie à laquelle se mêlait quelque peu de tendresse, d'affection, puis aussi la joie de montrer son opulence nouvelle.

Ils arrivèrent à la maison de la rue de l'Odéon. Elle revoyait tous ces objets qui lui étaient familiers et se souvenait. Elle aspirait, dans cette chambre d'étudiant, de larges bouffées de jeunesse et de bonne humeur, avec, comme des visions, la réminiscence de ses premières amours et des folles équipées des Tristapattes et des carabins. Taïko s'irritait des lenteurs qu'elle mettait à se livrer à lui. Quand elle prenait, en riant et rappelant des souvenirs, un objet, un portrait, une pipe, il les lui arrachait des mains et la couvrait de baisers sur le col et sur la nuque. Il avait hâte de la tenir entre ses bras. Par toutes les ruses imaginables, il essayait de la déshabiller, lui ôtant son chapeau, son manteau, et s'attaquant brutalement au corsage. Elle se défendait mollement, lui envoyant de légères tapes, puis, finalement, riant et se laissant faire, poussant de petits cris, disant parfois : « Vilain, tu me chatouilles ! » Enfin les jupes tombaient... tombaient... tandis que lui, fier de sa victoire, la prenait entre ses bras, et amoureusement, couvrait de baisers son corps rose, légèrement parfumé.

Ils passèrent une furieuse nuitée d'amour, se redirent la joie qu'ils avaient eue de se retrouver. Le lendemain, Cora resta avec Taïko, profitant de la longue absence d'un fermier anglais qui l'entretenait. Ils coururent ensemble le quartier Latin, et déjeunèrent avec Joséphine à ce caboulot du *Cancan* où ils s'étaient rencontrés, pour la première fois, cette fameuse nuit où Boumol et Houdart étaient si pochards. Joséphine donna des conseils à Cora, l'approuvant de se remettre avec le prince et lui refaisant, d'une voix maternelle, le discours qu'avait prononcé Kopeck le fumiste. Le soir, Cora, furieuse de retourner chez Monaïeul, voulait tout lâcher, mais Fidé lui promit de venir la chercher, et, la mettant dans une voiture, la renvoya à son théâtre.

Ils restèrent ainsi toute une quinzaine sans se quitter. Elle s'attachait à lui, ne le trouvant pas comme les autres, goûtant une saveur bizarre dans cette liaison, répondant aux désirs fougueux du prince. Taïko, très épris d'abord, se calma et se lassa vite de cette passion trop facile à contenter. La satiété lui était venue tout de suite. Cora ressemblait trop aux femmes des bateaux de fleurs de Yokohama. Il lui en voulait d'être ainsi soumise à ses désirs et docile à ses caprices. En même temps elle reprenait ses allures d'étudiante, ses lubies de jeune cheval échappé. Elle traînait Taïko dans les brasseries à femmes du *Boul'-Mich'* et de la rue Monsieur-le-Prince. Le membre du Young-Club se sentait maintenant dépaysé dans le milieu des vadrouilleurs. Bientôt il ne laissa plus Cora venir le retrouver tous les soirs. Il lui donna des rendez-vous qui devinrent de plus en plus rares, prétextant tantôt du travail, tantôt des bals où sa présence était indispensable.

La jeune femme ne s'imaginait pas que le Japonais pût la tromper. Elle pensait absolument le tenir par les fortes attaches de la chair et ne croyait pas que cet étudiant, qui profitait si mal des leçons de ses professeurs de droit, dût si bien retenir les enseignements du vicomte de Valterre. Que pouvait-elle craindre d'ailleurs? Taïko, toujours doux et charmant, était même souvent trop généreux... Elle ne voulait pas qu'il fît des bêtises avec elle. Ça, c'était bon pour les vieillards et les gens sérieux.

Au Young-Club, ces messieurs trouvaient Cora catapulteuse et venaient souvent l'applaudir à son théâtre. Elle, pour les remercier de leur amabilité, ayant à se faire un nouveau costume pour le dernier tableau du *Ban des Belles-Mères*, l'avait commandé aux couleurs du club : maïs et grenat. Parfois il lui arrivait de prendre des mines sentimentales et de poser pour la femme sérieuse. Cela ne durait jamais bien longtemps, mais, dans les coulisses, cela faisait rire les petites camarades. Le compère profitait de l'occasion pour placer des mots de l'âge de Mme Tarquin, la *mère noble*. A l'entr'acte, il criait de loin à Cora :

— Dis donc, ma fille, veux-tu prendre une prune ?

Et comme, étonnée, elle lui demandait la cause de cette munificence inusitée, le vieux cabotin, la bouche fendue, ricanait :

— Parbleu ! c'est parce que tu aimes les *Chinois* ?

Une autre fois, il racontait mystérieusement que Cora allait être engagée à des conditions épatantes à New-York, pour chanter l'opéra comique.

— Elle ne confie pas ses histoires à tout le monde, disait-il. C'est une petite sournoise. On croit comme ça qu'elle s'amuse. Ah bien, oui ! elle travaille comme une élève du Conservatoire. Tous les soirs, mesdames ! oui, messieurs, tous les soirs ! elle va au quartier Latin répéter... *Le Voyage en Chine !*

Cora laissait le cabotin épuiser son répertoire de blagues décaties et de calembours vénérables. Elle avait un *béguin*, comme elle disait ; il ne lui en fallait pas davantage. Les petites camarades riaient bien de tout cela, mais, au fond, elles riaient jaune. Un jour, la jeune femme vint à la répétition avec, aux oreilles, de magnifiques diamants qui lui avaient été donnés par le prince. Les autres ouvrirent de grands yeux, jalouses de Cora, et l'une d'elles soupira même très bas :

— Tout de même, si les Chinois sont généreux comme cela, moi aussi j'aimerais bien les prunes ?

Quoique sa passion eut beaucoup perdu de son ardeur première, Taïko-Fidé avait été amené insensiblement à changer son genre de vie pour plaire à sa maîtresse. En effet, Cora se lassait assez rapidement du quartier Latin et recommençait à passer ses nuits joyeuses en soupers et en parties fines. Le prince l'accompagna et cessa totalement d'aller aux cours, où il ne parut plus que par hasard, et seulement pour revoir ses compatriotes. Peu à peu, suivant l'exemple de Valterre et les suggestions de Cora il apprenait à fréquenter les restaurants à la mode, à se coucher le matin, à exécuter les fantaisies les plus excentriques, à jeter surtout ses louis par les fenêtres.

Il entrait dans la Grande Vie.

IV

CHEZ BARATTE
—

Le vicomte Henri de Valterre dormait encore, à six heures du soir, d'un sommeil profond et lourd, le corps enroulé dans la blancheur des draps, la tête renversée au fond de l'alcôve. Il était couché en travers, un bras hors du lit, la manche relevée, le col déboutonné. Les mains et le front brûlaient : les lèvres, très rouges, étaient sèches ; les cheveux, rares et coupés demi-ras, se mêlaient comme s'ils eussent été pris à plein poing. La respiration haletante du dormeur sifflait douloureusement et, parfois, un mouvement brusque et nerveux le crispait et, soudainement, le secouait.

Son domestique, le vieux François, correct et rasé de frais, entra dans la chambre, tira les rideaux et ouvrit les persiennes. Le jour frappa le visage du vicomte. Ses yeux, éblouis par la lumière, se refermèrent en clignotant. Aveuglé et ennuyé par ce brusque coup de clarté, il tourna la tête du côté de la muraille.

Ce début de semaine était effroyablement dur. Depuis trois jours et trois nuits, Valterre n'avait pas quitté le cercle. Sans s'arrêter une heure, il avait remué des cartes. C'avait été une bataille à mort autour du tapis vert, une bataille à quatre dans laquelle Saint-Helm, Partisane et *la Moule* avaient furieusement lutté. Pendant ces trois jours et ces trois nuits, aucun ne lâchait prise. Ils se soutenaient avec du bouillon froid et de la fine champagne, blêmes, les lèvres maculées par la fièvre et injectées de sang, les yeux brûlés par la fumée âcre des cigares et la flamme ardente du gaz, ne voulant pas abandonner la partie avant d'en avoir complètement fini. Enfin, Valterre et Partisane étaient restés victorieux...

Saint-Helm, perdant bien plus qu'il ne pouvait payer, se jeta dans une voiture du club et se fit conduire chez lui. Rentré dans son appartement, tout étourdi de sa ruine et des fatigues de cette lutte insensée, il arpentait son cabinet de travail de long en large, réfléchissant à sa déveine, regrettant un banco sur lequel il avait perdu, frappant du pied avec colère...

— Il avait passé trois fois, j'aurais dû tenir ?.

Puis il pensa qu'après tout il serait bien bête de se faire des cheveux blancs, qu'il n'était pas le premier à qui pareille aventure arrivait et qu'il fallait se tirer de là le mieux possible. Il réfléchit un instant, consulta un indicateur des chemins de fer, et, sans sonner son domestique, jeta dans une légère valise du linge et quelques objets de toilette. Il descendit ainsi, après avoir fermé soigneusement la porte de l'appartement, emportant ce qu'il y avait dans son tiroir de valeurs et d'argent, et passa devant son concierge sans mot dire, ayant habitué ce personnage à ne le jamais questionner. Dans la rue, le jeune homme héla le premier fiacre de rencontre, se fit conduire à la gare Saint-Lazare et partit pour Rouen, où il avait de la famille. Saint-Helm, respectant la loi, ne reconnaissait pas les dettes de jeu !

Quant à *la Moule*, totalement décavé, il sortit du club avec une démarche d'homme ivre, le chapeau à la main, la cravate dénouée, n'ayant plus en poche un sou pour prendre une voiture. Les laquais, endormis sur les banquettes rouges, ne le virent point passer. Il s'en alla par les rues, muet, désespéré... Les laitiers matineux, les balayeurs, les porteurs de journaux tenant sous le bras d'énormes ballots de feuilles humides encore de l'impression, regardaient ce jeune homme élégamment habillé, qui marchait nu-tête par le froid et ils riaient de bon cœur, le croyant complètement gris. Il arriva enfin sur les quais déserts. L'eau coulait monotonement, avec des scintillements attirants. A deux cents mètres, le capuchon noir d'un sergent de ville se profilait dans la lueur brumeuse du matin... *La Moule* se pencha un instant, regardant l'eau s'engager, murmurante et pressée, sous l'arche du pont, puis, sans hésitation, il enjamba le parapet et se jeta dans la Seine. De loin, le sergent de ville l'avait vu et accourait, donnant l'alarme. Des mariniers détachèrent des barques, des hommes plongèrent. Mais le fleuve glacé, bourbeux, jauni par des fontes de neige, garda le cadavre et l'enroula dans les remous sinistres de son courant. Le lendemain, à la Bourse, on disait que, pour la première fois de sa vie, *la Moule* s'était montré spirituel...

Valterre n'avait guère eu plus de force pour supporter la joie du triomphe, que ses adversaires pour subir les conséquences de leur défaite. Après le coup final, il était sorti du club et, chez lui, il s'était déshabillé et mis au lit machinalement, sans savoir comment, par instinct. Les vêtements affaissés traînaient sur le tapis. Le chapeau était jeté sur une chaise longue, des gants, une chaussette gisaient auprès. Sur les meubles, dans les plis des habits, aux coins de la cheminée, jusque dans les chaussures béantes, des louis mettaient une lueur fauve.

François gardant sa dignité de vieux drôle de bonne maison, réparait philosophiquement ce gâchis. A mesure qu'il relevait le pantalon, l'habit et le gilet, s'échappaient des plis, des fissures, des goussets, des poches, les louis neufs chantant victoire, dansant une sarabande joyeuse, roulant sur le tapis, s'échouant sous la commode, sous la table, sous les fauteuils, pavant la chambre d'un dallage de richesse mal acquise.

Valterre, tournant le dos au jour qui l'aveuglait, jurait sous sa couverture, envoyait son domestique au diable et lui ordonnait de le laisser dormir tranquillement. Mais François connaissait son maître depuis longtemps. Il le laissait gronder et pester, peu soucieux de sa colère, faisant au contraire, dans la chambre, autant de tapage qu'il pouvait.

Le jeune homme, agacé, se réveillait peu à peu. François jugea le moment venu de parler et rappela humblement « à Monsieur que ce jour était celui de la mi-carême et que Monsieur le vicomte avait avec M. Taïko-Fidé rendez-vous chez Bignon, à l'heure du dîner. »

Sous le coup de fouet de sa volonté de viveur nerveux, méprisant son corps, dédaigneux de la fatigue, Valterre se leva et fit rapidement sa toilette, aidé par le valet de chambre. Le vicomte ne désirait pas faire de vieux os, d'ailleurs. Il n'était attaché à personne sur terre par des liens méritant un regret. Il était libre, libre et seul, et, pourvu qu'il s'amusât, il n'en demandait pas davantage à sa destinée. Aussi avait-il vécu gaiement jusque-là, faisant plus d'élevages pour la haute bicherie parisienne qu'un paysan normand pour les concours agricoles. Selon son expression, il avait, à lui seul, pendu plus de crémaillères que Montluc ne pendit de Huguenots et, de toutes les premières pierres posées par lui dans les immeubles des demoiselles, il disait fièrement qu'on aurait pu construire une église.

Cette existence échevelée et fantasque ne modifia guère son naturel, mais elle altéra profondément sa santé. A vingt-cinq ans, le joyeux vicomte se voûtait légèrement et son corps amaigri faisait le désespoir du tailleur chargé de l'habiller ; mais l'œil conservait son regard spirituel et bienveillant ; la bouche, un peu grande, souriait ; les dents étaient toujours blanches et admirablement rangées. Ses cheveux, par exemple, ses beaux cheveux blonds, jadis souples comme la soie et semblables à des fils d'or, à présent, laissaient entrevoir les blancheurs du crâne et deviner les tourmentes de la vie. Parfois, aux lendemains de fête, le vicomte se souvenait des héritages déjà mangés et songeait à l'immortalité de l'âme. Ce jour-là, il n'avait pas le temps. Il fourra dans ses poches des poignées de louis gagnés la veille, puis ayant donné l'ordre d'atteler, se fit conduire chez Bignon, où l'attendait son ami Taïko. Tous deux dinèrent tranquillement, sans appétit, mangeant peu, buvant ferme, le sang brûlé par l'existence fiévreuse des derniers jours, causant du cercle et de leurs projets pour la soirée.

— Je vais ce soir à l'Opéra, dit le prince.

— A l'Opéra ? Qu'y comptez-vous faire, demanda Valterre.

— Pas grand'chose. Je retrouverai Cora, probablement.

— Qui ça, Cora ? répliqua le vicomte qui avait tout à fait oublié les aventures du Japonais.

— Parbleu ! cette petite femme qui chantait dans le *Ban des Belles-Mères* :

Voulez-vous voir mon grand ressort ?

Vous savez bien.

— Cette histoire-là dure encore ?

— Oui.

— Vous l'aimez donc, cette petite ?

— Ma foi non ! C'est elle qui s'est invitée.

Taïko eut une moue légèrement dédaigneuse et alluma un cigare.

— Alors c'est elle qui vous aime, conclut logiquement Valterre.

Fidé haussa les épaules.

Après dîner, ils allèrent passer la soirée au club. On fêta le retour du vicomte, le vainqueur du grand tournoi de la veille. Les *billes de billard* le regardaient avec une sorte de considération respectueuse. Le gérant s'empressait autour de lui, le félicitait. Ah! s'il y avait eu beaucoup de joueurs comme lui, la cagnotte eût été superbe! Puis on commenta la mort de *la Moule* et la fuite de Saint-Helm. On s'attendrit et on s'indigna correctement, avec modération. Vers dix heures, un monsieur décoré de plusieurs ordres étrangers, parlant toujours de louis et de soupers — au fond, aux gages du directeur pour la somme de deux louis par soirée — proposa de tailler un petit bac. Depuis un moment, les gens tournaillaient autour de la cheminée, cherchant des sujets de conversation, s'ennuyant ferme. En réalité ils étaient venus seulement pour la partie. Ils se précipitèrent.

Valterre et le prince sortirent alors, puis, rentrant chez eux, s'habillèrent et, la boutonnière fleurie d'un gardenia, corrects, irréprochables, ils allèrent terminer la nuit au bal de l'Opéra.

A cette fin de carnaval, il y avait dans l'air comme un besoin de jouissance et de saturnales. A travers les boulevards illuminés, tout grouillants de monde, circulaient, chantant, rigolant, avinées, des bandes de masques voyoucratiques.

Sur la chaussée, au milieu d'un bruit continuel de roues, de hennissements de chevaux, de claquements de portières brusquement fermées, les voitures se croisaient, s'enchevêtraient, se barraient la route, tandis que les cochers s'engueulaient, et que des gamins, avec des lanternes vénitiennes sur leurs chapeaux, blaguaient les bourgeois endimanchés. Les théâtres se vidaient. Sur les marches, des femmes, la tête encapuchonnée de la blancheur mate des dentelles, enveloppée dans leurs sorties de bal légères, attendaient leurs équipages et formaient tout un châtoiement de couleurs et tout un scintillement de diamants et de pierreries. Les cafés regorgeaient de jeunes gens en habit noir, entrant, sortant, s'égarant et s'appelant.

Au coin du boulevard, près de la place de l'Opéra, dans la cohue, semblable à une muraille de chair humaine, les mots et les saillies rebondissaient comme des balles, les rires cascadaient et, dans le tumulte, on entendait les petits cris d'effroi des femmes costumées que des calicots grivois bousculaient et prenaient par la taille. Il y avait là comme un diapason de folie donné par l'orchestre du bal, dont les sons cuivrés arrivaient en bouffées, des portes entr'ouvertes. La foule s'agitait, ondulait, débordant du trottoir, contenue avec peine par un cordon de gardiens de la paix.

Au milieu de la place où, sous le feu cru de

l'éclairage électrique, luisaient les casques des gardes de Paris, le monument flambait, lumineux, le faîte baigné dans un plein air poudré d'or, assiégé par une cohue noire, tenace, qui voulait entrer quand même. Dans ce pêle-mêle se coudoyaient des chicards, des hommes du monde, des pierrettes, des débardeurs, des vieux qui voulaient s'amuser, des femmes à la mode, furieuses d'attendre, des rouleuses du boulevard, venant tenter un beau coup, des demoiselles de magasin allant à un rendez-vous, une modiste ayant besoin de payer son terme et sa blanchisseuse : Plus loin gloussait une grosse bourgeoise romanesque, datant de Scribe, et prenant, sous le satin noir du domino, ses palpitations pour les battements de son cœur. Elle allait ainsi, ballottée de porte en porte, comme une énorme épave, sous la poussée de cette marée vivante. Toute cette cohue bariolée s'engouffrait dans l'Opéra sous l'œil des agents, qui s'efforçaient vainement de remettre un peu d'ordre.

Le vicomte de Valterre et Taïko se faufilèrent péniblement. En entrant dans le vaisseau énorme, ils furent assourdis par le mélange des vociférations et des sons endiablés de l'orchestre, en même temps qu'éblouis par la lumière éclatante réfléchie, divisée en mille rayons par les ornementations des murs, accrochée en fulgurations aiguës aux bijoux des danseuses. Dans tous les coins de la salle, des gens en habit, en domino ou en oripeaux bizarres se promenaient, l'air très calme, parfois ennuyé, quelques-uns paraissant avoir le respect de leur costume. D'autres, pleins d'illusions, se démenaient frénétiquement au milieu d'un cercle de badauds, esquissant des pas hasardeux, comme pris d'une soudaine folie. Parmi eux circulaient des bourgeois en polichinelle ou en pierrot, venus là pour « intriguer », et qui allaient ensuite souper en cabinet particulier afin de se dédommager des longs mois de banalité conjugale.

Les deux amis *n'en étaient plus à croire* aux bals de l'Opéra. Comme tant d'autres, ils allaient là par habitude, parce qu'il faut bien aller quelque part. Traversant péniblement la foule houleuse, jouant des coudes, ils montèrent à la loge qu'ils avaient fait retenir. L'ouvreuse entre-bâilla la porte avec une mine discrète. Valterre entra le premier.

— Bon ! une femme ! s'écria-t-il.

Dans le salon de la loge qu'emplissait une douteuse clarté, une femme dormait ou feignait de dormir, étendue sur une chaise longue de velours grenat. Elle avait l'attitude molle et abandonnée d'une personne qui ne craint pas d'être observée, sûre qu'on ne la dérangera pas, et cette pose faisait merveilleusement valoir une gorge et un col splendides, une taille digne de porter la ceinture dorée, un pied imperceptible et adorablement cambré. Le corsage, hardiment ouvert, laissait voir des chefs-d'œuvre de modelé que voilait à peine une dentelle diaphane.

— Fichtre ! ils sont jolis, mais elle les montre, murmura Taïko.

— Qu'est-ce que cela fait puisqu'elle a un loup, répondit le vicomte.

Et assujettissant son monocle, il se mit à l'étudier en amateur.

La dormeuse, à leurs dernières paroles, s'éveilla, d'abord l'air gêné d'avoir été surprise. Puis, marchant au-devant de Valterre, elle se planta toute droite devant lui, les bras croisés, dans une attitude de reine outragée. Le vicomte soutint assez tranquillement son regard, et, lui tendant sa main gantée, dit :

— Bonsoir, Juliette.

La jeune femme ôta son masque.

— C'est gentil à vous de m'avoir reconnue, fit-elle.... Depuis le temps !...

— Je n'oublie pas mes amis, repartit le vicomte. Mais que faisiez-vous, seule dans cette loge ?

— Je vous attendais, monseigneur !

Cette phrase fut prononcée dramatiquement, Juliette ayant joué jadis la *Tour de Nesle* au théâtre des Gobelins.

— Vous êtes la plus aimable des femmes, conclut Valterre.

Il lui baisa longuement le poignet, et, amenant Taïko, demanda à Juliette la permission de lui présenter un Japonais de ses amis, étudiant en droit. Juliette le regarda avec un grand air très digne. Mais, Valterre ayant ajouté : « C'est le prince Taïko-Fidé, » le grand air se fondit en un délicieux sourire, tandis que les deux jeunes gens échangeaient un regard d'augures qui savent garder leur sérieux.

— Alors, vous vous êtes simplement dérangée pour me voir, reprit le vicomte.

— Et pour m'amuser !... Je viens de passer deux mois assommants dans le Midi.

— Vous vous êtes ennuyée dans le Midi ?

— Affreusement. J'habitais une villa superbe, chez un vieil ami, un Anglais, qui avait le spleen les jours de soleil et ses douleurs les jours de pluie... Et puis des cigales, tout le temps. Je ne connais rien d'aussi agaçant que ce petit animal....

— Comment l'appelez-vous donc, votre vieil ami l'Anglais ?

— Sir Horsberry.

— Connais pas.... Où diable l'avez-vous rencontré ?

Juliette se mit à rire.

— Il m'a connue par un Guide.

— Par un Guide ?

— Sans doute ! Le *Paris-Plaisir*, le meilleur manuel de l'étranger à Paris, mon cher ! C'est un journaliste de mes amis qui l'a rédigé et — vous comprenez — il a parlé de moi...

— Ça vous a coûté cher, la ligne ?
— Oui.
— Cinq francs ?
— Ça serait donné, mon bon... Du temps !
— C'était ruineux !
— Je crois bien.
— Et je le connais, ce journaliste ?
— Sans doute.
— Vous l'appelez ?... Je ne suis pas trop indiscret ?...
— Effroyablement... Sosthène Poix !
— Nous l'attendons justement.
— Tant pis !
— Pourquoi ?
— Parce que je voulais souper avec vous ce soir !...
— Eh bien ?
— Et que je ne veux pas souper avec lui.
— Vous avez tort. Il est très amusant. D'ailleurs, vous n'avez rien à craindre. Il nous amène Blanche Timonnier.
— La grosse Blanche !... Peuh ! Le *Paris-Plaisir* n'a pas dû se vendre beaucoup. Je reste.

— Ingrate ! conclut Valterre. Vous ne méritez pas qu'on vous fasse un Guide.

Mais on frappait à coups redoublés à la porte de la loge. Taïko ouvrit : un bouquet de jolies femmes et une bande de jeunes gens se précipitèrent.

Il y avait Blanche Timonnier, dite *la Joie n'me fait pas peur*, une vieille-garde assez bien conservée, Cora, aux armes de Taïko, et Léa la *Jolie-Laide*. Les hommes étaient : Manieri, le peintre à la mode, celui qui envoie chaque année, au Salon, de jolies petites femmes nues, très léchées ; Otto Wiener, dont tout Paris connaît la face blême, et fredonne les valses fantastiques ; enfin Sosthène Poix, le chroniqueur.

Cora, à elle seule, faisait plus de bruit que tout le monde réuni. Pleine d'expansion, elle sautait au cou du prince, l'appelant *mon Ko-Ko chéri* et lui donnant des noms d'oiseaux. Il avait beau la repousser, la prier de se tenir tranquille, Cora revenait encore, l'embrassant, l'enlaçant d'étreintes passionnées dont il se dégageait difficilement.

Sosthène Poix rougit légèrement en retrouvant Juliette et se sauva par un trait d'audace, en l'embrassant sur les deux joues. Cora recommença son bavardage, zézayant ainsi qu'un bébé, débitant des mots comme un moulin à paroles.

— Pourquoi arrives-tu si tard, mon Ko-Ko, dit-elle à Fidé? — C'est encore la faute au vilain vicomte. — Fi! *mossieu*, vous laissez poser des femmes, des femmes charmantes, pour fumer et tailler des bacs à votre cercle. C'est gentil! — Et toi, Ko-Ko, c'est comme cela que tu laisses en plan ta petite femme qui t'aime trop, vieux chien chéri! Ah! nous nous sommes tout de même amusées sans vous. Nous avons bien ri, va! Moi, j'ai dansé avec un gros polichinelle. C'était un pari. J'ai gagné une discrétion à Manieri.

Taïko fit un mouvement de mauvaise humeur.

— Ah! j'oubliais de te dire... J'ai perdu ma bague dans la voiture. Tu sais, celle que tu m'as donnée... avec des brillants. Ça ne fait rien... tu m'en commanderas une autre... Et puis, il était si drôle, si drôle, ce Polichinelle!... Ses bosses remuaient en dansant. Alors je lui ai demandé où étaient ses ficelles, parce que j'avais bien envie, vois-tu, bien envie de les tirer!... Mais il était grossier comme un pain d'orge... Il m'a répondu d'aller m'asseoir et il m'a dit qu'il n'était pas là pour s'amuser...

Manieri et Sosthène Poix trouvèrent, pour la faire enrager, que ce Polichinelle avait eu bien raison de ne pas se laisser raser. Cora ne les écoutait déjà plus et criait que tout le monde avait une faim d'enfer et qu'il fallait souper. Valterre aussitôt s'excusa, n'ayant eu le temps de rien commander.

— Tant mieux ! fit Blanche Timonnier. Comme cela nous irons où nous voudrons.

— Vive l'imprévu ! s'écria Léa.

— Et les truffes ! compléta Sosthène Poix.

— Alors, chez Brébant.

— Chez Bignon, remarqua Juliette. C'est plus chic...

— Au Peters ! au Peters ! criait Cora sur l'air des lampions...

Quant à la grosse Timonnier, ça lui était bien égal, pourvu qu'on s'amusât. Elle tenait pour la conciliation et les truffes. Juliette proposa de laisser décider la chose au prince Ko-Ko, puisque les avis étaient partagés. Cette motion fut adoptée. Fidé remercia l'assemblée en termes émus, faisant un speech d'un goût parlementaire, se déclarant heureux et fier... s'efforcerait d'être à la hauteur... mission délicate... indulgence réclamée...

Finalement il proposa Baratte.

La conclusion du Japonais fut couverte d'applaudissements.

— C'est ça... c'est drôle...

— Les huîtres sont plus fraîches... Elles sortent des Halles, dit la gourmande Timonnier.

— Et puis on n'est pas dérangé... ajouta Léa.

Toutes le connaissaient bien, le restaurant nocturne des Halles. On les y voyait encore en rupture de high-life, au retour de Bullier, à l'heure où l'on cherche à finir une nuit de vadrouille. Quelques-unes d'entre elles en avaient été les clientes coutumières, lorsque plus jeunes, plus modestes, n'appartenant pas encore à la « haute », elle n'entrevoyaient que dans un azur éloigné et brumeux les splendeurs du Café Anglais et les légendes du Grand Seize.

Aux cris de « vive le prince Ko-Ko ! » ils quittèrent la loge, s'envolant dans les couloirs encombrés de monde. Dehors, ils s'entassèrent dans les voitures de Juliette et du vicomte et dans les fiacres d'Otto Wiener et de Manieri. Le compositeur fit monter dans son sapin la grosse Blanche Timonnier qui, généreuse et hospitalière, prit Sosthène Poix sur ses genoux. Le chroniqueur, dont les articles ne se vendaient pas encore au poids de l'or, trouvait qu'il n'y a pas de petites économies.

Dans le salon, chez Baratte, le vicomte de Valterre laissa à chacun toute liberté, voulant qu'on s'amusât à force. Hommes et femmes rédigèrent alors eux-mêmes le menu, les femmes faisant, pour la pose, une carte qui aurait suffi à vingt personnes, les hommes demandant les mets à la mode et des vins de choix. Dans ce tapage, au milieu des cris de Blanche Timonnier et de Cora et des mots de Sosthène Poix, les garçons ahuris notaient au hasard : Huîtres. — Salade russe. — Ananas glacés. — Perdreaux froids. —

Ecrevisses bordelaises. — Consommé. — Truffes sous la serviette. — Homard à l'américaine. — Crevettes. — Foie gras. — Asperges en branche. — Fraises. — Petits pois à l'anglaise. — Faisans dorés...

— Des truffes en masse ! Des truffes partout ! des truffes comme chez moi ! criait la grosse Timonnier.

— Quand tu mourras, tu seras toute farcie, remarqua doucement Sosthène,

— Quand je mourrai, ce sera tant pis, répondit Timonnier, qui n'avait pas compris. En attendant, amusons-nous.

— Tu as la truffe philosophique...

Les femmes ouvrirent de grands yeux en voyant Otto Wiener demander de la bière anglaise pour la mêler au Clicquot. Cora eut un succès : elle voulut des crêpes.

Sur la table, les lumières, l'argenterie, le cristal et les fleurs se disposaient dans une symétrie formant une tache claire éclatante, au milieu des ocres et des ors d'une tonalité sombre qui couvraient la muraille. Les garçons, à favoris noirs, descendaient, affairés et remontaient à grandes enjambées, portant habilement, sur le bout des doigts, des plats fumants, tandis qu'un maître d'hôtel, attentif, donnait des ordres. Des cris étranges allaient se perdre sous la voûte des cuisines où les vestes blanches des chefs s'agitaient au milieu de l'éclat rutilant des cuivres et de la masse noire des fourneaux qu'incendiait, par plaques circulaires, la rouge lueur des brasiers.

Le sommelier fit enfin son entrée avec une charge de bouteilles, casquées d'or comme un escadron de carabiniers. Une exclamation joyeuse marqua son entrée.

— Je salue des choses respectables, dit gravement Manieri.

Cora prit une bouteille :

— Ça me connaît ! s'écria-t-elle.

Elle frappa un coup sec, le goulot doré sauta et les verres s'emplirent. On circulait pêle-mêle autour des tables, avec cette sorte d'attendrissement gourmand qui précède un bon dîner. Les femmes, curieusement, examinaient les noms inscrits sur les glaces avec un diamant, les doubles verrous des portes et la petite entrée donnant sur un escalier dérobé. Assis devant le piano, un vieil instrument plein d'expérience, à l'épreuve des bouteilles de champagne versées sur les cordes par des soupeurs ivres, Otto Wiener jouait l'air des couplets de la *Petite Mademoiselle*.

Cora leva son verre et chanta :

> Notre patron, homme estimable,
> Voyant l'état où s' trouve Paris,
> Veut qu'un' diminution notable
> Soit faite aujourd'hui dans ses prix.

Tant qu' dur'ra la cris' politique,
Par ma voix, il vous avertit
Qu'à tous ceux qui boiv'nt — sa boutique
Va rester ouvert' jour et nuit,
Et qu'avec ça, car c'est pas tout !
Et qu'avec ça — j' suis pas au bout !
Et qu'avec ça — v'là la merveille !
Et qu'avec çà — l' prix d' la bouteille
 Ça n' s'ra pas vingt sous,
 Ça n' s'ra pas dix sous,
 Ça n' s'ra pas cinq sous,
 Ça n' s'ra pas deux sous !
  Ça s'ra ! Ça s'ra
 Ce que chacun voudra !

Dominée par l'entraînement de la mélodie et des paroles, Cora ne chantait plus, elle criait au point de se casser la voix si elle en avait eu le moindre filet et, plus le couplet approchait de la fin, plus elle s'excitait. Pour chauffer l'auditoire, pour enlever le succès, elle se livrait à toutes les excentricités qui lui passaient par le cerveau, tordant sa taille dans des contorsions grotesques et secouant la tête avec des hochements insensés. Quand elle arriva au vers

 Et qu'avec ça... car c'est pas tout !...

sa voix déjà enrouée devint aigre avec des intonations de fausset. Pour se donner du courage, pour se stimuler, elle faisait les gestes de bras furieux des chanteuses comiques de café-concert, frappant nerveusement du pied, perdant la mesure et le ton, tandis que le compositeur, stupéfié par cette méthode fantaisiste, plaquait vainement accord sur accord cherchant à étouffer les couacs et les fausses notes et, pénétré de tristesse, agitait sa rousse chevelure dans un tournoiement désespéré.

Quand elle eut fini son couplet, tous reprirent en chœur le refrain, hommes et femmes, les voix criardes et les voix graves formant un *tutti quanti* charivaresque, un vacarme d'où sortait une indescriptible cacophonie.

Alors, Wiener, le fils de la Muse allemande, implora dans une invocation suprême le dieu de Bach et de Wagner. Ses mains osseuses, aux doigts longs et effilés, se contractèrent nerveusement sur les touches blanches et noires, et s'y livrèrent à une exécution qui n'avait plus rien d'humain. Criant comme l'olive sous le pressoir, gémissant sous les coups de poing du musicien, le vieux piano dominait l'ensemble, tandis que Cora, la voix éraillée, essoufflée par ce long effort, la poitrine oppressée, criait encore :

   Ça n' s'ra pas vingt sous !
   Ça n' s'ra pas dix sous !
. . . .

Enfin, on servit les huîtres.

Tout le monde se sentait en appétit. Cora se tut, Otto ferma le piano et l'on se mit à table. Il y eut un de ces longs silences qui, au début des repas, s'emparent des gens affamés ; mais toutes les physionomies étaient joyeuses. Seul Taïko demeurait sombre, agacé par les folies de sa maîtresse. La petite Cora ne semblait guère se soucier de l'état maussade de son amant, mais Juliette Saurel observait Fidé et remarquait son mécontentement. Elle s'efforçait d'attirer son attention par un sourire, la rencontre fortuite d'une main ou le frôlement du genou, mettant en œuvre cette diplomatie savante qui use de petits moyens pour arriver aux plus grandes choses. Mais tout cela tombait en pure perte devant la froide impassibilité du jeune homme. Il regardait Cora et trouvait décidément cette fille ennuyeuse. Dans les premiers temps, outre sa très réelle beauté, le prestige de la femme européenne avec ses coquetteries, la chatterie de ses attitudes, l'avaient séduit. C'était nouveau, et leur liaison n'avait pas duré assez longtemps pour qu'il pût s'en lasser. Plus tard, en la retrouvant dans la boîte du père Monaïeul, rehaussée par l'éclat de la rampe et les applaudissements enthousiastes d'une salle entière, il avait senti renaître ses désirs mal étouffés et qu'accroissaient ces excitants inattendus. Mais cela n'avait pas duré. D'autres femmes, en tout pareilles à Cora, étaient devenues ses maîtresses d'une nuit. Chez toutes il rencontrait les mêmes séductions superficielles, au fond la même uniformité, la même banalité désespérante. Leurs minauderies, amusantes un instant, devenaient absurdes lorsqu'on apercevait le vide qu'elles cherchaient à dissimuler.

Non, ce n'était pas là encore la femme qu'il avait vue de là-bas, en rêve, cette idéale créature joignant les charmes de l'esprit aux séductions de la forme extérieure. Pourtant cette femme-là existait. Il en était sûr et il brûlait de la connaître. Voilà pourquoi il était mélancolique en écoutant les niaises plaisanteries de Cora, toujours les mêmes.

Quand les invités de Valterre eurent chassé la faim et la soif, les rires devinrent plus sonores, les regards plus profonds et plus éloquents, les lèvres plus rouges et la conversation moins voilée. La table étincelante offrait l'aspect d'un champ de bataille sur lequel dormaient déjà bien des vaincus : Wiener buvait comme quatre et mangeait comme huit. La grosse Timonnier avait effondré une chaise à force de rire. Cora redemandait des crêpes, Manieri proposait à Léa de venir poser à son atelier pour les hanches et pour le reste. Sosthène Poix, après avoir réclamé quelques minutes de silence se leva le verre à la main :

— Messieurs, dit-il, je vous propose de boire aux femmes et à celui d'entre nous qui les connaît et les apprécie le mieux : à notre amphitryon.

Le toast du journaliste fut bruyamment applaudi, les coupes se choquèrent au milieu des hourras et des bravos.

— Oui, cher, répondit le vicomte, vous avez raison. Buvons aux femmes.

Cora se mit à chanter :

> Les femmes ! les femmes !
> Il n'y a que ça.

On la fit taire. Le vicomte reprit :

— Buvons aux femmes honnêtes !

Cora s'indigna :

— Eh bien ! et nous ?

Blanche Timonnier frappa sur la table avec colère, attrapant Cora de la belle façon.

Est-ce qu'elles n'étaient pas des femmes honnêtes. Alors elle raconta à Sosthène Poix qu'elle connaissait une grande dame, une duchesse, qui couchait avec son cocher, puis, elle ajouta philosophiquement :

— Elles sont toutes comme ça !

A quoi Sosthène Poix répliqua judicieusement :

— Et quand elles n'ont pas de cocher ?

Blanche lui cria : « Zut ! » disant qu'il pouvait bien y aller avec ses femmes du monde puisqu'il les aimait tant.

— Si tu crois qu'elles nous valent, mon petit, c'est ton affaire. Mais, n'oublie pas ça, tu peux m'écouter, elles ne nous arrivent pas à la cheville.

Valterre, furieux d'avoir été interrompu s'était rassis, ne voulant plus parler et résistant, dans l'entêtement idiot d'une ivresse qui pointait. Cora, très excitée, commença à le tutoyer et l'engagea à continuer son « *kiosque* ». Juliette se fâcha. Elle aussi, elle exigeait le toast et reprochait au vicomte de n'être pas aimable quand il était gris. Valterre titubant se releva :

— Oui, mes louloutes, je bois à votre beauté. Je voudrais vous porter ce toast dans une coupe d'or, changer le vin en rubis pour vous en faire des parures et vous parler, couronné de fleurs comme un mauvais sujet de l'antiquité.

— Est-il assez Arsène Houssaye? fit Sosthène Poix.

— On ne verrait plus ses cheveux, remarqua Blanche Timonnier.

Le vicomte, la langue lourde, bégayait :

— Si vous parlez toujours — vous savez — moi je ne dirai plus rien.

— Le toast! le toast! criaient les hommes et les femmes.

Valterre, de plus en plus parti, ânonnait :

— Je, je... je bois à Léa et... et... à ses béguins,.. je... je bois à Timonnier. Toi, ma vieille, vois... vois-tu... tu es une bonne fille.

— Ah! oui! toi aussi, Cora, je ne... ne t'oublie

pas, ma chérie. Et puis les autres... A... à toi Léa ! Et... et puis à toi, Juliette. Mais toi... tu... tu n'es pas gentille ! Tu... tu n'aimes personne.

— Je vous aime, mon bon, répondit Juliette qui avait conservé son sang-froid.

— Aujourd'hui... ça se peut... mais... mais demain ?

— Vous êtes trop curieux et trop exigeant, cher. Le grand art en amour, c'est de savoir prendre l'occasion aux cheveux.

— Si l'occasion les a comme lui, fit Sosthène Poix...

Cette platitude du journaliste excita un *tolle* général. Léa, Timonnier et Cora accablaient le malheureux Sosthène de plaisanteries du meilleur goût.

— Le mettras-tu dans ton journal ?

— C'est ça qui est du nanan pour les abonnés !

— En fais-tu beaucoup comme ça dans ta nuit ?

— Je demande à le mettre sous verre...

Alors la fête tournait complètement à l'orgie. Au moment où les bougies, brûlées jusqu'au bout, tordaient leurs flammes dans les bobèches des candélabres dorés, le jour, se glissant à travers les rideaux rouges mal fermés, éclaira le salon de tons blafards et gris. Il n'y avait plus là ni esprit, ni gaieté, mais des rictus d'ivresse, des hoquets, des têtes livides, congestionnées, éreintées. Un avachissement lourd, une bestialité immonde abjectaient ces viveurs élégants et les terrassaient comme des brutes. Hommes et femmes en étaient au même degré. Cora, vautrée sur un canapé, le corsage ouvert, les cheveux défaits, dormait d'un sommeil agité, les seins oppressés. Manieri essayait de croquer la grosse Timonnier, ronflant, la tête renversée en arrière, mais il ne comprenait rien à son croquis et l'avait recommencé vingt fois. Valterre, le visage caché entre ses bras étendus sur la table en oreiller, dormait comme un juste, rêvant tasses de lait et fleurs des champs tandis que Juliette et Léa, comme des prêtresses antiques, effeuillaient des roses enlevées aux corbeilles, sur son crâne dénudé. Sosthène Poix s'était fait donner *ce qu'il faut pour écrire* et taillait un grand bête de drame destiné au *Château-d'Eau* en déclamant de temps en temps les phrases à effet.

— Tu verras ce qu'il en coûte d'insulter un vieillard ! — Ah misérable ! — Je ne suis qu'une femme..... — Cette femme, cette femme, c'est ma maîtresse ! — C'est ma mère, à moi. — Ah !

Otto Wiener, un cigare éteint entre les dents, hochait la tête en mesure, et, le chapeau sur le crâne, fixait une carafe frappée d'un œil hébété, sur lequel s'incrustait son éternel monocle. Le musicien semblait vouloir tirer de cette carafe une inspiration qui refusait obstinément d'en sortir, puis, vaincu enfin par l'ivresse, il tombait comme une masse et ne bougeait plus.

Dans les cabinets voisins, bruyants d'abord, retentissants de rires et du choc des verres, le silence, peu à peu, s'était fait également. Mais, au dehors, un bruit vague et sourd, un houloulement de foule, rayé d'appels vibrants, enveloppait le restaurant. De minute en minute, passaient de lourdes charrettes qui faisaient trembler les vitres et, chez les mastroquets, piaillaient les cris éraillés des marchandes de marée et les jurons des commissionnaires.

Les Halles s'éveillaient.

V

JULIETTE SAUREL.

Léa s'était vite lassée d'effeuiller des roses sur le crâne de Valterre ; d'un mouvement automatique, relevant la nappe, accumulant les serviettes, elle s'arrangea un oreiller pour dormir. Alors, Sosthène Poix étant absorbé par son drame, Juliette et le prince demeurèrent seuls face à face et, pendant un moment, se regardèrent sans mot dire.

Juliette Saurel réfléchissait. Elle songeait au passé, et, sur le point de risquer une tentative hardie, elle hésitait.

L'histoire de sa vie était assez banale. Fille de petits bourgeois du Marais, médiocres, honnêtes et routiniers, elle avait reçu par raccroc une éducation assez brillante dans une institution aristocratique. Plusieurs fois, une de ses intimes amies de pensionnat, très riche, l'avait invitée à passer chez elle le temps des vacances, et là, elle se familiarisait avec un luxe, une prodigalité, une élégance, inconnus des rentiers du Marais. En elle, le souvenir de ces horizons de fortune et de bonheur était toujours demeuré resplendissant et, sans abandonner l'existence minutieuse et végétative qu'elle dédaignait, elle conservait comme une vision chère, l'image embellie par la distance, d'un avenir qui lui était fermé. Puis un jour, la banqueroute d'un gouvernement ayant à peu près ruiné son père, à dix-huit ans, elle se trouvait en face de ces deux alternatives : être toute sa vie une sage et honnête institutrice, sorte de souffre-douleur, de domestique hybride aux gages d'une famille riche, ou bien rouler carosse en négociant sa vertu ; porter des lunettes bleues en buvant de l'eau rougie, ou bien donner le ton à la mode en sablant le champagne dans les coupes de Baccarat.

Toutes réflexions faites, elle préférait le champagne et c'est pourquoi, huit jours après, elle était la maitresse d'un jeune bourgeois en train de liquider par avance les économies paternelles, et dînait pour la première fois chez Bignon. Elle y dîna pendant deux ans et eut un fort joli petit appartement rue Laffitte.

Un beau jour, alors que le coffre-fort de son amant était encore très ventru, elle s'éprit follement d'un poète de la rive gauche, sorte de bohème plein de talent qu'elle avait aperçu dans une réunion et qui la séduisit par sa verve fougueuse. C'était Houdart. Elle ne prit point grand temps pour réfléchir. Une semaine après, s'étant procuré l'adresse du poète, elle grimpait un matin son escalier, lui déclarait délibérément son amour et se donnait à lui. Houdart trouva l'aventure fort amusante. Cette maîtresse inattendue lui semblait appétissante et surtout très différente de ses petites amies du quartier Latin. Sans lui demander d'autres explications, il voulut la garder avec lui. Il fallait qu'elle fût véritablement empoignée ; car, malgré l'aspect peu engageant de la mansarde, elle accepta tout de suite et, huit jours durant, ils demeurèrent là, très contents l'un de l'autre, se faisant seulement apporter des vivres du dehors. De temps en temps, Houdart se levait pour écrire des vers. Au bout de cette semaine, le poète emmena sa nouvelle maîtresse et la présenta à ses amis. Dans le quartier, on la trouva très bien, quoique un peu poseuse. On la surnomma la *Duchesse*.

Pendant l'intervalle, Juliette avait appris que son ancien amant, furieux de sa fugue extravagante, venait d'installer dans l'appartement de la rue Laffitte une de ses amies. Elle ne s'en inquiéta guère. Du reste, un hasard bien extraordinaire mettait Houdart à la tête de quelque argent, arraché à un oncle de province, sous prétexte de cautionnement à déposer. Par malheur, à vivre dans les brasseries et à Bullier, à faire la noce, à payer des dîners aux amis, le magot fut vite épuisé. Alors on traversa une période difficile. Houdart, habitué pour sa part à ces coups du sort, en prenait philosophiquement son parti et inventait des expédients invraisemblables pour déjeuner. Juliette Saurel regretta alors quelquefois le breuvage des institutrices qui, du moins, était de l'eau rougie. Cependant elle ne se décidait pas à abandonner son poète dont la fantaisie l'amusait et pour lequel elle se sentait une véritable passion. Afin de gagner ses repas, elle se fit bonne de brasserie et servit des bocks, avec son allure hautaine, ses lèvres dédaigneuses, méritant plus que jamais son surnom de *Duchesse*.

Enfin, elle se lassa de la vie de bohème, et, tout en conservant au fond une certaine tendresse pour Houdart, elle accepta les propositions d'un jeune gommeux sortant du pensionnat des Jésuites, qui se lançait et qui était devenu éperdument amoureux d'elle dans la brasserie où il se grisait journellement. Elle retourna sur la rive droite. Deux ou trois fois, à sa prière, Houdart vint encore lui rendre visite, puis il trouva que c'était un trop long voyage et elle ne le vit plus. Peu à peu, elle-même l'oublia, dans l'entraînement de cette vie de plaisirs continuels qui reprenait avec un charme nouveau. L'élève des Jésuites était très jaloux. A la suite d'une querelle, elle le quitta dignement et, malgré ses prières, ne voulut point revenir.

Alors commença la période la plus misérable de son existence, une autre dèche, celle de la rive droite, moins drôle et moins propre. Elle, la *Duchesse*, on la vit aux Folies-Bergères, quelquefois chez Hill's, à la Brasserie Fontaine, chassant à l'homme comme la dernière rouleuse. On la posséda pour des louis. Elle eut quelques amants passagers, fort peu sérieux.

C'est à ce moment qu'elle se prit à réfléchir. Avec cette même froideur qu'elle avait mise à décider si elle serait vertueuse ou vierge folle, elle discuta sa situation. Elle reconnut qu'elle n'était plus toute jeune, que bientôt le cap du déclin serait passé et qu'alors s'avancerait à grands pas cette misère noire qu'elle redoutait. Il s'agissait de ne pas faire comme la cigale, mais d'imiter la fourmi et de s'amasser quelque chose pour la saison d'hiver. Tant d'autres, plus jeunes qu'elle, moins intelligentes et moins belles avaient su se procurer des rentes, un château et des voitures.

Il faut avouer qu'elle avait bien mal employé son temps. Cependant, rien n'était perdu encore ; au contraire, jamais peut-être le moment n'avait été plus favorable : Sa beauté, un peu mièvre autrefois, était devenue majestueuse, pleine de rondeurs plastiques. Elle tirait de la toilette un secours savant. Enfin, elle avait une précieuse expérience de la vie et des hommes. Pour peu qu'elle le voulût, son avenir, avec ces éléments, se pouvait facilement assurer. D'abord, il fallait être lancée, chose aussi difficile pour une femme qu'il est malaisé à un homme d'arriver. Valterre s'en chargea. En un mois, grâce à lui, elle fut connue du monde des viveurs. Alors elle fit son choix : Elle se défiait des jeunes gens, les vieux à passions lui paraissaient plus faciles à plumer, plus généreux et moins exigeants. Et puis ceux-là, on est sûr de ne pas les aimer...

Froidement elle décida qu'elle aurait un vieux, et, corollaire indispensable, une voiture à elle. Riant effrontément, avec des allures de grande dame, elle proposa donc le marché au père Gibard, associé d'une forte maison de confection, très amateur de petites femmes. Le vieil israélite, plissant son masque bête, la regarda un moment de ses yeux gris habitués à estimer des complets. Puis il murmura.

— Faudra voir.

Ce soir-là, Juliette fut étincelante. C'était à un souper. Elle fit une dépense extraordinaire d'esprit. Au dessert, le père Gibard, enthousiasmé, très allumé, ses grosses lèvres tremblotant comme celles d'un chien affamé, voulut la reconduire. Elle posa ses conditions et, sous le coup de fouet irrésistible de ses désirs, il accepta.

Pour le coup, Juliette avait sa voiture. C'était déjà un résultat. Mais elle s'était grandement trompée en croyant le vieux juif capable de certaines folies. Il tint sa parole avec une probité commerciale, payant régulièrement à sa maîtresse la pension convenue, n'exigeant du reste qu'une fidélité apparente, mais ne lâchant pas un centime en dehors de son marché. Un homme scrupuleux.

Ce n'était pas là ce que Juliette Saurel avait espéré. A ce compte, elle vivrait convenablement, mais n'amasserait rien pour l'avenir. Il lui fallait un amant ayant une grande fortune et capable de se laisser ruiner. Elle le chercha. Elle en était là, lorsque inopinément un hasard la mit en présence du prince Ko-Ko. Immédiatement, son idée fixe lui revint à l'esprit, et elle pensa que Fidé pouvait être le phénix qu'elle rêvait. Un prince chinois vivant à Paris, cela devait être riche étonnamment et semer l'or par les fenêtres. Elle fut gracieuse, séduisante, à tout hasard, et se promit de creuser la question. Habilement, pendant la soirée elle questionna Valterre. Celui-ci, déjà gris et n'attachant aucune importance à ses paroles, lui donna des détails : Ko-Ko était un prince japonais immensément riche, mais ne dépensant pas beaucoup jusqu'ici... C'était une sensitive, un vrai héros de roman...

Tout à coup Valterre criait bruyamment à haute voix :

— Dites donc, prince, voici Juliette qui désirerait faire l'éducation de vos millions !

Elle secouait dédaigneusement sa tête orgueilleuse.

— Mon cher, ce n'est pas moi qui vais aux millions.

Le prince jetait sur elle un regard de flamme, puis l'orgie continuait...

Maintenant, restés seuls debout, à peine grisés par les vins capiteux, ils se regardaient comme deux duellistes avant d'engager le combat. Elle faisait ses dernières réflexions, ne voulant pas commettre un nouvel impair. Lui, suivait des yeux la ligne sinueuse de son corps de déesse et se sentait envahir par la chaude fièvre du désir.

Cette fois, c'était bien la femme qu'il avait rêvée, la créature occidentale, riche de charmes physiques possédant tout l'attrait du mystère intellectuel, la puissance de volonté, l'aisance du maintien et de la conversation. Elle était vraiment séduisante avec son teint mat d'espagnole, ses grands cheveux châtains, ses yeux de flamme et ses poignets finement ciselés. Cette femme, les viveurs de Paris les plus connus la désiraient et il pourrait la posséder, lui le fils de Taïko-Naga. Que signifiaient les paroles de Valterre? Juliette Saurel consentirait-elle donc à le prendre pour amant ?

Au même instant la jeune femme lui disait en montrant les autres, avachis sous l'ivresse :

— Alors, vous trouvez ça drôle, vous ?

— Hum ?.... pas précisément.

— Eh bien ! moi, ça me dégoûte... Tenez, regardez-moi Valterre, et Manieri, et l'autre avec son drame.... Ont-ils l'air assez idiot ?.:... Ils appellent ça s'amuser... Eux, des gens intelligents, ils ne sont contents que lorsqu'ils se sont rendus pareils à des brutes....

— C'est très bien, répondit le prince, et je crois que vous avez raison, Mais alors, pourquoi venez-vous ?

— Eh ! le sais-je ? On s'ennuie seule, on se retrouve avec d'anciens amis, on a du plaisir à les revoir et on demeure... Peut-être espère-t-on que leur système de vie aura changé et qu'on éprouvera des sensations nouvelles. Puis, on se laisse entraîner à faire comme eux. On commence à l'Opéra, on finit chez Baratte... quelquefois sous la table... C'est alors que revient le dégoût, qu'on regrette — comme moi en ce moment — d'être venue et qu'on se sauve — comme je vais le faire.

Elle se leva pour sonner le chasseur.

— Vous m'avez converti, reprit le prince, et, en partant, vous m'enlevez la seule raison que j'aie de demeurer ici. Voulez-vous me permettre de vous accompagner ?

— Comme vous voudrez, répondit tranquillement Juliette.

Et elle sonna.

Dans la voiture, Fidé, transporté d'amour, baisait les mains de la jeune femme qui s'abandonnait un instant, puis brusquement, d'un mouvement nerveux, s'enveloppant dans ses fourrures, interrompait ces protestations d'amour.

— Laissons cela, mon bon, et autant que possible, ne disons pas de bêtises. Nous en avons assez entendu ce soir... Parlez-moi plutôt de votre pays, cela m'amuse.

— Volontiers.

Alors, d'une voix très douce, tendrement appuyé contre la jeune femme dont il sentait la chaude moiteur à travers les vêtements, il répondait à ses questions. Pris d'une sorte d'attendrissement poétique, il narrait les doux épisodes de son enfance, au cher pays natal et, parfois, sous l'impression de ces réminiscences, s'oubliait jusqu'à employer des termes japonais. Juliette l'écoutait attentivement, demandant quelle était au juste la situation de Taïko-Naga, de quoi se composait leur fortune, quelles étaient les lois, là-bas; éparpillant au hasard de la causerie, sous les gentilles fleurs de son babillage, un inventaire de commissaire-priseur.

Elle paraissait fort intéressée, si intéressée qu'il put l'accompagner chez elle, sous prétexte de continuer son récit. Lui, se faisant tout humble, l'entourait d'attentions, de caresses, sentant de plus en plus gronder en son sein la passion et les désirs fougueux. L'atmosphère d'amour qui remplissait le salon du joli petit appartement, les parfums troublants épandus dans l'air, lui montaient à la tête et le grisaient. Dans ce milieu coquet qui lui allait si bien, entourée de ces meubles en bois noir aux sculptures délicates, de ces petits tableaux dont les cadres étincelaient, enfoncée dans un sofa moelleux, elle lui semblait plus splendidement belle et, tout à coup, plantant là le Japon, il se jetait comme un fou à ses genoux et lui parlait d'amour, demandant en grâce qu'elle lui permît de rester.

Mais Juliette Saurel s'était levée dans une attitude superbe, indignée :

— Vous aussi ! dit-elle. C'est donc pour cela que vous avez voulu m'accompagner et que vous me parliez d'amour. C'était pour parvenir à votre but, coucher avec moi, me faire servir à l'amusement d'une nuit... Ah ça, pour qui me prenez-vous ? Pourquoi ne m'offrez-vous pas un louis tout de suite ? En vérité, c'est là ce que vous appelez une affection sincère ! Vous me voyez un soir et vous vous dites : Tiens, voilà une femme qui est amusante. Si je couchais avec elle... Mais c'est trop, à la fin. Vous vous êtes mépris, mon bon. Je ne suis pas à vendre. Je n'appartiens à personne et ne serai point à vous davantage...

Le prince, fou d'amour, se traînait à ses pieds, protestant de la sincérité de son affection, de la grandeur de sa passion. Il l'aimait plus que tout au monde. Si elle voulait, il lui sacrifierait tout et ils seraient l'un à l'autre...

— Tout ça, ce sont des mots, mon cher. Si vous désirez me prouver votre amour, partez. Vous me reverrez demain...

Mais il ne pouvait se décider à la quitter. En parlant elle avait enlevé nerveusement une épingle de sa coiffure et ses longs cheveux châtains étaient tombés en cascades sur ses épaules. A chaque mouvement ils ondulaient, merveilleusement attirants. Oh! qu'il la trouvait belle, la charmeresse! Maintenant il lui parlait doucement, sur un ton de prière attendrie. Il sentait bien qu'il lui appartenait pour toujours. Dès le premier instant qu'il l'avait vue, il l'avait aimée. Oh! elle pouvait se rassurer; il ferait tout ce qu'elle voudrait. Elle avait bien tort de penser qu'il pût la mépriser, la prendre pour une femme comme Cora ou Léa. Il l'adorait et la respectait. Dans un instant il allait partir. Seulement il voulait la voir encore un peu, lui parler, se faire pardonner sa demande de tout à l'heure. Il l'aimait tant!

Juliette s'était calmée. Pensive, elle le laissait parler, paraissant s'attendrir. Tout à coup elle éclata en sanglots et se plaça debout devant lui :

— Écoute, dit-elle, tu es le premier qui m'ait parlé ainsi... Tes paroles me troublent... J'ai eu des amants et j'ai cru les aimer... Mais aujourd'hui !... C'est une vie terrible... L'existence se passe entre le désir, le mépris et l'indifférence... Je t'aime peut-être...

Il voulut lui prendre les mains.

— Laisse, dit-elle, ils les embrassent, eux !...

Elle était magnifique dans ce mouvement de délicate pudeur. Après un moment de silence, elle reprit :

— Tu es bon, délicat... Je t'aime peut-être... oui... Je n'aurai pas d'amant, mais tu ne seras pas non plus le mien... J'aurais trop peur de flétrir ce sentiment... Si ça devenait comme les autres, ce serait à se tuer.

Puis lui serrant la main, le regardant fixement, elle ajouta avec véhémence :

— Dis, m'aimes-tu réellement ? Te sens-tu la force de m'aimer sans que je sois ta maîtresse ?... Essaie... Alors je te croirai. Pars et reviens me voir... Tu me connaîtras mieux...

Éperdu, fasciné, il protestait de la pureté de son amour. Une oppression délicieuse lui serrait le cœur. Oh ! oui, il l'aimait... Il était prêt à tout pour mériter l'affection de cette femme extraordinaire. Lentement, il se leva, déposa un long baiser sur le poignet de Juliette et sortit en lui disant :

— Je vous aime et je vous obéis, Juliette. Je pars...

Dans la rue, il allait, chancelant comme un homme ivre. Il éprouvait des envies de chanter, de crier sa joie aux rares passants. Dans un très grand attendrissement, il trouvait à toutes choses l'air de fête qui était dans son cœur. Il aimait, il aimait pour la vie, de toutes ses forces, de ses sens et de son âme, avec son étrange nature d'Oriental imbu de parisianisme...

Après son départ, Juliette Saurel demeura un instant pensive. Son front s'était plissé sous l'influence d'une préoccupation profonde. Lentement, elle essuyait et lavait à l'eau parfumée son beau visage sillonné de larmes, puis, entrant dans la chambre à coucher, où resplendissait un lit tapissé de glaces, avec des cadres dorés, elle murmurait rêveusement :

— C'est assommant... Mais cette fois-ci, je crois que j'ai trouvé le bonhomme qu'il me fallait... Pourvu que Valterre... Nous verrons...

. . . .

Lorsque Cora ouvrit les yeux, le matin, prise d'un engourdissement, elle fut un moment avant de rassembler ses idées. Lentement, elle lança autour d'elle un regard circulaire. Sur un canapé aux nuances passées, Otto Wiener était vautré, les jambes en l'air, la tête appuyée sur le dos de Manieri qui pressait dans ses bras les charmes énormes de Timonnier, avachie sous un sommeil de lourde ivresse. Valterre et Léa dormaient, se faisant vis-à-vis sur la table, au milieu des verres renversés et des assiettes reculées. Sosthène Poix, très habitué à ces noces de nuit après lesquelles il travaillait d'ordinaire, écrivassait toujours dans son coin, se cognant le front par instants et se versant d'énormes rasades de cognac pour activer l'inspiration.

Juliette et le prince Ko-Ko n'étaient plus là... Où pouvaient-ils être ?... C'est une des premières choses que se demanda Cora, déjà soupçonneuse, lorsqu'elle eut fait machinalement l'inventaire des noceurs. Il n'y avait pas à en douter, ils étaient partis... ensemble, probablement. Elle se rappelait vaguement certains regards... Nerveuse, elle s'approcha de Sosthène Poix et lui frappant sur l'épaule :

— Où sont-ils ?

Il la regarda d'un air ahuri.

— Où sont-ils ? répéta-t-elle, avec un regard clair. . . . .

— Ils sont sur le pont des Soupirs, et le doge...

Le journaliste, l'œil animé, gesticulait.

— Imbécile, je ne vous parle pas de votre machine, je vous demande où sont Juliette et le prince ?

Sosthène eut un ricanement.

— Parbleu ! ils sont couchés, probablement. Je ne suppose pas qu'il l'ait accompagnée à l'église vers trois heures du matin. Après ça, on ne peut pas savoir... *Allons au temple...*

Cora devint blême de fureur. Ainsi, on la trompait, et avec qui ? Avec cette traînée qui faisait sa grande dame, sa bouche en cœur, une antiquité... C'était la récompense de l'affection qu'elle avait pour ce moricaud ! Ah ! si elle eût été là, cette femme, elle l'aurait arrangée ! Elle lui aurait appris à faire la sainte-nitouche, l'innocente, pour voler ensuite les hommes des autres !

Un besoin de vengeance la tenait. Fiévreusement, elle se planta devant le journaliste e l'obligea à l'écouter :

— Vous, dit-elle, si vous êtes un homme, vous allez me conduire... Où habite-t-elle, cette femme ?

— Ma foi, répondit tranquillement Sosthène, je ne demanderais pas mieux, car je commence à m'embêter ici, mais je ne sais rien du tout. Enfin, prenons une voiture. Comme ça, on arrive toujours quelque part.

Il appela le chasseur pour faire avancer un fiacre.

En quittant le salon de Baratte et dès qu'elle fut entrée dans la voiture, la colère de la jeune femme se calma un peu. Elle fondit en larmes. C'est qu'elle *en tenait* sérieusement pour le prince. Si leur liaison eût encore duré quelque temps, peut-être s'en fût-elle fatiguée elle-même. Mais cette façon de la quitter publiquement, après un souper, pour aller coucher avec une autre l'exaspérait, la mettait hors d'elle-même. Et, dans l'impossibilité de se venger momentanément, elle pleurait.

Sosthène Poix profita de cette détente pour jeter sa propre adresse au cocher. Cora ne s'en était pas aperçue. Mais, quand la voiture fut arrêtée et qu'en voyant le jeune homme descendre elle comprit son dessein, elle s'écria irritée :

— Non, pas ici, chez moi. Vous êtes fou, je crois. Donnez mon adresse...

Sosthène, stupéfait, insista vainement. Alors, très penaud, il remonta dans le fiacre. Vraiment Cora n'était pas gentille. Puisque le prince la trompait, pourquoi ne lui rendrait-elle pas la pareille ! Il n'y avait rien de bête comme de le faire à la vertu. Depuis longtemps il l'aimait, lui ; elle verrait, il était très-gentil.

Et il approchait de la jeune femme sa bouche pleine encore d'exhalaisons alcooliques. Elle s'é-

loignait. Elle ne voulait pas, là, une bonne fois...
C'était clair... Elle ajouta enfin :

— Mon cher, vous vous donnez un mal bien inutile. En ce moment je déteste tous les hommes, je pourrais seulement aimer celui qui me vengerait du prince et de cette femme.

Sosthène trouva l'idée drôle. Tout en riant, il promit à Cora de la venger d'une façon éclatante. Il tuerait le prince Ko-Ko, le provoquerait en duel, au vilebrequin... et ferait enfermer ensuite Juliette à Saint-Lazare. Il demandait seulement du crédit et les arrhes du marché.

On était arrivé. Cora sauta légèrement, sonna et disparut, laissant ces mots pour adieu à son compagnon :

— Vous êtes un serin...

Tandis que Sosthène Poix payait le cocher, en s'efforçant de se tenir droit sous l'air vif du matin, qui lui faisait tourner la tête, il aperçut Estourbiac, le reporter, qui venait vers lui. Autant pour ne pas s'ennuyer que pour consolider sa démarche, il lui prit le bras. Il avait l'air très décati, Estourbiac. Il croyait Sosthène Poix en bonne fortune et le blaguait :

C'est comme ça qu'on venait faire ses farces en catimini à l'heure où le coq chante. Il le félicitait, du reste, elle était très chic, cette petite Cora.

— Mais non, du tout, mon cher, vous vous trompez, dit Sosthène en riant.

Et, d'un bout à l'autre, avec une prolixité d'ivrogne, il lui raconta toute l'histoire : le souper et la façon cocasse dont Cora l'avait éconduit.

Estourbiac, devenu sérieux, l'écoutait.

VI

LE JOURNALISTE ESTOURBIAC.

Le journaliste Estourbiac n'était pas précisément de bonne humeur, lorsque Sosthène Poix lui avait fait confidence de la mésaventure arrivée à Cora. Sa situation très agréable, de reporter du high-life au *Rabelais*, branlait dans le manche à la suite d'une maladresse qu'il venait de commettre en fondant le *Boulevard*. Or, il tenait beaucoup à cette situation, non pas à cause de la place elle-même, mais parce qu'il espérait passer bientôt de là au *Tout-Paris*, un désir qui le tenait depuis longtemps.

Un étrange personnage, cet Estourbiac. On ne savait ni qui il était ni d'où il venait. Un beau jour, tout-à-coup, on l'avait vu promener dans les bureaux de rédaction et sur les boulevards sa tête de jeune Anglais — favoris longs, jaunes, nez pincé — ses yeux bleus et sa blague méridionale. Huit jours après, improvisé reporter, il disait : « *Mon cher* » aux trois quarts des journalistes de Paris et colportait des informations politiques d'un parti à l'autre, de l'*Ordre* à la *République*, avec un remarquable éclectisme. Du reste, il ne posait pas pour les convictions, ni en morale, ni en politique, admirant la vieille maxime : *L'argent n'a pas d'odeur*. Mais son ambition ne se bornait pas à vouloir faire du reportage anonyme, besogne dure et peu rétribuée. Il visait au grand journalisme. Afin de parvenir à son but, il s'était tracé une ligne de conduite dans laquelle la manière d'écrire tenait fort peu de place, et les relations, énormément. Il fréquentait la plupart des cercles de Paris ; et, malgré ses très maigres ressources, trouvait toujours moyen d'être vêtu à la dernière mode et de dîner souvent aux bons endroits, parfois avec des actrices connues. Il avait inventé pour cela des procédés à lui, dont le journal faisait tous les frais. Ainsi, il parvint assez rapidement à entrer avec des appointements fixes au *Rabelais*. Il écrivait là des articles de grand reportage sur les fêtes et les cancans de la bonne société. Pourtant, il ne gagnait point encore ce qu'il aurait voulu. Le *Rabelais*, journal très bien posé, d'ailleurs, n'était pas extrêmement riche. Depuis longtemps Estourbiac ambitionnait d'entrer au *Tout-Paris,* le plus grand journal de la capitale, où les rédacteurs sont très grassement payés et acquièrent quelquefois, à la longue, une part de propriété. Il fallait l'emporter sur des concurrents nombreux. Une fois dans la place, Estourbiac, confiant en son habileté, était sûr d'arriver au pinacle. Comme il ne pouvait activer la marche des choses, il attendit patiemment, et il avait droit de se croire bientôt près du succès, lorsqu'il lui vint la malheureuse idée de tenter le lancement du *Boulevard.* Il trouvait le temps long, et il avait conçu le projet grandiose de faire lui-même un journal, de commander au lieu d'obéir. Après réflexion, ce projet lui paraissait non-seulement praticable, mais plein de chances de réussite. Seulement, il s'agissait de trouver les fonds nécessaires. Estourbiac déplora l'absence des capitalistes. Du reste, cette difficulté ne demeura pas longtemps insurmontable pour son esprit inventif. Un matin, très correctement vêtu, superbement ganté, le port altier, il pénétra dans la loge d'un concierge de la Chaussée-d'Antin. Il y avait, au premier, un vaste et beau local à louer. C'était fort cher, mais Estourbiac n'en était pas à cela près. D'un air dédaigneux, il visita les chambres, adressant certaines critiques que le concierge recevait la tête basse. Puis, finalement, sans marchander, il retint l'appartement, annonçant l'intention d'y établir un journal, et sortit en jetant deux louis à son guide. Sans désemparer, il se fit conduire chez un tapissier, choisit des meubles, des étoffes, et pria le commerçant de mettre de suite en état l'appartement qu'il venait de louer. Estourbiac avait du goût. L'ameublement était tellement beau que le propriétaire n'osa rien demander d'avance à un locataire aussi cossu. De son côté, le tapissier se félicitait de posséder ce client magnifiquement logé et se promettait de garder longtemps les notes pour les grossir si faire se pouvait. Le journaliste, étonnant de tenue, ne chicana point sur les prix. Il dédaignait ces mesquineries. Par exemple, il se montra très difficile, très grincheux et tança vertement le tapissier pour quelques détails défectueux. Sur deux belles plaques de marbre, à l'entrée de l'appartement, il fit graver :

LE BOULEVARD

JOURNAL QUOTIDIEN.

Il manda ensuite trois imprimeurs dans son cabinet directorial, supérieurement agencé, et les pria de lui présenter un devis. Ils se retirèrent avec forces salutations et, sur leurs propositions, il arrêta son choix.

Le plus difficile était fait. Si maintenant le *Boulevard* prenait, le reporter Estourbiac devenait d'emblée directeur d'un grand journal parisien. C'était la puissance et la fortune. Malheureusement, le mérite n'est pas toujours récompensé. Et puis, la composition du journal, c'était le point faible du nouveau directeur. Le montant de la vente journalière et des abonnements suffit à peine à payer irrégulièrement les articles de tête. Pour les autres rédacteurs, Estourbiac les invitait paternellement à prendre patience, pestant du reste volontiers avec eux contre ces canailles de bailleurs de fonds qui sont assommants... C'était là son grand cheval de bataille. Toujours il parlait, avec des sous-entendus mystérieux, de ces bailleurs de fonds... puissants financiers... rois de la banque... incognito indispensable. Mais on ne les voyait jamais, et leurs capitaux pas davantage.

Les échotiers, les petits journalistes qui rédigeaient *la cuisine* du *Boulevard* étaient de ces débutants, de ces bohêmes de lettres sans emploi, comme il s'en trouve toujours des dizaines sur le pavé de Paris. Pareils à une nuée de corbeaux affamés, ils s'étaient abattus dans les bureaux du journal, à la première nouvelle de sa fondation et, sans trop croire aux éblouissantes promesses d'Estourbiac, ils vivaient d'espérances et de quelques pièces de cent sous raccrochées par-ci par-là. Les garçons de bureaux, gens grossiers et appréciateurs du positif, se montrèrent d'un accommodement moins facile. A bout de patience, ils vinrent un matin trouver Estourbiac, réclamant énergiquement leurs gages d'un ton assez peu conciliant. Vainement M. le directeur leur représenta qu'ils avaient sur le dos des livrées magnifiques — achetées à crédit — et que cela devait être considéré comme une avance. Séance tenante, ils se déshabillèrent et exigèrent leur argent. Estourbiac, à bout d'arguments, dut vider la caisse et ils partirent avec des costumes d'emprunt. Tous les bureaux de rédaction de Paris surent le fait deux heures plus tard et on en fit des gorges chaudes. Heureusement le directeur mit la main sur deux nègres, anciens esclaves amenés en France par un explorateur africain de ses amis, et leur fit endosser les livrées abandonnées.

Cette organisation invraisemblable tint pendant trois mois. Un beau jour, il y eut des tiraillements, des bruits transpirèrent, les créanciers arrivèrent avec leurs notes ; l'imprimeur, le tapissier, le propriétaire. C'était un effondrement. Le *Boulevard* fut tué du coup.

Estourbiac réussit pourtant à se tirer à peu près intact de cette mauvaise affaire. Mais il avait perdu sa place permanente au *Rabelais* et il pouvait craindre que ses autres espérances fussent écroulées en même temps.

Voilà pourquoi il était d'humeur très mélancolique lorsque Sosthène Poix le rencontra, en quittant Cora. Toute sa fortune se composait alors du prix des articles qu'on acceptait encore au *Rabelais* mais qu'on lui payait à la ligne. Le récit de Sosthène lui donna à réfléchir. A tort ou à raison, la petite Cora passait pour avoir inspiré une passion au rédacteur en chef du *Tout-Paris*. Par son intermédiaire, il y aurait peut-être moyen d'entrer au journal. C'est la première pensée qui était venue à son esprit surexcité, toujours tendu fiévreusement vers le même point.

Au fond, cette affaire-là, ça pouvait être le salut.

Employer Cora, autrefois, c'eût été difficile. Estourbiac connaissait son béguin pour le prince. Mais, maintenant que le Japonais la lâchait, il y avait peut-être quelque chose à faire. En tout cas, on ne risquait rien à l'essayer, Cora n'était pas à dédaigner, et l'avenir serait si beau, s'il réussissait ! Quelle chance tout de même que cet animal de Sosthène Poix se fût laissé évincer. Il s'agissait de battre le fer pendant qu'il était chaud.

Le jour même, dans l'après-midi, Estourbiac se présentait chez Cora.

— Ma chère petite, lui dit-il, j'ai appris que cette canaille de prince Ko-Ko vous avait joué un tour abominable. Je pense bien que vous voulez vous venger ?

8.

Elle fit un signe d'acquiescement.

— Oui...

— Eh bien! voilà ce que je voulais vous dire : Vous savez que je vous adore depuis longtemps et qu'il n'y a point de ma faute si vous n'avez pas pris les devants sur le prince. Rien n'est perdu pour attendre... Je suis un bon garçon, je vous aime et je suis indigné de la façon dont le prince vous a lâchée. Voulez-vous que nous vous vengions ensemble ?

Cora éclata de rire :

— Vous êtes drôle, vous, dit-elle. Vous n'y allez pas par quatre chemins. A un autre moment, j'aurais peut-être accepté votre proposition, ça m'aurait amusée... mais pas maintenant.

— Alors vous voulez que le prince dise que vous le regrettez.

— Mais, reprit Cora, qui vous a si bien renseigné ? Je n'ai pas encore rompu avec le prince, mon petit, pour que vous veniez réclamer sa succession.

Au même instant, la bonne entra, apportant une lettre. Elle était cachetée aux armes du prince. Cora l'ouvrit. Voici ce qu'elle contenait :

« Ma chérie,

» Les plus belles choses ont une fin, et quand on prévoit cette fin, il vaut mieux brusquer les événements que de les laisser traîner en longueur.

» C'est au sujet de notre liaison que je rappelle cet aphorisme.

» Nous avons passé ensemble bien des moments heureux.

» C'est pour en garder intact le souvenir que je devance l'époque où l'on perd les illusions mutuelles.

» Nous commençons à nous connaître trop. Restons-en là et demeurons bons amis.

» Voulez-vous ?

» Je débute, pour ma part, en vous envoyant une cordiale poignée de main.

TAÏKO-FIDÉ. »

Dans une enveloppe intérieure, une liasse de billets de banque était jointe sans explications. Le prince, stylé par Valterre, avait bien fait les choses.

Les yeux de Cora étincelaient, tandis qu'elle lisait la lettre. Quand elle eut fini, elle froissa rageusement le papier et s'avança vers Estourbiac, à pas saccadés, pâle de colère :

— Écoutez, dit-elle, est-ce sérieux ce que vous me proposiez tout à l'heure ?

— Quoi ?

— De m'aider à me venger de cet homme...

— Parbleu !

— Mais, là... j'entends... très sérieux ?...

— Oui.

— Eh bien! commencez. Le jour où vous aurez payé ma dette de haine, je suis à vous. Maintenant, avisez, si vous m'aimez autant que vous le dites.

— Mais c'est une collaboration pour roman-feuilleton, ce que vous me proposez-là.

Ils causèrent encore un instant. Cora, un peu calmée, demeurait pourtant dans son idée bizarre, ridicule. Chaque fois que son regard tombait par hasard sur la lettre du prince, ses sourcils se fronçaient. Estourbiac, habilement, détournait la conversation. Il parlait de théâtre, du père Monaïeul, un vieux roublard, de reportage, de coulisses. Petit à petit, il nomma le *Tout-Paris*, un journal très chic. Puis, tout à coup :

— A propos, on m'a dit que vous étiez du dernier bien avec Perrinet. Est-ce exact ?

— Du dernier, c'est beaucoup dire.

— Enfin, il en pince pour vous, sérieusement ?

— Ça, c'est vrai.... Ce qu'il m'a fait de propositions, ce bonhomme-là ! Des ponts d'or... Et dire que j'étais assez bête pour ne pas vouloir, à cause de cet infâme.... Oh ! il me le payera !

Estourbiac savait tout ce qu'il désirait savoir. Il renouvela encore à Cora ses assurances de dévouement, ses protestations d'amour, et sortit très joyeux.

Son plan était arrêté et il se croyait à peu près

sûr de son affaire. La folle idée de Cora ne durerait pas dans cette cervelle évaporée et, en demeurant son ami, il saurait profiter de sa première faiblesse. Comme il n'était pas de taille à lui donner des voitures, un jour ou l'autre, elle serait la maîtresse de Perrinet, le rédacteur en chef du *Tout-Paris*. Par elle, il pourrait arriver au but tant désiré. Seulement, il s'agissait de devenir son amant auparavant et surtout de ne pas se laisser devancer. Mais, voilà le diable, cette petite tête de linotte s'ancrait dans sa pensée de vengeance, elle ne démordait pas de son ultimatum. Trois jours après, Estourbiac songeait encore à cet entêtement maudit, en allant parler à Manieri du Salon, qui s'ouvrait le lendemain.

— Qu'est-ce que tu as cette année, toi ? demanda-t-il. Il y a un temps infini que je ne suis pas venu te voir.

— Oh ! je n'ai qu'un portrait... grandeur nature... Tu serais même très aimable d'en faire mettre un mot dans le *Rabelais*.

— Je veux bien. Seulement, on t'éreintera.. Tu sais, le directeur n'aime pas ta peinture.

— Ça m'est égal, pourvu qu'on en parle...

— Qu'est-ce que c'est, ce portrait ?

— C'est celui du prince Ko-Ko ; tu sais bien, l'amant de Cora, ce Chinois...

— Ah bah ! avec le costume national et la natte obligatoire ? dit Estourbiac en riant.

— Oui, mon cher. Une idée de Valterre. C'est même très drôle de ton et je pense que ça produira un certain effet, le prince étant assez connu.

— Sacrebleu ! s'écria Estourbiac, en s'empoignant les cheveux.

Une idée lumineuse venait de lui traverser la cervelle.

— Elle est en place, ta machine ?
— Oui.
— Prête-moi ton reçu. J'entrerai la voir.

Manieri, peintre de mérite, mais de très peu d'ordre, chercha dans tous les coins, sous un fouillis de croquis, derrière les pots de colle. Il finit par retrouver le bulletin. Estourbiac, qui se mordillait les lèvres avec impatience, s'empara du reçu et se sauva, tandis que Manieri, étonné criait :

— N'oublie pas de me le rapporter, au moins, pour que je puisse retirer ma carte, demain.

Le lendemain était le premier mai, jour du vernissage, au Salon. Dans l'après-midi, le prince Taïko devait visiter l'Exposition avec Valterre. En attendant, ils déjeunaient ensemble chez Brébant. Sosthène Poix vint à passer. Ils l'appelèrent.

— Eh bien ! demanda-t-il, vous avez vu l'article d'Estourbiac ? C'est une jolie coquinerie.

— Non... A propos de quoi ?
— A propos de votre portrait et de vous.
— Comment dites-vous ?
— Oui, il vous arrange joliment.
— Ah ben ! c'est crevant, ça, parole d'honneur, interrompit le vicomte.

Il se fit apporter le *Rabelais* et le parcourut rapidement.

L'article n'était pas très fort, mais il était aussi méchant que possible. Ça commençait par la formule ordinaire : *Une indiscrétion*. Puis on parlait d'un personnage aussi laid qu'exotique, bien connu sur le boulevard où il se faisait passer pour prince d'un pays qui n'en avait jamais possédé. Ce prince d'aventure, dont la tête ressemblait à une noix de *coco*, cédant au caprice d'une vieille *cocotte*, sa digne maîtresse — qui le trompait, du reste, avec tout le monde — s'était fait peindre en magot, pour le Salon. On prétend que, souvent, cette beauté sur le retour exigeait qu'il se costumât ainsi, et lui faisait accomplir toutes sortes d'autres excentricités, selon son caprice. Ces bassesses étant parvenues aux oreilles de la maîtresse attitrée du prince, *une de nos plus charmantes actrices*, elle avait été écœurée et l'avait quitté, malgré sa générosité, ne voulant pas partager les restes d'une courtisane aussi âgée que vicieuse.

Suivait une critique méchante du portrait, qui

se trouvait au Salon, à tel endroit... Cet article — un long écho — n'était pas signé.

Le vicomte de Valterre passa le journal au prince, sans rien dire, et demeura un instant pensif.

— Vous êtes sûr que c'est Estourbiac? demanda-t-il enfin à Sosthène.

— Parbleu ! ça se reconnait tout de suite. D'ailleurs, Versay, du *Rabelais*, que je viens de voir, me l'a dit.

— Mais quel intérêt peut avoir cet animal-là à écrire de pareilles sottises? C'est, du reste, idiot.

— Ah ! voilà !...

— Et comment se fait-il qu'au journal on ait laissé passer ça?

— Oh! par inattention, probablement. Le fait se produit souvent. On n'a pas de raison d'en vouloir au prince.

— Ah ! j'y suis, reprit tout à coup le journaliste. Vous êtes l'amant de Juliette Saurel, maintenant?

Le prince, interrompant sa lecture, fit un signe vaguement affirmatif.

— Elle était peut-être sa maîtresse auparavant... ou bien il travaille pour l'avenir.

— Je ne crois pas, reprit Valterre. Est-ce que ça ne serait pas plutôt une vengeance de Cora?

— J'y pensais, mais Estourbiac ne la connait guère... En tout cas, il doit avoir une raison sérieuse pour agir ainsi : il n'a pas coutume de commettre des étourderies.

— Bah ! dit le vicomte, cela n'a pas grande importance. C'est une méchanceté idiote. N'importe, ce petit monsieur pourrait se brûler les doigts à ce jeu-là.

Un éclair de haine avait passé dans les yeux du prince. En prenant l'extérieur aimable des Parisiens, il conservait au fond de l'âme un levain oriental. Il gardait surtout le sentiment de la vendetta, de l'expiation des insultes, si développé chez ses compatriotes. En cela, il tenait bien du vieux Taïko-Naga.

Dans cette attaque brutale et inattendue, ce qui l'indignait surtout, ce qui le remplissait de rage, c'étaient les allusions à son affection pour Juliette Saurel. Depuis cette nuit fameuse où il avait avoué son amour, il voyait tous les jours la jeune femme et il la trouvait de plus en plus charmante. A chaque instant il découvrait en elle des qualités nouvelles, des délicatesses imprévues, analogues à celle qui lui avait fait refuser de devenir sa maîtresse. Et c'était cette femme adorable, si belle, si désintéressée, qu'on salissait d'épithètes outrageantes !

Une mauvaise colère grondait en lui. Il ne répondait pas aux paroles du vicomte, qui essayait de remettre un peu de gaieté dans la conversation. Un instant après, ils sortirent pour prendre le café sur le boulevard. A peine étaient-ils assis que le vieux Partisane vint à passer et leur serra la main. Il tenait, sous son bras gauche, un numéro du *Rabelais,* plié. Il ne fit aucune allusion à l'article, mais on voyait clairement qu'il le connaissait. De temps à autre, il jetait sur Fidé un regard inquisiteur, comme s'il ne l'eût jamais vu, et un sourire contenu plissait fébrilement le coin de sa bouche. D'autres connaissances du Young-Club, ou du Bois, échangèrent un mot avec eux : tous allaient au Salon, presque tous avaient acheté le *Rabelais*. Quelques-uns, moins discrets, criaient:

— Eh bien ! vous avez vu, cet article. C'est ignoble. Ces journalistes...

Ils s'indignaient. Mais au fond ils étaient contents et disaient cela pour voir la tête du prince. Le vicomte, impatienté, fit avancer sa voiture. Ils partirent pour le palais de l'Industrie. Sosthène Poix les accompagnait.

A l'entrée ils rencontrèrent une dame assez âgée, accompagnant une jeune fille d'une beauté blonde et fine. Leur landau armorié indiquait un grand nom. Les laquais corrects, la voiture d'aspect vieux et riche, les chevaux superbes dans leur allure tranquille portaient la marque visible des écuries du faubourg Saint-Germain. Valterre fit à ces dames un grand salut. Elles s'inclinèrent.

— Qui est-ce ? demanda Taïko-Fidé.

— Mesdames de Maubourg... Un vieux nom.

Nous sommes cousins et ma famille les connait beaucoup. Elles habitent la rue de Lille. Il faudra que je vous mène par là. C'est majestueux, très chic. Par exemple on y meurt d'ennui...

Ils entrèrent. Par la petite porte de droite, environnée d'équipages et de distributeurs de réclames, les gens s'engouffraient sous l'œil atone des sergents de ville. Dans les salles du haut, la chaleur était étouffante. Le parquet n'avait pas été arrosé, et, depuis midi, la foule se pressait. C'était, dans les vastes salles tapissées de toiles dont les tonalités crues attiraient les yeux, un va-et-vient continuel, un sourd brouhaha de paroles dites à voix basse, sur lesquelles tranchaient les exclamations de rapins qui s'appelaient pour se montrer des toiles. Dans la foule mélangée passaient des élèves de l'École, bruyants comme en un jour de fête, bêcheurs de réputations, admirateurs de hardiesses, des peintres arrivés, plus graves, avec des nuances de fantaisie dans la correction de leurs vêtements, des critiques d'art, solennels, pontifiant au milieu des groupes respectueux, des femmes du monde, en grande toilette comme pour une première. De temps à autre, les jolies mondaines posaient sur leur nez un binocle pour se donner l'air connaisseur, puis, bientôt, lassées de cette comédie, elles se retournaient, promenaient dans les salles un œil investigateur et échangeaient, sur le compte des toilettes, des observations accompagnées de fins sourires. Dans la cohue grouillante, les vernisseurs remuaient à grand'peine leurs lourdes échelles doubles, balayaient les toiles à larges coups de pinceau et, par instants, furieux d'être dérangés, laissaient malicieusement tomber des gouttes de vernis sur les têtes des amateurs myopes ou trop curieux.

Le vicomte de Valterre, Sosthène Poix et le prince avaient été surpris par ce grand coup de chaleur. Le journaliste, mieux avisé, proposa de descendre à la sculpture. Ils prirent l'escalier intérieur et se promenèrent dans les allées sablées où l'arrosage continu des jardinets répandait un peu de fraîcheur. Là, la foule était moins considérable. Alignés au coin des petits parterres de fleurs, des marbres et les plâtres dressaient leurs silhouettes blanches : Grecs ou Romains, tous étaient nus. Cette sculpture manquait de vêtements. Il y avait des *Flore*, des *Pomone*, des *Cérès*, des noms de l'antiquité très inconnus. Tout l'Olympe semblait revivre sous les mains des sculpteurs français. Par endroits, pour varier, des statues symboliques : la *Foi*, le *Printemps*, l'*Aurore*, la *République*, étalaient leur composition banale. Tout cela nageait dans un océan de bustes : têtes de jeunes femmes, de bourgeois enrichis, de comédiens ou de notoriétés quelconques constituant la seule manifestation de l'esprit moderne. Encore étaient-ils décolletés à outrance pour laisser voir l'ossature, ou fixés en des poses ridiculement théâtrales. De l'Exposition entière ressortaient une horreur du naturel, une absence complète d'originalité.

— C'est du grand art, remarqua Valterre, mais il faut avouer que c'est crânement embêtant. Pourquoi diable pas un de ces tailleurs de pierre ne s'avise-t-il de pétrir une femme ou un homme comme nous... On ne se promène généralement pas tout nu sur les boulevards, que je sache.

— Eh ! vous allez bien, vous, répondit ironiquement Sosthène Poix... Mon cher vicomte, vous n'entendez absolument rien à l'art. L'art, c'est la représentation du beau. Or, le beau, c'est, pour la femme, la *Vénus de Milo*, et, pour l'homme, l'*Apollon du Belvédère*. D'où il suit qu'il faut copier ces deux machines-là, faire des bonshommes nus, courir après l'idéal. C'est ce à quoi on s'applique consciencieusement à l'École, depuis qu'elle est créée... Voilà pourquoi nos sculpteurs qui reproduisent merveilleusement des Grecs et des Romains qu'ils n'ont jamais vus, ne sont pas capables de mettre sur pied un homme ou une femme de leur temps... Ça ne serait pas de l'art, ça... Voilà pourquoi vous n'êtes qu'un Philistin... Admirons le grand art... Le grand art, tenez, c'est cette idée sublime.

Il montrait un *Ulysse s'accrochant aux rochers*.

— Voilà qui est neuf, voilà qui est émouvant, voilà qui est humain... Pour sûr, le monsieur qui a trouvé ça aura au moins une mention... Ça le consolera de l'indifférence du public.

Du reste, reprit le journaliste, s'animant au son de sa voix, il est très curieux, le public. Voulez-vous savoir ce qui l'attire : Regardez, là, au milieu, à droite. C'est mièvre, c'est sucre candi, c'est un buste... mais c'est la tête d'une femme-peintre et c'est une comédienne célèbre qui l'a faite... Presque un phénomène... Aussi regardez la foule, bouche ouverte. Du reste, c'est ainsi que s'établissent les réputations. Dans un concert, l'artiste le plus acclamé est celui qui imite la clarinette avec un violon. On s'extasie devant le comédien qui fait de la peinture. Notre époque est une foire : on va dans les baraques admirer les phénomènes...

Il s'arrêta un instant, souriant de son propre emballement et il ajouta :

— Tiens, c'est très beau, ce que je vous dis là. J'en ferai une chronique demain.

— Mais, reprit-il, au bout d'un instant de silence, il y a quelque chose qu'on admire plus que l'œuvre — qui est plus phénoménal encore, — c'est l'auteur. — Tenez, voilà Dinah Samuel, la comédienne-peintre-sculpteur-aréonaute. Voyez comme on l'entoure. On fait la haie sur son passage. Elle s'avance au milieu d'une cour d'artistes dont le plus mauvais lui donnerait aisément des leçons.

Elle juge les œuvres en deux mots, dédaigneusement, et on acquiesce par des sourires. Tout autour, les yeux sont braqués sur elle, et on dit avec admiration : C'est *Dinah Samuel*, du théâtre de l'*Art idéal*. Il faudrait au moins un veau à deux têtes pour détourner l'attention... Mais attendez moi.

Et Sosthène Poix, le visage souriant, s'approchant du groupe, serra deux ou trois mains et souhaita le bonjour à la comédienne. Elle lui répondit à peine, distraitement, et continua ses critiques. Le journaliste, ne se désarçonnant pas facilement, entama l'éloge du buste : C'était merveilleux de finesse, de ressemblance... Sûrement elle obtiendrait quelque chose... Rien qu'à voir l'affluence du public...

Très flattée, car Sosthène Poix possédait une certaine notoriété et pouvait la servir dans son journal, la comédienne se retourna vers lui :

— Avec qui êtes-vous donc ? demanda-t-elle.

— Avec deux de mes amis : le vicomte de Valterre...

— Ah ! je connais de nom...

— ... Et un prince Japonais...

— Ah ! celui dont parle le *Rabelais* ?

— Justement. Voulez-vous que je vous le présente ?

— Très volontiers.

Sosthène Poix s'éloigna et revint avec ses amis.

Dinah Samuel fut charmante, surtout pour le prince. Elle lui demanda son avis sur l'Exposition. Il s'excusa en quelques mots, se déclarant incompétent, sans dérider son visage toujours sombre. Puis Valterre, ne voulant pas se mêler au cortège des flatteurs, s'éloigna.

Dès qu'ils furent partis, l'actrice se pencha vers son voisin, un peintre de haute taille, très connu, très à la mode, et lui dit à l'oreille :

— Il n'est pas aimable, ce Chinois-là.

Les trois amis remontèrent aux salles de peinture. Par endroits, les gens étaient assemblés devant des toiles signées de noms célèbres ou représentant des sujets particulièrement dramatiques. Il y avait un peu moins de foule. On commençait à partir. Ils cherchèrent le portrait du prince. Tout à coup, Sosthène Poix l'aperçut à côté d'une bouquetière de Dillon, sur la cimaise, dans la salle du fond. Manieri s'étant inspiré des artistes japonais, avait obtenu une finesse de touche extrême, une richesse de nuances qui attiraient l'attention, au milieu des peintures noircies de l'école française.

Avant que le journaliste pût dire un mot, ils étaient entrés.

Devant la toile de Manieri, un cercle de gens bien mis riaient, se montrant le portrait. Tous tenaient à la main le numéro du *Rabelais*. Le prince pâlit de colère. Valterre voulut l'entraîner.

En se retournant pour sortir, ils se trouvèrent face à face avec Estourbiac qui donnait le bras à Cora. Elle rôdait là depuis le matin savourant sa vengeance, espérant que son ancien amant viendrait et qu'elle jouirait de sa confusion. Estourbiac se serait bien passé de cette entrevue, mais Cora avait posé cette dernière condition avant de tenir sa parole et, il était venu, très ennuyé, comptant que le prince, connaissant l'article, ne paraîtrait pas ce jour-là au Salon.

En voyant Valterre emmener Fidé, Cora se mit à rire bruyamment avec affectation, et déployant son journal, elle dit insolemment presque à haute voix :

— Voilà l'original. Voilà le *coco*...

Le prince passait auprès d'elle. Il regarda et vit sur les lèvres du reporter un sourire. Brusquement il dégagea son bras et, sans dire un mot, bondit sur Estourbiac. Celui-ci n'eut pas le temps de se mettre en défense. Instantanément étourdi par deux violents soufflets, il roulait à terre sous le choc du Japonais.

Alors Taïko-Fidé, blême de rage, les yeux injectés de sang, se retourna. Déjà, il levait la main sur Cora, oubliant dans sa fureur son vernis de civilisation, lorsque Valterre, l'arrêtant avec peine, lui dit de sa voix grave :

— Prince !... une femme !...

9.

En même temps, d'autres personnes s'interposaient.

Estourbiac s'était relevé, honteux de sa chute, exaspéré.

— Ce soir, vous aurez mes témoins ! s'écria-t-il.

— Nous les attendrons, monsieur, répondit le vicomte, en lui lançant sa carte au visage.

Il prit le bras du prince et l'entraîna rapidement. Déjà, de tous les coins des salles, les visiteurs accouraient, délaissant les toiles, affamés de scandale, demandant des renseignements, commentant l'affaire. Quelques reporters prenaient des notes. Pendant toute la journée, des groupes stationnèrent devant le portrait du prince, et le lendemain, Manieri, assez étonné, reçut des commandes pressantes de plusieurs marchands de tableaux.

VII

L'IDÉE DE BOUMOL

Sosthène Poix prit congé des deux amis, ajoutant, qu'il se tenait à la disposition de Valterre pour lui servir de second. Après être remonté dans sa voiture, le vicomte, paraissant exprimer la conclusion d'un raisonnement intérieur, dit tout à coup :

— Enfin, c'est fait... Vous ne savez pas tenir une épée, je crois ?

— Pas du tout.

— Et le pistolet ?

— Dame, je tire comme le commun des mortels... très mal...

— Diable !... c'est fâcheux... Ce gredin-là doit savoir manier la lame... Du reste, il n'y a pas moyen de reculer...

— Reculer !... Je me battrai au sabre, au couteau, à tout ce qu'on voudra... Je le tuerai...

— Ça, c'est du superflu... Il s'agit seulement de se tirer d'affaire honorablement, puisque nous sommes engagés là-dedans. Du reste, le gaillard ne doit pas être féroce... Il est trop vantard... Je crois qu'il se contentera très bien de se battre au premier sang...

— Au premier sang ! C'est une plaisanterie. Je veux me battre sérieusement... à mort, je vous dis, entendez-vous ? Je l'exige... J'irais plutôt le tuer chez lui...

— A mort, ça ne se fait pas.

— Ça se fera.

Valterre, devenu sérieux, essaya de calmer le Japonais. Mais pour la première fois, il ne réussit point à le persuader. Le prince, s'entêtant dans sa haine, pris d'une rage folle qui lui serrait les dents et lui blanchissait les lèvres, voyait rouge. Il voulait tuer à tout prix le journaliste. S'il l'eût rencontré en ce moment, il se fût encore rué sur lui.

— Enfin, soit, reprit Valterre... Ma voiture va vous conduire et vous me la renverrez. Je rentre chez moi pour recevoir les témoins de votre adversaire.

Ils ne se firent pas attendre bien longtemps. Réflexion faite, Estourbiac n'était pas trop mécontent de ce duel en perspective. Outre qu'il avait atteint son but en forçant Cora à devenir sa maîtresse, une rencontre avec un homme du monde, un prince, ferait du bruit et le servirait auprès du directeur du *Tout-Paris*. Il savait en quelle haute estime on tient les rédacteurs qui sont capables d'endosser crânement la responsabilité de leurs articles et d'en rendre compte sur le terrain. Les procès-verbaux seraient publiés dans tous les journaux de Paris — il en faisait son affaire — et cela lui vaudrait une réclame énorme, qui aurait pour conséquence probable la signature d'un traité avantageux. Somme toute, l'aventure se présentait sous un aspect favorable et, n'eût été sa culbute ridicule, Estourbiac se fût estimé très heureux. L'issue du duel ne l'effrayait pas beaucoup, non pas qu'il fût un bretteur distingué, n'ayant jamais, dans la chasse incessante et acharnée qu'il livrait à la pièce de cent sous, trouvé le temps de s'exercer, mais il savait que la plupart des duels se terminent d'une façon très peu émouvante, par une égratignure au poignet ou de la poudre brûlée aux moineaux. D'ailleurs, il était l'offensé et le choix des armes lui appartenait. Un bon duel au pistolet à vingt-cinq pas, — tir au commandement, — ferait son affaire. On échangerait deux balles, on se serrerait la main et tout serait dit. L'effet produit se trouverait le même.

Parmi les témoins de l'algarade, au Salon,

Estourbiac avait été surpris de rencontrer Boumol, un de ses anciens amis d'école. Le pion, à peu près requinqué, par hasard, poussa un cri de surprise en reconnaissant son condisciple dans le battu.

— Sacrebleu ! c'est toi, ma pauvre vieille ?... Il t'a bien arrangé, le prince !... En voilà un qui a fait du chemin, depuis le *Cancan !...*

Le journaliste, donnant rendez-vous pour le soir à Cora qui partait, prit le bras du bohème et l'entraîna dans l'escalier ; là, il s'arrêta.

— Écoute, dit-il, il ne s'agit pas de ça. Nous aurons tout le temps de nous revoir. Veux-tu me servir de témoin ?

— A ton service. Quand te bats-tu ?

— Demain. Il faut que tu ailles t'entendre avec les témoins de mon adversaire... Tu sais ce qu'il y a à faire ?

— Parbleu ! ce sera le onzième procès-verbal que je signerai... Même que j'ai été condamné à vingt-cinq francs d'amende, la dernière fois. C'était d'un drôle, mon cher. Nous étions tous saoûls. On s'est battu dans une chambre, en parant les coups dangereux avec un parapluie...

— Oui, je sais... je sais... Alors, tâchons de trouver un second...

Pour en finir, ils cherchèrent dans les salles, où Estourbiac avait aperçu un tas de gens de sa connaissance. Boumol, très expansif, bavardait :

— Si je m'y connais !... On part le matin pour la Belgique, afin d'avoir toute sa journée à soi après le duel. On s'arrête en route, généralement à Vincennes ou à Saint-Mandé. On commande un bon petit déjeuner, puis on s'aligne... sous les verts ombrages. Il fait frais, ça donne une faim d'enfer... Pif... Paf ! C'est fini. On s'embrasse, on avoue qu'on avait tort tous les deux... et puis on fait une petite noce soignée...

Estourbiac trouvait bien que son témoin manquait un peu de sérieux, mais, en revanche, sa manière d'envisager le duel lui plaisait assez. Avec des seconds comme celui-là, les choses devaient rarement tourner au tragique. C'est égal, il l'aurait désiré un peu plus distingué tout de même.

Cependant ils ne trouvaient personne. Le soir venait, bien des gens étaient partis. Enfin, à la sculpture, ils mirent la main sur Levrault, qui posait au milieu d'un groupe de jeunes gommeux. Estourbiac le prit à part et lui exposa l'affaire en requérant son aide.

— Mais, comment donc, cher, je suis tout vôtre.

Rejoignant ses amis, Levrault leur expliqua gravement qu'il était obligé de les quitter, ayant à régler une affaire d'honneur de la plus haute importance. Quoiqu'il parlât assez souvent, en termes vagues, de duels auxquels il avait assisté, c'était la première fois qu'on le priait de servir de témoin. Cela le rehaussait à ses propres yeux et comblait un de ses plus vifs désirs. Il se redressa et revint, jugeant convenable de prendre une figure d'enterrement.

Estourbiac fit la présentation :

— Monsieur Julien Boumol, universitaire et homme de lettres.

— Monsieur Albert Levrault, étudiant.

Ils se saluèrent, le jeune gommeux glissant un regard surpris sur la tenue de Boumol, qui manquait totalement de correction. Le journaliste se mit en devoir d'expliquer à ses témoins leur mission.

— Si nous prenions une absinthe ? proposa le pion. On cause mieux...

Ils entrèrent chez Ledoyen et retinrent un cabinet, puis Estourbiac reprit ses explications. L'affaire était peu grave, seulement le prince avait été inconvenant à son égard et il voulait lui donner une leçon. Ayant le choix des armes, il préférait le pistolet. Vingt-cinq pas lui paraissaient une distance convenable... avec tir au commandement. En somme, il ne voulait pas tuer son adversaire, seulement lui apprendre à vivre... Quant au lieu du combat, cela lui était indifférent, pourvu que ce ne fût pas trop loin de Paris...

— Vincennes, interrompit Boumol. Il y a là un

restaurant, je ne vous dis que ça... et puis on est très bien dans le bois...

Les deux témoins se rendirent chez Valterre. Le journaliste demeura au restaurant Ledoyen pour les attendre et dîner ensuite avec eux.

Le vicomte de Valterre habitait un hôtel dans la rue de Berry. Cela n'était pas très grand, mais tout était organisé avec une merveilleuse entente du confortable. Des richesses artistiques, des bibelots garnissaient les murs, couvrant de riches tentures de vieux Beauvais et des Gobelins.

Tandis que Levrault, sévèrement boutonné, raide dans son col, très correct, traversait la petite cour d'un pas automatique, Boumol manifestait à haute voix son admiration. C'était du dernier chic. Ce vicomte avait très bon goût.

Un laquais solennel, en culotte et en habit galonné, vint présenter aux jeunes gens un plateau d'argent. Levrault déposa sa carte. Boumol n'en avait pas. Voyant que le domestique attendait, il lui dit avec désinvolture :

— Annoncez aussi M. Boumol... Il saura ce que c'est...

Le laquais s'éloigna, dissimulant un sourire.

— Par exemple, remarqua Boumol, les larbins, ce n'est pas mon rêve.

Levrault, très humilié de l'attitude de son compagnon, jugea utile de lui faire sentir que son sans-gêne était déplacé. Il plaça un petit speech :

Il fallait être sérieux. La responsabilité qu'ils endossaient le leur commandait, aussi bien que la gravité des circonstances. Dans une rencontre, surtout entre gens du monde, il faut respecter les formes. Il serait bon... il conviendrait... vous comprenez... la froideur...

— N'ayez pas peur, mon petit, répondit Boumol, ça me connaît.

Le laquais, redescendant, les priait d'entrer. Ils gravirent un large escalier où des consoles surmontées de marbres sculptés marquaient les gradins, se détachant en contours d'une blancheur éclatante sur les tentures sombres. Au bas, une torchère envoyait les scintillements de ses pendeloques en verre de Bohême.

Boumol fut ébloui.

— Chouette papa! dit-il avec un geste familier.

Debout dans son cabinet de travail, le vicomte de Valterre attendait. Il salua courtoisement les deux envoyés, et dit au gommeux :

— Bonjour, Levrault; comment allez-vous?

— Très bien, monsieur, je vous remercie, répondit gravement le jeune homme, se préparant à débiter le petit discours qu'il avait composé mentalement.

Valterre les invita à s'asseoir.

— Nous venons, dit délibérément Boumol, pour la petite affaire du prince Ko-Ko et d'Estourbiac...

Malgré la gravité de sa mission, le vicomte eut peine à retenir un sourire à la vue de ces deux étranges témoins : Boumol — dont le prince lui avait parlé jadis — avec son sans-gêne, sa démarche et son accoutrement fantaisistes ; Levrault, très jeune, très pincé, s'efforçant de se donner une dignité extraordinaire, ayant l'air d'un collégien qui va pour la première fois dans le monde.

Néanmoins, avec son aisance aristocratique, il leur répondit : Il les priait de vouloir bien l'excuser de les recevoir seul ; M. Sosthène Poix, le second témoin, lui avait, du reste, délégué provisoirement tous pouvoirs...

— Oh ! ça ne fait rien, interrompit Boumol. Vous savez, les formalités...

... M. Taïko-Fidé accordait à M. Estourbiac la qualité d'offensé et lui laissait, par conséquent, le choix des armes... Il exigeait seulement que le duel fût sérieux.

Levrault, outré de l'inconvenance de son compagnon, qui se balançait tranquillement sur son fauteuil, pinçait de plus en plus les lèvres et se sentait très mal à son aise. Il prit la parole et proposa le duel au pistolet, à vingt-cinq pas, le tir au commandement.

— Je croyais vous avoir dit que M. Taïko-Fidé voulait une rencontre sérieuse, reprit Valterre. Malgré tout mon désir de voir se terminer sans accident grave cette affaire, je ne puis manquer à mon mandat. M. Taïko me désavouerait, sans nul doute. Si donc vous choisissez le pistolet, voici le minimum de ce que je puis accorder : trente pas, avec faculté d'avancer de cinq pas chacun et tir à volonté, jusqu'à blessure de l'un des adversaires...

— Diable ! mais c'est une tuerie, cela, dit Boumol...

Le vicomte reprit :

— Si M. Estourbiac ne veut pas accepter ces conditions, et choisit l'épée, nous demandons que le duel se termine par la mise hors de combat de l'un des adversaires... Je dois ajouter qu'en cas de refus de M. Estourbiac, mon ami a dessein de le forcer à se battre et qu'il usera pour cela de tous les moyens en son pouvoir...

Levrault déclara qu'ils ne pouvaient pas prendre sur eux d'accepter avant d'avoir revu leur ami. Valterre répondit qu'il attendrait leur retour. Boumol, ennuyé de ces courses, proposa d'envoyer Levrault seul. Il l'attendrait là, en fumant un cigare. Mais son compagnon s'y opposa.

Estourbiac, mis au courant des exigences du prince, hésita. Les choses commençaient à se gâter. Il s'était, réflexion faite, fourvoyé dans une mauvaise affaire. Maintenant que le vin était tiré, il fallait pourtant le boire, sous peine de perdre même le fruit de sa mauvaise action... Après tout, l'épée, ça n'était pas trop dangereux, et il ne fallait pas une piqûre bien profonde pour que les témoins reconnussent l'impossibilité de continuer... Le pis qui pouvait arriver, c'était une écorchure légère qui lui permettrait de se promener pendant quinze jours sur les boulevards avec le bras en écharpe. Au bout d'un instant de réflexion, il autorisa ses témoins à accepter les conditions exigées...

Le vicomte de Valterre avait, de son côté, fait des réflexions analogues. Il savait que Fidé ne se contenterait pas d'envoyer sa poudre aux moineaux, et avec des conditions un peu sérieuses, le duel au pistolet devenait tout de suite très dangereux. Il n'en était pas ainsi de l'épée. Là, même en allant jusqu'à la mise hors de combat, il était bien rare qu'on se blessât mortellement. Et, en cas de succès, le prince ne pouvait raisonnablement exiger davantage...

Les témoins se trouvèrent donc très rapidement d'accord, à leur retour. Il fut décidé que l'engagement aurait lieu à l'épée de combat, le lendemain, à quatre heures du matin. Valterre apporterait les armes, qui seraient tirées au sort ; il amènerait également un chirurgien. Puis on discuta le lieu de la rencontre.

— Si nous allions dans le bois de Vincennes, dit Boumol. Il y a des clairières, des petits endroits très chics...

— Il serait plus prudent, je crois, objecta Valterre, de passer la frontière, d'aller en Suisse ou en Belgique... Aux environs de Paris, c'est assez dangereux...

— Monsieur Estourbiac, répondit Levrault, a des occupations qui ne lui permettent pas de faire un pareil voyage. Il tient absolument à ce que le duel ait lieu aux environs de Paris... D'ailleurs la loi est moins sévère en France que partout ailleurs...

— Soit... reprit le vicomte.

— Alors, ça va pour Vincennes, dit Boumol qui tenait à son idée. Il y a là un restaurant épatant, chez Saucerousse... Nous commanderons d'avance un déjeuner soigné... avec des huitres et du vin blanc...

Valterre sourit :

— Le bois de Vincennes est bien fréquenté...

— Oh ! à quatre heures du matin !

— Et les gardes ?

— C'est si vite fait : une, deux, l'accolade et on revient... Il faudrait télégraphier à Saucerousse.

— Monsieur de Valterre a raison, interrompit Levrault impatienté... D'ailleurs, ce n'est pas précisément pour déjeuner que nous allons là-bas.

— Certainement... mais ça n'empêche pas...

Boumol défendit encore un moment son idée, remarquant qu'il avait accepté pour le reste les décisions des autres témoins et qu'il serait juste, par compensation, de lui laisser fixer le lieu de la rencontre. Finalement, il fut convenu que le duel aurait lieu au milieu de la forêt de Saint-Germain, dans un endroit très écarté, très propice, que le vicomte connaissait pour y avoir lui-même croisé le fer. Il emmènerait le prince, Sosthène Poix et le chirurgien dans un landau. Estourbiac et ses témoins viendraient par le chemin de fer. On se trouverait sur le pont de Sartrouville à quatre heures...

— Oui, mais où diable déjeunera-t-on ? geignit Boumol. Je ne connais pas Maisons-Laffitte.... Quant à Sartrouville, c'est un sale trou, comme son nom l'indique...

Il avait la mine piteuse. Valterre, prenant en compassion son désappointement, lui promit d'apporter un pâté et du champagne. Boumol, très touché, crut devoir manifester sa reconnaissance. Avisant un portrait de famille qu'il regardait depuis longtemps avec attention :

— C'est galbeux... il a une bonne tête, ce bonhomme... C'est un de vos parents ?

Puis, sans attendre la réponse du vicomte, il lui serra la main et entr'ouvrit la porte en ajoutant :

— Vous savez, je vous fais mon compliment. C'est très rupin ici... On voit que vous vous y connaissez... Ça doit plaire aux petites femmes... hé ! hé !

Valterre rentra : un peu plus le bohême lui aurait tapé sur le ventre. Du reste, Boumol sortit pleinement satisfait. Se tournant vers Levrault qui, agacé, rageait à froid, il donna son appréciation.

— C'est vraiment un type très chic... Mais je regrette qu'on n'ait pas choisi Saucerousse... Si vous le connaissiez !... Ah oui ! on voit bien que vous ne le connaissez pas !

Taïko-Fidé, rentré dans son appartement, se sentait un peu calmé par la certitude qu'il allait pouvoir se venger. Certes, il ne pensait pas qu'un accident dût lui arriver. Il avait, au contraire, l'intime conviction qu'il tuerait son adversaire. Cependant, en tout cas, mieux valait prendre ses précautions. Il s'accouda donc sur la table de travail et il écrivit trois lettres adressées à son père, à Juliette Saurel, et au vicomte de Valterre. Dans cette dernière, il avouait à son ami sa passion profonde pour la jeune femme, lui révélait toute une Juliette Saurel tendre et grande qu'il croyait avoir découverte, et la recommandait au vicomte.

Ces lettres étaient longues. En les écrivant, face à face avec cette hypothèse de la mort, qui pouvait devenir une cruelle vérité, il se laissait aller à d'attendrissants souvenirs et, oubliant sa colère, il s'abandonnait à une douce mélancolie.

Au moment précis où il finissait de cacheter ces confidences à destination posthume, Joseph, le valet de chambre, vint lui annoncer qu'une dame le demandait. Étonné, il dissimula ce qu'il venait d'écrire et se leva. Juliette Saurel, pâle, admirablement belle sous son voile sombre soulevé, entièrement vêtue de noir, était devant lui. Il poussa un cri :

— Vous ! Juliette...

— Oui, moi, qui viens pour vous empêcher de faire une folie. J'ai vu l'article du *Rabelais*, je sais ce qui s'est passé au Salon....

Doucement, il lui prit les mains et la fit asseoir.

— Comme vous êtes belle, dit-il, et comme je vous aime !...

— Prouvez-le-moi, reprit-elle... Vous voulez vous battre, je le sais... Renoncez à ce duel...

Il essaya de détourner la conversation. Obstinément elle répétait :

— Ne vous battez pas...

— Mais c'est impossible, s'écria-t-il enfin, je ne puis reculer... D'ailleurs, je veux me venger...

Sa figure avait repris son air sombrement résolu :

— Ne songeons plus à cela, dit-il... Laissez-moi plutôt vous répéter que je vous aime... Vous êtes bonne d'être venue, ma chérie...

Elle se redressa, irritée, les yeux pleins de larmes :

— Non, tu ne m'aimes pas... Si tu m'aimais,

tu ne me refuserais pas la première faveur que je te demande, surtout quand cette faveur consiste à ne pas risquer ta vie. Tu ne sais pas les souffrances que j'endure. Méprise les insultes de cet homme comme je les dédaigne moi-même...

Dans un mouvement exalté elle s'était jetée aux genoux du prince et levait vers lui ses beaux yeux mouillés, suppliants. Taïko-Fidé était en proie à un ravissement ineffable, à un attendrissement singulier. Ah ! il ne pensait plus guère à son duel maintenant. Tout, pour lui, disparaissait dans l'univers, devant ces paroles d'amour. Tendrement, il la prenait dans ses bras. Il se mettait à ses genoux, murmurant aux oreilles de la jeune femme de douces phrases perdues en des baisers. Une soif ardente, un désir violent de la posséder tout entière s'emparaient de lui. Elle, oubliant ses projets d'amitié platonique, se défendait faiblement, murmurant toujours de sa voix caressante :

— Alors, tu ne te battras pas, n'est-ce pas ?

Mais on frappait à la porte de la chambre. A peine le prince eut-il le temps de se relever. Le vicomte de Valterre entra, et, apercevant Juliette, il poussa une exclamation :

— Ah ! je vous demande pardon... Joseph n'était pas dans l'antichambre, j'ai cru pouvoir pénétrer... Je ne savais pas...

Puis, se tournant vers la jeune femme, il s'enquit de sa santé. Le visage rouge encore des larmes versées, elle répondit sèchement, furieuse de s'être laissé surprendre. Le prince avait également l'air contrarié....

Le vicomte était à mille lieues de soupçonner la nature des relations qui existaient entre son ami et Juliette Saurel. Il croyait, de la part des deux, à une fantaisie passagère et rien de plus, ne supposant pas que cette courtisane, que chacun avait pu posséder pour quelques louis, fût capable d'inspirer une affection sérieuse. Aussi, sans se gêner, dit-il avec désinvolture :

— J'aurais désiré vous entretenir quelques minutes en particulier, cher.

Le prince ouvrait la bouche pour lui fixer un autre rendez-vous, mais Juliette dit brusquement :

— Je suis sans doute de trop et je vous laisse, prince : n'oubliez pas que vous m'avez promis de venir ce soir... Au revoir, Valterre...

Elle sortit.

— Ah ça ! reprit le vicomte, on dirait qu'elle vous a confisqué pour son usage personnel... Mais, causons de choses plus sérieuses... Votre duel est arrêté pour demain matin.

. . . .

En remontant dans sa voiture, Juliette Saurel se laissa aller à un accès de rage froide. C'est qu'en effet le hasard venait de renverser en un clin d'œil l'échafaudage de ses combinaisons. Depuis quelques jours elle avait de plus en plus surexcité l'amour du prince, attendant une circonstance favorable pour se donner à lui et se l'attacher à tout jamais. Afin de le préparer aux sacrifices dont elle comptait profiter, elle parlait d'un ton mélancolique, en termes amers, de sa liaison avec Gibard, — laquelle avait pris fin depuis longtemps, — ajoutant que cela était pourtant nécessaire et qu'elle voulait qu'il n'y eût entre elle et le prince aucune question d'argent, mais seulement leur amour, pur de toute souillure.

Juliette Saurel avait étudié fructueusement la *Dame aux Camélias*. En comédienne habile, elle jouait la passion avec un art qui eût pu en tromper d'autres plus sceptiques que le Japonais. Lui, avait tout de suite été pris.

L'affaire même d'Estourbiac, qui pouvait nuire aux projets de Juliette Saurel, était devenue, en y songeant, la circonstance qu'elle cherchait. Aussitôt qu'elle eut appris, par une amie envoyée exprès, l'algarade du Salon, elle combina son projet. Elle se rendrait chez le prince et lui demanderait de ne pas se battre. Naturellement, il refuserait, et alors elle se donnerait à lui, comme si elle se fût sacrifiée pour sauver sa vie.

Ce plan très habile, avait été près de réussir. Et voilà qu'un incident fortuit, l'arrivée soudaine de Valterre, remettait tout en question ! Ah ! quelle sottise de n'avoir pas consigné la porte ! Fidé avait bien promis de venir, le soir, mais qui sait s'il tiendrait parole ? Et puis serait-elle alors assez puissante pour changer sa détermination, une fois toutes les résolutions prises ! Et s'il était tué ?

Furieuse, elle mordillait son mouchoir de fine batiste et le mettait en lambeaux...

VIII

DUEL

Le vicomte de Valterre rapporta à Fidé les conditions du duel. Puis, pendant deux heures, il lui donna une leçon d'escrime, lui apprenant surtout à se mettre bien en garde, à s'effacer, à rompre et à marcher. Après quoi, il dit :

— Voilà le principal... Pour le reste, il faudrait des mois. Dès que l'engagement aura commencé, attaquez comme bon vous semblera. On a vu ainsi des novices déconcerter des duellistes consommés, par l'absence de méthode, et les blesser. Du reste, votre adversaire ne doit pas être fort, puisqu'il a demandé le pistolet. Évitez de vous fendre ; c'est très dangereux. Marchez plutôt. Maintenant, écoutez-moi bien, voici un coup que vous pouvez essayer : Aussitôt que les épées auront été engagées, dégagez rapidement en tierce et fendez-vous en repassant en quarte... Généralement, on commence par des tâtonnements, des feintes, et on ne s'attend pas à une attaque aussi rapide... Ça peut réussir...

Ils allèrent ensuite trouver Sosthène Poix pour prendre les derniers arrangements. Fidé, se rappelant quelques paroles sérieuses de Valterre et craignant, s'il revoyait Juliette Saurel, d'être faible et de manquer le rendez-vous, accepta l'offre d'un lit, que lui faisait son ami. Tous les trois, afin d'être plus tôt prêts, couchèrent donc chez le vicomte. De bonne heure, ils se levèrent, firent un déjeuner sommaire. Valterre rappela au prince ses instructions.

A quatre heures moins le quart, un landau les déposait à l'entrée du pont de Sartrouville, ainsi qu'un chirurgien de leurs amis qu'ils avaient pris en passant. Estourbiac et ses deux témoins étaient déjà arrivés. On se salua gravement. Toutefois, Boumol, faisant au vicomte un signe de reconnaissance, s'approcha et lui dit à mi-voix :

— Vous avez le champagne ?
— Oui.

— Et le pâté ?... L'air est d'un vif !... ça aiguise l'appétit...

Sosthène Poix tira de la voiture les deux épées, le chirurgien prit sa trousse et Valterre ayant donné le signal, on se mit en route en recommandant au cocher de suivre à distance.

L'endroit choisi par le vicomte était assez éloigné. Il fallait, pour y arriver, suivre un sentier serpentant à travers champs, près de la Seine. Le coup d'œil était très pittoresque : au premier plan, le fleuve, égayé du mouvement des chalands et des toueurs avec, derrière, le rideau vert du champ de courses de Maisons, limité par la teinte plus sombre des futaies du parc. A gauche, la tache blanche énorme du château, puis, en face, les grandes arches du pont, découpant, par dessous, des coins panoramiques; à droite, les contours de la rivière méandreuse se perdaient en de lointaines perspectives dans les tonalités fondues des terres. Tout au loin, du même côté, un monticule énorme, abrupt, dominait l'horizon de sa masse grisâtre. Au coin d'une allée gazonneuse, un bac était établi, avec sa cloche immobile, attendant les clients qui la mettent en branle pour appeler le passeur.

Les jeunes gens, réunis en deux groupes, marchaient silencieusement au milieu de cette gaîté calme des champs. Si le landau se fût trouvé par devant, on eût pu croire, à considérer leur aspect lugubre, qu'ils suivaient un enterrement. Estourbiac, dans le but de réagir, essaya de lancer quelques plaisanteries. Mais elles n'eurent aucun succès. Boumol ne l'écoutait pas et Levrault ne se fût point, pour un empire, départi de sa correction froide. Alors, il garda le silence, commençant à trouver que l'affaire prenait une tournure désagréable. Tout à coup Boumol se souvint qu'il n'avait pas souhaité le bonjour au prince Ko-Ko. Il courut aussitôt en avant et, rejoignant le premier groupe, frappa sur l'épaule de Fidé, sans se laisser intimider par les mines solennelles de Sosthène Poix et du chirurgien. Il lui serra vigoureusement la main et, marchant à ses côtés, parla avec animation :

— Mon pauvre vieux ! Il y avait longtemps que nous ne nous étions pas rencontrés tout de même.. Enfin, mieux vaut tard que jamais... quoique la circonstance... Mais ça ne sera pas grave. Tu sais, au fond, Estourbiac est un bon garçon. Une égratignure, on n'en meurt pas. Vous finirez par devenir deux amis...

Fidé, très embarrassé, demeurait silencieux. Sosthène Poix, étonné, regardait le pion comme une bête curieuse, pris d'une forte envie de rire. Boumol ajouta :

— Comme on patauge par ici. C'est leur faute, ils n'ont pas voulu m'écouter... j'avais proposé Vincennes en commandant le déjeuner. Du reste, je n'ai rien à dire, le vicomte a le pâté et le champagne. Seulement j'avais parlé de Saucerousse... tu sais... te rappelles-tu quand nous avons fait la noce avec Vaissel, un mardi-gras ? Étions-nous saoûls ?

Il allait continuer. Mais on était parvenu à la lisière du parc. Le vicomte fit signe d'arrêter. Un instant il s'orienta, puis on se remit en marche. Deux minutes après, on atteignait la clairière. L'endroit était bien choisi, dans un coin du parc très retiré, où l'ombre de chênes puissants avait étouffé la végétation et dénudé la terre. On pouvait se tuer là en toute sécurité. Sous l'arbre immense, le sol glabre, sec, présentait au pied un appui résistant. On ne courait pas le risque de glisser.

D'un commun accord, le vicomte de Valterre fut choisi pour placer les combattants. Les habits ayant été jetés bas et les épées tirées au sort, Estourbiac et Taïko se mirent en garde. Valterre, les faisant un peu reculer, saisit les pointes dans sa main, les éleva, les fit toucher, puis voyant les adversaires prêts, il les abandonna rapidement en se reculant et disant :

— Allez, messieurs...

Aussitôt, avec une promptitude et une agilité de bête fauve, le prince, mettant à profit le conseil de son ami, fit un pas, dégagea en tierce, trompa le fer et se fendit. Avant que la riposte vint, il se remit en position. Estourbiac arriva tardivement à la parade. Les témoins étaient devenus pâles, le croyant traversé de part en part. Heureusement pour lui, le prince, peu exercé, avait dégagé trop près du fer et la pointe de son épée, piquant la garde, avait ressauté en dessous, vers le coude du journaliste. Une goutte de sang rose perlait sur le bras nu d'Estourbiac.

— Il est touché, cria Sosthène Poix. Arrêtez !...

Le vicomte suspendit le combat. On fit approcher le chirurgien. Ce n'était qu'une éraflure, une blessure insignifiante. Mais il s'en était fallu de peu que le coup fût mortel. Une ligne de plus d'écartement et la lame, évitant la coquille, venait s'enfoncer entre les côtes. Levrault, blême de frayeur, sentait son cœur s'affadir. Il dit :

— Je pense que l'honneur est satisfait, n'est-ce pas ?

Estourbiac, très disposé à s'en tenir là, jeta sur le visage de son adversaire un coup d'œil interrogateur. Mais, en se trouvant les armes à la main en présence de celui qui l'avait insulté, qui avait insulté Juliette, le prince sentait revenir toute sa colère. Sombre, les yeux injectés de sang, il serrait en frémissant la poignée de son arme, brûlant de recommencer, enragé, avide de sang. Ses témoins s'étaient approchés de lui. Il murmura, sans desserrer les lèvres :

— Je veux le tuer...

Alors, le vicomte, se tournant vers Levrault, répondit froidement à sa question :

— La blessure ne met pas M. Estourbiac hors

de combat. Et, à moins qu'il ne veuille pas se conformer aux conditions arrêtées ?...

— Si, si, continuons, dit le journaliste.

Levrault s'appuya contre Boumol, fixant son regard à terre, pour ne pas voir ces hommes s'entretuer. Le vicomte remit en place les combattants. Ils avaient été saisis par la fraîcheur du matin. De petits frissons agitaient leurs membres nus et les pointes des épées, l'une contre l'autre, cliquetaient avec un bruit métallique qui sonnait comme un glas funèbre. La partie devenait grave.

Le prince n'avait pas recommencé le coup du début, pensant bien que l'autre s'en défierait. Marchant et rompant, faisant des feintes, il attaquait sans cesse avec fureur, multipliant les coups droits répétés, ne se fendant jamais. Les quelques principes d'escrime que possédait Estourbiac lui devenaient inutiles en présence de ce jeu sans méthode, plein d'impétuosité. Il se contentait de parer les coups, envoyant des ripostes rapides que le Japonais évitait plutôt par ses bonds que par l'aisance du poignet. A ce métier, au bout d'un instant, il fut exténué. Le vicomte les fit reposer pendant quelques minutes.

A la troisième reprise, le prince s'impatienta de ces coups sans résultat. Devenant moins prudent, il ne recula plus, se fendant quelquefois, portant des bottes dangereuses, se couvrant à peine, risquant sa vie pour toucher son adversaire.

De son côté, Estourbiac était gagné par la furieuse ivresse des duels. Il éprouvait une sorte d'indignation contre ce barbare qui paraissait avoir soif de son sang et s'acharnait à le tuer. Sentant son bras se fatiguer, il voulait en finir et jouait serré oubliant ses calculs et se battant sérieusement, pour blesser. Sans Valterre, qui, à chaque instant, les obligeait à reprendre leurs distances, ils se fussent enferrés.

Tout à coup, Taïko-Fidé, dans un coup droit brusque, découvrit sa poitrine. Le journaliste, sans réflexion, avec une rapidité instinctive, se fendit à fond. Mais sa main fatiguée conduisait mal son arme ; sans que le coup eût été paré, il passa par côté, à deux centimètres du corps. En même temps, le Japonais, allongeant le bras, transperçait obliquement le biceps de son adversaire. Le combat était terminé. Une imprudence heureuse rendait le prince vainqueur.

On se précipita vers le blessé. Le chirurgien déclara que la lésion, sans être dangereuse, était grave et requit la voiture pour emmener Estourbiac. Boumol, qui ne perdait jamais la tête, s'écria :

— Maintenant, donnez-vous la main.

Mais le prince se détourna, sans répondre, et Estourbiac eut une crispation de rage.

— Vous ne voulez pas, dit Boumol indigné... Alors vous conservez de la rancune ?... Pourtant, ça se fait ainsi... dans le monde !...

Il en prit cependant son parti, philosophiquement, et laissa Levrault accompagner seul le blessé, sous prétexte *qu'il ne fallait pas trop de monde autour d'un malade*. Puis il revint vers Valterre et lui frappant sur l'épaule :

— Eh bien ! et ce pâté ? et le champagne ? Nous allons leur dire un mot. Nous l'avons bien gagné, hein ?... Pristi ! qu'il fait faim !...

Ils organisèrent, ce matin-là, un déjeuner pantagruélique dans un restaurant de Maisons-Laffitte que Boumol, après réflexion, déclara presque aussi rupin que Saucerousse. Sur la fin du repas, tandis que Sosthène Poix lançait des bons mots, le prince, fortement ému, avoua au vicomte son grand amour pour Juliette Saurel. Celui-ci, quoiqu'il fût très ivre lui-même, eut le sentiment du danger que courait son ami, et il essaya de le distraire en lui débitant plusieurs aphorismes de sa composition qui n'étaient pas à l'avantage des femmes.

Ils revinrent à Paris à une heure assez avancée. Malgré les fumées de l'alcool, Fidé conservait son idée fixe : Retourner chez Juliette et s'excuser d'avoir manqué à sa parole. Il quitta ses amis à la gare Saint-Lazare, à grand'peine, car Boumol ne voulait plus le lâcher et racontait des histoires d'enfance sur Estourbiac ; puis il se dirigea vers la rue Caumartin.

Le concierge était dans sa loge. A la question du prince qui lui demandait si Mme Saurel était chez elle, il répondit par un grognement affirmatif, lançant en même temps à son épouse un coup d'œil étonné. Fidé gravit les trois étages et sonna. Après quelques minutes de silence, Lisette, la femme de chambre, vint ouvrir. Elle poussa une exclamation de surprise à la vue du prince :

— Vous ! Vous n'êtes donc pas blessé ?...

— Dame ! il paraît... Mais il ne s'agit pas de cela... Ta maîtresse est-elle ici ?

La bonne eut un moment d'hésitation.

— Oui... c'est-à-dire... non... elle est sortie...

Le prince avait remarqué l'embarras de Lisette... Il se douta qu'elle lui cachait quelque chose, et, après un moment de réflexion, il dit, d'un ton décidé :

— Ah ! elle est sortie... Eh bien ! je vais l'attendre dans le salon...

Il fit mine d'entrer. Mais la femme de chambre se jeta devant lui :

— Non, c'est inutile... Madame ne rentrera pas... D'ailleurs, elle me charge de vous dire...

— Quoi ?...

— Qu'elle... vous verrait... demain... oui.. demain... chez vous...

Dans un tout autre moment, Taïko-Fidé n'eût

pas insisté. Mais il avait beaucoup bu, et, dans sa tête, par-dessus les émotions de la matinée et les libations de l'après-dîner, persistait le désir violent, follement intense de revoir sa maîtresse, de lui parler de son amour. En même temps, la jalousie commençait à poindre dans son cœur. Justement un bruit de voix s'entendait derrière la portière.

— Tu vois bien, s'écria le prince, que tu mens et que ta maîtresse est ici... Tu ne veux pas que je l'attende ?... Eh bien, je vais lui parler tout de suite !

Et, d'un mouvement violent, écartant la jeune fille, il ouvrit la porte du salon, le traversa et pénétra dans la chambre à coucher. Mais là, il poussa un cri terrible d'indignation et de colère, et s'arrêta, comme si la foudre fût tombée devant lui. D'une main, il s'appuya sur la cheminée : Dans le grand lit doré enrichi de peintures, éclairés par les bougies roses d'un candélabre, que reflétait la glace de Venise du fond, reposaient côte à côte Juliette Saurel et monsieur Gibard, notable commerçant. Il n'était, du reste, pas content du tout, le petit père Gibard. Il détestait le bruit et n'aimait pas être dérangé dans les parties fines qu'il s'offrait. Réveillé par la dispute de Lisette et du prince, il crut d'abord à quelque discussion d'office. — C'est alors qu'il avait manifesté à haute voix son mécontentement à Juliette. — Puis, entendant la porte s'ouvrir, il eut peur et se dressa sur son séant pour se défendre. Il était très ridicule ainsi, cramoisi de fureur, dardant sur le prince immobile des regards féroces, tandis que les deux pointes de son foulard de nuit se dressaient vers le plafond, projetant contre le mur de l'alcôve des ombres chinoises ironiques. Il avait éprouvé une grande frayeur, mais il se rassurait en voyant que l'intrus ne bougeait pas.

— Que signifie, monsieur ? interrogea-t-il.

Taïko-Fidé parut se réveiller d'un songe pénible et balbutia quelques mots incompréhensibles, hébétés.

Du doigt, il montrait Juliette Saurel, rouge de honte et de colère, magnifique avec sa longue chevelure soyeuse se détachant sur la blancheur des draps, et les rondeurs roses de sa chair entrevues dans l'entrebâillement des dentelles.

A cause de la beauté même de la jeune femme, il sentait plus vivement l'offense, et sa rage s'augmentait de son admiration pour cette créature qui se jouait de lui. Il éprouvait des tentations horribles, persistantes de la prendre, de la posséder et de la tuer ensuite.

Quoique Levrault lui eut le matin même mystérieusement affirmé que Fidé blessé, laissé en Belgique, ne pourrait revenir que le lendemain, dès la première minute, Juliette avait compris que le prince était là. Mais elle espérait que Lisette l'éconduirait. Maintenant qu'il avait pénétré dans la chambre, elle entrevoyait les conséquences de ce coup de tête et s'efforçait de trouver un moyen de détourner le danger. Sans doute, elle échafaudait sur l'amour du prince tous ses espoirs. Mais qui sait si, après une pareille trahison, il reviendrait à elle ? Et alors, si elle lui sacrifiait le vieux Gibard, ne risquait-elle pas de se trouver *entre deux selles?* Le commerçant, au contraire, n'était pas très exigeant sur le chapitre de la fidélité et, pourvu qu'on ne le trompât pas ouvertement, il fermait volontiers les yeux, comme le prouvait la villégiature avec le major Horsberry.

Le plus sûr était de le garder, provisoirement. D'ailleurs, elle en voulait mortellement au prince de la scène de la veille et surtout de la mettre, par sa brutalité indélicate, dans une situation difficile et manifestement ridicule. Aussi, quand le petit père Gibard eut dit d'une voix grave, en se tournant vers elle : « C'est à vous qu'il appartient de répondre, » répliqua-t-elle sans hésiter :

— Mais je ne sais pas le moins du monde ce que ce monsieur vient faire chez moi, et surtout pourquoi il s'introduit ainsi, de force, avec des manières qui conviennent plutôt à un voleur qu'à un homme bien élevé...

Le prince eut un geste de rage... Il allait parler.

mais Gibard, ne voulant pas le pousser à bout, dit d'un ton digne :

— Alors, monsieur, je ne vois point ce qui vous retient dans une maison où vous n'avez aucun droit de rester.

Fidé, sans paraître l'entendre, cherchait douloureusement à reprendre son sang-froid. Au bout d'un instant, relevant la tête, il haussa les épaules en regardant le commerçant, puis après un coup d'œil plein de désespoir et de mépris, il sortit brusquement et descendit les escaliers.

Sur le trottoir, le prince marchait, l'air étourdi, comme s'il eût reçu sur la tête un coup de massue. Il ne prenait même plus la peine de réfléchir, s'abandonnant à la douleur immense de cette trahison.

Ainsi donc, c'était vrai. Cette femme qu'il aimait tant, pour laquelle il venait de risquer sa vie, se jouait de son amour de la manière la plus infâme. Cette amitié charmante qu'elle lui promettait, prélude d'une affection plus douce : comédie ! Ces emportements, ces irrésolutions, ces pudeurs : comédie encore ! Cette franchise fougueuse : comédie toujours ! Et c'était cela, cette femme européenne qu'autrefois son imagination revêtait de tant de charmes ! C'était cela la Parisienne, la femme intelligente, capable d'apprécier toutes les délicatesses ! Alors mieux valait encore l'Orientale, avec ses soumissions bestiales, sa passivité dépourvue, du moins, d'hypocrisie !.. Puis, malgré lui, il songeait aux charmes de Juliette Saurel, à son beau corps de statue qu'il tenait dans ses bras la veille, au moment où Valterre était survenu. Il se la représentait, demi-nue dans son grand lit, laissant entrevoir les trésors de ses chairs satinées. Des désirs fougueux le prenaient et secouaient fébrilement tout son être.

Ainsi, des hommes l'auraient possédée, auxquels elle semblait une femme comme les autres, et lui qui la chérissait par dessus tout, lui qui l'aimait véritablement, il était le seul à qui elle ne se serait point donnée.

Des sanglots, à grand'peine réprimés, lui montaient à la gorge. Des rages folles, pendant lesquelles ses dents s'entrechoquaient, le prenaient quand il songeait à cette scène dernière, au vieillard, souillant de sa passion sénile le lit de cette femme étrange...

Il marchait avec une impatience fiévreuse, machinale, suivant par habitude le chemin qui menait à son appartement du boulevard. Il fut surpris, en rentrant chez lui, de trouver son salon éclairé. Le domestique, qui était venu lui ouvrir, dit d'un air embarrassé :

— Madame Cora attend monsieur.

Le prince fronça le sourcil. C'était bien Cora, en effet.

L'actrice éprouvait pour Fidé une affection bizarre, mêlée de souvenirs, d'habitude et de vanité. Sous l'empire d'un premier mouvement d'irritation en apprenant la trahison de son amant, elle avait cherché à se venger. Mais elle ne tarda pas à se repentir ; outre que l'abandon de Fidé la gênait, pécuniairement, sa sotte vengeance avait eu des suites plus graves qu'elle ne le désirait. Si elle l'eût osé, elle se fût interposée pour empêcher ce duel ridicule. Mais elle comprit qu'elle ne pourrait y parvenir et attendit. De bonne heure, elle connut le résultat de la rencontre ; elle vit alors la sottise qu'elle avait commise et, se souciant peu de se trouver avec Estourbiac sur les bras, elle résolut de tenter un rapprochement.

Le valet de chambre n'osa point résister au commandement impérieux de la jeune femme, qui, peu de jours auparavant, agissait encore en maîtresse dans l'appartement du prince. Il la pria seulement de l'excuser auprès de son maître.

Assise, depuis de longues heures, sur une causeuse, dans le salon, elle attendait. Les minutes passaient, longues comme des heures, et le prince ne revenait pas ! Que faisait-il donc ? Le moment du repas s'écoula sans qu'elle songeât à dîner. Plusieurs fois elle essaya de lire, mais vainement. Sa pensée courait avec une impatience fébrile vers cet appartement de la rue Caumartin où Fidé se trouvait peut-être en ce moment avec sa rivale. La nuit venait et la porte était fermée. A chaque instant, des habitants de la maison sonnaient. Alors elle se levait, son cœur battant à se briser dans sa poitrine. Elle attendait anxieusement et c'était toujours une nouvelle déception. Sûrement, le prince ne pouvait manquer de lui pardonner et de revenir à elle. Les premiers torts n'étaient-ils pas de son côté ? D'ailleurs, cette Juliette Saurel, cause première de leur brouille, n'était pas si séduisante. Fidé s'en apercevrait.

Tout à coup, au moment où Cora commençait à désespérer de revoir le prince ce soir là, elle entendit appeler Joseph. Elle s'était levée et se tenait debout près du guéridon, tremblant un peu. Le Japonais entra, puis, sans saluer, sans s'asseoir :

— Vous m'attendiez ? demanda-t-il.

— Oui... et depuis de longues heures, va... J'ai été bien inquiète... Si tu savais comme je me suis repentie !...

Il l'interrompit d'un ton sec :

— C'est tout ce que vous aviez à me dire ?

Cora fut un peu déconcertée. Elle s'approcha de Fidé avec ces manières de jeune chatte caressante qui plaisaient autrefois à son amant :

— Mon chien chéri, il faut me pardonner... Je t'aime trop, vois-tu.., je ne puis plus vivre sans toi... Dis que tu aimes encore ta petite Cora...

Il se dégagea d'un air ennuyé :

— C'est sans doute parce que vous m'aimez, que vous me faites insulter par ce journaliste, votre digne chevalier servant. Du reste, ce qui est fait est fait... Je n'ai pas la moindre envie de revenir sur le passé...

— Mais mon cher, reprit Cora, commençant à s'impatienter, il me semble que les premiers torts sont de ton côté...

— Eh bien, soit! J'ai tous les torts. Mais, de grâce, finissons-en, je n'ai pas le temps de discuter là-dessus... Vous m'obligerez en me laissant seul.

— Ah! c'est ainsi, s'écria la jeune femme... Elle n'est déjà pas si tentante, cette Juliette... Et puis, si tu crois qu'elle tient à toi!...

— Voyons... voulez-vous partir, oui ou non? cria le prince.

— Ah! tu me jettes à la porte!...

Hors d'elle-même, elle se mit à l'injurier. Un éclair de fureur passa dans les yeux de Fidé; pourtant il se maîtrisa et dit seulement d'une voix contenue :

— Joseph, je vous prie de reconduire cette femme.

Mais avant que le domestique fût entré, Cora, outrée de cette dernière insulte, s'avança vers le prince. Les yeux enflammés, elle l'empêcha de sortir et lui dit avec rage :

— Ah ! c'est comme ça que tu me traites... Eh bien ! écoute, tu t'en repentiras. Tu as éprouvé ce que j'étais capable de faire, mais ce n'est rien... Tu verras... je me vengerai...

Elle sortit avec un geste de menace.

Alors, Fidé se laissa tomber sur un fauteuil, en proie à un grand abattement. Il pensait aux événements de la journée, à Cora, à Estourbiac, à Juliette Saurel, et un immense dégoût l'envahissait. Les souvenirs de la patrie, des vertus natales, lui revenaient à l'esprit avec une étrange intensité, sous les blessures de cette civilisation occidentale qu'il avait jadis désiré connaître. Ainsi donc, tant de merveilles extérieures, tant de raffinements, tant de joies attirantes à la surface, cela aboutissait au fond à une pareille perversité des caractères ! Des femmes soudoyaient des gens pour le faire tuer, promettant comme récompense leurs vénales amours. Des hommes, des écrivains appelés à diriger l'opinion, prostituaient leur plume et leur honneur en de telles aventures. Et les protestations d'amour délicat étaient des comédies. Et les lèvres roses mentaient sous leur apparence d'indignation passionnée. En vérité, mieux valait alors la barbarie des ancêtres. Honte sur cette nation corrompue ! Taïko-Naga avait bien raison et ses haines se trouvaient justifiées : Mieux valait mille fois la simplicité des vieilles mœurs japonaises, que cette société gangrenée dont le mirage tentateur l'avait autrefois séduit.

IX

L'ŒUVRE DES BANLIEUES

—

Pour la première fois, peut-être, depuis son arrivée à Paris, Taïko-Fidé regrettait d'avoir quitté le Japon. A la suite de ce premier repentir se glissaient d'autres ennuis, dont auparavant, il avait pris son parti, par exemple l'abandon complet des études de droit et, sous le coup de fouet de ces réflexions, il voulut se remettre au travail. Ce fut peine perdue. Toujours sa pensée désespérément monotone le ramenait au souvenir de Juliette et son esprit volait vers elle, tandis que ses yeux suivaient machinalement les lignes arides, cent fois relues et jamais comprises. Par instants, il essayait d'excuser cette femme. Mais sa douleur renaissait aussitôt et avec elle l'indignation. Pourtant, malgré tout, au fond de son âme persistait un secret et lâche espoir : peut-être elle viendrait, elle se justifierait, qui sait ! Du moins il la reverrait et sous les incitations de sa chair énervée, frissonnante, il se réjouissait de cette possibilité.

Au lieu de Juliette, ce fut Valterre qui vint. Le prince écœuré, abattu par la souffrance, éprouvait le besoin de confier à quelqu'un son malheur et sa désillusion. Avec une effusion douloureuse, il conta à son ami l'histoire de sa passion, analysant ses sensations, ses pensées, ses espoirs : Juliette Saurel n'avait point fait naître en lui, comme Valterre l'imaginait sans doute, un caprice passager, il avait cru découvrir la femme idéale, celle qu'on cherche toujours sans la rencontrer jamais. De toutes les forces de son esprit et de ses sens, il l'avait aimée. Il croyait à ses protestations, à ses emportements indignés et il avait conçu le pauvre, le sot espoir de la tirer des abîmes, de la régénérer par son amour. Illusion d'adolescent, chimère de cœur neuf ! Le fait cruel, brutal, avait vitement chassé ces chimères....

Avec des crispations de rage, des amertumes désespérées, il raconta ce qui s'était passé chez Juliette, la veille.

Le vicomte ne fut point trop étonné. Mais il dédaignait les railleries faciles :

— Tout cela n'est pas sérieux, dit-il. On n'aime pas une Juliette Saurel autrement que contre argent comptant. L'idéal ni le sentiment n'ont rien à voir là-dedans, c'est une question de prix. Rien de plus. Vous êtes d'une nature désespérante. On vous croit absolument rompu aux sottises de la vie et voilà que tout à coup vous prenez feu comme un collégien. Qui se serait jamais douté ?...

— Ah ! reprit-il au bout d'un instant d'un ton mélancolique, vous pouvez vous estimer heureux que cette histoire ait pris si vite fin. Du train dont vous y alliez... Et puis Juliette est une créature dangereuse qui peut mener un homme très loin. Je la connais. Elle est arrivée à la période où les grues placent à la caisse d'épargne. C'est alors qu'elles deviennent effroyables : elles rendraient des points à tous les juifs du monde ; elles vous prennent entre leurs griffes roses, expriment tout ce qu'il y a de bon en vous et vous rendent aussi sec, aussi dépourvu d'argent et d'intelligence, qu'elles le sont elles-mêmes de cœur... Mais sacrebleu ! voilà que je moralise. Je ferais mieux de vous conter simplement son histoire. Il n'est jamais trop tard pour bien faire : C'est édifiant.

Alors il rappela la jeunesse de Juliette, ses débuts dans le monde des belles petites, sa fugue au quartier Latin, le retour sur la rive droite, les malpropretés de la période de dèche où elle se vendait pour un louis au premier venu, enfin son marché avec le petit père Gibard.

— C'est elle-même qui m'a dit tout cela à un moment où elle ne songeait pas encore à placer des capitaux, conclut-il philosophiquement. Vous voyez qu'il n'y a vraiment pas lieu de se désoler et que vous n'avez pas perdu un trésor inestimable... Et Cora, que devient-elle ?

Le prince rapporta son entrevue de la veille.

— Mais elle est folle, cette fille-là, reprit Valterre... Elle est capable de chercher encore à vous jouer un mauvais tour. Il est vrai que la leçon a été bonne et qu'elle ne trouvera peut-être pas tous les jours un Estourbiac...

Après un moment de silence, le vicomte, ne voulant pas laisser Fidé sous l'impression de sa tristesse, se mit à parler avec animation, passant d'un sujet à un autre, se moquant de la dernière conquête de Partisane, disant que le Young Club réclamait Taïko.

— Sacrebleu ! ajouta-t-il, mon cher, il ne s'agit pas de se rendre malade d'amour. Ça ne se porte plus, aujourd'hui, ces sentiments-là. C'est dix-huit cent trente. Voyons, que faisons-nous, ce soir ? Voulez-vous que je vous présente chez les de Maubourg ? Il y a réception et j'ai promis de vous y mener...

— Qui ça, les de Maubourg ?

— Vous savez bien, ces dames que nous avons rencontrées en entrant au Salon... C'est au faubourg... tout un monde que vous ignorez... Après, nous reviendrons au cercle.

Depuis longtemps, en effet, Taïko-Fidé désirait

connaître ce quartier aristocratique, cette société choisie, marquée d'un caractère spécial par des siècles de sélection. Sans doute, plusieurs membres du Young Club appartenaient à ce milieu, mais sur le terrain neutre des salles de jeu, rien ne les caractérisait, si ce n'est peut-être une certaine élégance, une distinction natives et, par instants, des opinions politiques ou religieuses, toutes de surface, manifestées par convenance. Du reste, ils faisaient la fête comme chacun, parlaient l'argot des viveurs, jouaient et pariaient aux courses, autour des tapis verts, enrichissant par leurs folies les filles de la plèbe ennemie. Leurs femmes, rencontrées au Bois ou aux premières se confondaient avec les enrichies et les cocottes, dont elles suivaient aveuglément les modes capricieuses. Cependant, Fidé pensait que dans leurs hôtels, dont la porte s'ouvre difficilement aux intrus, ces descendants des vieux gentilshommes devaient se transformer en une société particulière, typiée par des idées, des manières et des mœurs de convention. C'était cette vie d'intérieur qui l'intéressait et l'attirait.

Il dîna avec Valterre. Au restaurant, ils rencontrèrent Partisane.

— Ce cher prince ! s'écria-t-il. Eh bien ! comment va, mon bon ?

Il se précipitait, exagérant les prévenances, comme affamé de politesse.

— Dites-donc, continua-t-il, il paraît que vous avez joliment arrangé le petit Estourbiac, depuis que je ne vous ai vu. Vous avez bien fait, c'est une bonne leçon. Depuis quelque temps, plusieurs de ces messieurs s'occupent de nous trop activement...

Il redressait sa taille de vieux beau, ridiculement carrée des épaules, tortillait sa barbe grisonnante, soigneusement peignée, plissait sa lèvre avec une morgue aristocratique.

— Vous êtes un des fidèles de madame de Maubourg, je crois? interrogea Valterre.

— Peuh! oui, j'y vais assez assidûment... Ce soir, justement, elle donne une fête... Vous devriez venir, ajouta-t-il en riant : la duchesse vous en veut de votre indifférence et peut-être espère-t-elle vous convertir...

— Eh bien! nous partirons ensemble... J'ai l'intention de faire connaître cela au prince... Quant à nous convertir...

— Oh! vous pouvez être sûr qu'elle le tentera, dit Partisane... Elle donne tout à fait dans la dévotion, maintenant... Aussi la fête de ce soir est-elle une soirée orthodoxe... Tenez, j'ai justement le programme.

Il tira de sa poche un petit papier plié en quatre. Valterre le lut à haute voix :

PROGRAMME DE LA FÊTE
QUI SE DONNERA DANS LES SALONS DE
MADAME LA DUCHESSE DE MAUBOURG
rue de Lille

Le Jeudi...

Au profit de l'Œuvre des Banlieues
Prix d'entrée : 10 fr. par personne.

A HUIT HEURES
Ouverture des Salons par une Comédie
LA CLASSE

Jouée par les jeunes filles du patronage de Saint-Germain-des-Prés

INTERMÈDES. — CHANSONNETTES COMIQUES

GRAND THÉATRE BAMBOCHINET
Représentations dans le jardin s'il fait beau

JEUX VARIÉS

LA SOCIÉTÉ CHORALE DES ENFANTS DE SAINT-JOSEPH

Buffet. — Vente de gâteaux et rafraîchissements de toutes sortes

Suivait la liste des zélatrices de l'Œuvre chez lesquelles on pouvait prendre des billets. On y voyait un curieux assemblage de noms outrageusement roturiers et de titres datant des croisades, les d'Hautfort, les de Maraincourt à côté des Trognon, les Gosselard auprès des comtesses de Luçay et de Rochetaillée. Un seul mobile, le sentiment religieux, avait pu réunir dans une communauté de but ces personnalités dissemblables.

Tout en lisant le programme de la soirée, le vicomte soulignait chacun des titres de remarques railleuses. Il conclut en disant que sa cousine n'offrait pas des divertissements catapulteux, qu'on allait se rendre malade à s'amuser tant que ça. Mais Partisane, très digne, répondait que c'était idiot, d'accord, mais qu'il fallait avant tout le bien de l'Œuvre, que les catholiques, les gens du monde, devaient s'unir pour résister au torrent révolutionnaire qui rompait ses digues. Et puis, la duchesse avait toujours été de mœurs très sévères, elle ne voulait pas suivre la mode et faire venir des cantatrices chez elle...

Partisane, emporté par l'ardeur du discours, moralisait.

Taïko-Fidé s'étonnait d'entendre causer ainsi ce sceptique, ce joueur, ce blasé, qui, n'ignorant aucune des corruptions de Paris, menait une vie dissolue et parlait ensuite de principes et d'institutions nécessaires. N'ayant jamais étudié le caractère politique des Français, il ne comprenait pas trop ce qui signifiaient les phrases de Partisane. Il cherchait dans la nation fort tranquille et en apparence d'opinion unanime, le torrent révolutionnaire et ne le voyait point. Il se demandait pourquoi ces gens qui vivaient fort tranquillement de leurs rentes s'occupaient du peuple, lequel les laissait parfaitement en repos. Il n'avait jamais vu d'aussi près, surtout, cette passion religieuse inconnue au Japon...

Ils montèrent dans la voiture de Valterre. Partisane, redevenu très gai, contait des anecdotes, en s'adressant particulièrement au prince.

— Il y a, sur la duchesse, une histoire amusante... Je vais vous la conter, ça vous mettra au courant... Ça date de la jeunesse de Mme de Maubourg. Elle avait été élevée au Sacré-Cœur. C'est vous dire combien elle était pieuse et innocente... à croire qu'on venait au monde sous des choux. Du reste, sa mère, Mme d'Arvaroy, ne plaisantait pas sur ce chapitre. Elle avait conservé les vieilles traditions, que représente si bien sa fille, aujourd'hui. Toujours est-il que M. de Maubourg, commençant à se sentir très fourbu, demanda la main de la jeune fille. Il était connu... vieux nom... grande fortune. Il fut trouvé très convenable. On discuta les dots: deux millions de chaque côté, sans compter les espérances. Le mariage se fit. Naturellement Mlle d'Arvaroy n'avait pas été consultée, mais dans ce cas même, il est probable qu'elle eût accepté de grand cœur... Elle ne voyait, en effet, derrière le mariage, rien autre chose que la robe blanche, les diamants, les voitures, les bals, la liberté, enfin, au lieu de la réclusion sévère où elle vivait... C'était une petite merveille d'ignorance, comme dit la vieille baronne d'Antrémont. Le duc de Maubourg fit galamment les choses... Tout alla bien jusqu'au moment où il rejoignit dans la chambre nuptiale sa jeune femme, qui avait été couchée cérémonieusement au fond du lit d'apparat... Mme d'Arvaroy, très prude, et s'en fiant à son gendre, n'avait adressé à sa fille que des recommandations fort vagues. Or, explique qui pourra la chose, le duc s'y prit-il maladroitement, fut-il trop vif, la naïve épousée ne voulut-elle aucunement prêter attention, toujours est-il qu'à un moment elle bondit hors du lit, en chemise, irritée, rouge de honte et jetant sur son mari des regards furieux... Le duc, pour éviter une surprise du dehors, avait fermé la porte. Il essaya d'abord de faire reprendre à sa femme une place dans le lit commun. D'une voix douce, persuasive, il discourut longtemps, parlant de devoirs conjugaux, de coutume, que sais-je ? Mais la jeune femme, debout contre la porte, frémissante, la poitrine agitée, ne bougeait point et laissait dépenser toute cette éloquence en pure perte. Alors il se leva et voulut aller vers elle. Elle bondit aussitôt en poussant un cri d'effroi et se mit à courir autour des meubles et des fauteuils. Le duc, un peu impatienté, se piqua au jeu. D'ailleurs, ce qu'il voyait dans cette course d'obstacles, ravivant ses désirs, lui donnait des ailes... Elle, toujours terrifiée, sautait, bondissait, courait à perdre haleine, renversant les chaises, brisant les potiches. C'était un steeple-chase inénarrable... Le duc commençait à craindre que le vacarme de cette poursuite n'attirât quelqu'un. Il s'arrêta. Juste à ce moment, la jeune duchesse avait remarqué un meuble de Boule assez élevé. Approchant un guéridon, elle s'en servit comme d'escabeau, et, légère, s'élança sur le meuble, où elle se tapit dans le coin le plus reculé. Pour le coup, M. de Maubourg, essoufflé, craignant d'ailleurs un accident, s'arrêta. La nuit de noces se passa ainsi. Il fallut, le lendemain, l'intervention de Mme d'Arvaroy pour décider la nouvelle mariée à remplir ses devoirs d'épouse. On eut grand'peine à lui faire comprendre que la conduite de M. de Maubourg était toute naturelle... Le duc ayant conté sous le sceau du secret cette amusante aventure à un de ses intimes, bientôt tout Paris connut l'anecdote. On vint en procession voir le petit phénomène. La partie féminine, sous prétexte de visiter l'aménagement, cherchait curieusement le meuble de Boule, on lançait des allusions d'allure très innocente qui, pourtant, faisaient rougir la petite duchesse... N'est-ce pas crevant ? Aujourd'hui, l'anecdote est oubliée...

— Je crois, du reste, interrompit Valterre, qu'il y a là-dedans beaucoup d'exagération. En tout cas, Mme de Maubourg a rattrapé le temps perdu... Elle a eu cinq enfants... Je crois bien que ses deux filles, qui se sont mariées assez tôt, avaient une dose d'innocence au moins égale, mais, avertie par l'expérience, la duchesse a dû prendre ses précautions à temps...

— Est-ce une de celles-là que nous avons rencontrée au Salon ? demanda le prince. Elle m'a paru fort belle...

— Non, c'est la troisième, mademoiselle Solange de Maubourg. Elle est encore libre, quoique fort courtisée, ajouta le vicomte en souriant, et si l'envie vous prend de vous mettre sur les rangs... nous voici arrivés, je vous présenterai...

Ils étaient dans la rue de Lille. Au coin du boulevard Saint-Germain, des sergents de ville faisaient placer les voitures sur deux files. Elles arrivaient de tous côtés en grand nombre, comme pour une réception des ministères. Dans la foule brillante des équipages, quelques rares fiacres faisaient des taches poussiéreuses, malpropres, piteuses, et par les portières des coupés s'apercevaient des coiffures artistiques, des uniformes brillants d'or et scintillants de crachats, des toilettes claires et des dentelles.

Devant la porte de l'hôtel, de grands laquais à culotte courte, en tenue sévère, recevaient les nouveaux arrivants et les conduisaient aux salons de réception. On traversait une cour centrale, autour de laquelle se dressaient les bâtiments immenses aux larges fenêtres, d'une architecture sobre de décorations. Cet hôtel, dans la journée, lorsque tout était tranquille, devait avoir des aspects de vieux couvent. La fête se tenait dans les appartements du bas, une sorte de rez-de-chaussée surélevé, et dans le jardin. En entrant par la porte du milieu, était en face, un escalier monumental, décoré sévèrement de sombres tentures et dont les gigantesques spirales montaient pareilles à une tour de Babel. Dans l'espace vide, un lustre étincelant jetait ses clartés et se balançait légèrement au bout d'une corde métallique, hardiment suspendue au plafond. A droite et à gauche les lumières répandues à profusion, les fleurs posées dans les coins mettaient des tonalités étranges au milieu des vastes salons antiques. A l'entrée, un contrôleur vérifiait les billets, afin qu'il ne se glissât point dans l'hôtel quelque profane, car, quoique ce fût une soirée payante, les cartes d'entrée avaient été données seulement à des habitués ou à des amis tout à fait intimes des dames patronnesses. Près de la porte, Mme de Maubourg debout, vêtue très simplement, adressait aux nouveaux venus qu'elle connaissait, des paroles aimables. Elle eut à la vue de Valterre, un petit geste de menace, en brandissant son éventail.

— Vous voilà enfin, beau cousin. Il a fallu pour le moins que M. de Partisane vous traînât ici... sans quoi...

Le vicomte s'excusa... il avait mille occupations...

Chaque fois qu'il voulait venir rue de Lille, un accident le retenait...

La duchesse souriait. Valterre, se retournant vers son ami qui attendait, assez embarrassé, fit la présentation. Le jeune homme s'inclina. Mme de Maubourg prononça quelques paroles gracieuses, puis, comme d'autres personnes entraient :

— Je vous reverrai dans la soirée. Allez vite prendre vos places, vous vous attireriez la colère des dames.

Ils passèrent. Au fond d'un salon immense, une sorte de théâtre avait été dressé. En face, sur un océan de chaises, se tenaient les spectateurs, dans des attitudes diverses. Beaucoup étaient déjà arrivés. Sur les côtés, quelques dames patronnesses s'occupaient de l'ordre et dirigeaient les laquais, avec de petits gestes impatientés de leur éventail. Elles étaient en général assez âgées et pour la plupart fort laides.

— Ces fêtes-là les vengent des bals où elles ne brillent guère, dit Valterre.

Partisane alla présenter ses hommages à l'une d'elles.

— Madame Trognon, reprit Valterre... C'est ma bête noire. Il faut que je vous en dise du mal tandis que Partisane est absent.

Il continua ses explications. C'était la veuve d'un notaire du faubourg, un de ces vieux tabellions fidèles comme on en trouve dans l'histoire et dans les pièces de Scribe, pieux, dévoués, graves... et faisant entre temps leur pelote. Trognon possédait déjà une grosse fortune lorsqu'il se maria. Sa femme, très intrigante, très soutenue par les Pères, lui procura les plus belles relations. Malgré sa position, malgré son nom ridicule, elle eut le talent de se faire accueillir partout. Après la mort de son notaire de mari, elle tenta même de faire complètement peau neuve. Son nom la gênant, elle s'adjoignit la particule et la désignation d'une terre qu'elle possédait. Pendant quelque temps elle se fit appeler Mme Trognon du Houttoir. Mais la très spirituelle et très méchante vicomtesse de Lunel ayant dit que l'ex-notairesse aurait mieux fait de prendre le nom de *Chou* qui lui convenait davantage, le mot fit fortune et fut répété par une bonne amie à Mme Trognon, qui jugea utile de borner là son essai d'anoblissement. Aujourd'hui, quoique généralement détestée, elle possède une grande influence dans le faubourg. Elle est le bras droit du Père Boussu, un homme admirable. Elle fait partie de toutes les œuvres pieuses. On la craint à cause de cela et on l'accueille en considération de ses millions.

— Je ne serais pas surpris, ajouta Valterre, que Partisane eût des vues sur elle. Il vient un moment où les plus grands diables se font ermites — surtout quand ils sont décavés...

— Tout cela est bien extraordinaire, dit Fidé, surpris...

Valterre allait continuer, mais la représentation commençait. Les acteurs étaient, comme le portait le programme, des enfants de l'Œuvre. La comédie *La Classe*, une de ces pièces très banales et doucement niaises, comme on en fait pour l'usage spécial des séminaires, ne comprenait pas de rôles d'hommes. C'était une série d'incidents et de plaisanteries enfantines, avec des calembours pacifiques sur *l'infinitif, l'imparfait* ou *la conjonction*, un fort méchant *participe* qui ne veut pas s'accorder avec son *verbe*. Cela avait un parfum de sacristie. Les assistants, hommes et femmes, s'ennuyaient miraculeusement. Pourtant, ils avaient l'air très attentifs, étouffaient de discrets bâillements et, par instants, applaudissaient de leurs mains gantées. Il fallait bien encourager l'Œuvre. D'ailleurs, que pouvait-on exiger d'êtres d'une espèce aussi évidemment inférieure? On adressait, le sourire aux lèvres, des compliments aux dames patronnesses, très satisfaites, grimaçant des mines. L'assemblée semblait un parterre de patriciens romains assistant aux jeux de leurs esclaves.

— Vous savez, cher, dit Fidé, ce n'est pas tordant.

Valterre racontait des drôleries à sa voisine, la comtesse de Barrol. Il se retourna.

— Non, mais c'est éminemment moralisateur.

— Vous croyez ? reprit Fidé. A quoi cela sert-il ?

— Parbleu, mon bon, vous avez de la chance que Mme Trognon ne vous entende point. A quoi cela sert ? Mais, d'abord, à produire de l'argent pour l'Œuvre des Banlieues, une œuvre excellente, destinée, comme dit Partisane, à endiguer le flot révolutionnaire, à répandre les principes religieux dans les masses, dans le peuple.

— Comment est-ce donc organisé ?

— L'Œuvre ?

— Oui.

— Eh bien ! il y a d'abord les dames patronnesses... puis les membres souscripteurs, puis les membres actifs. On recrute dans les faubourgs des jeunes filles qu'on réunit le soir, auxquelles on apprend à coudre pieusement et à jouer des comédies édifiantes, comme celle-ci, ce qui les empêche de mal tourner... ou du moins recule l'heure où elles vont rejoindre leurs amants... Il y a des cercles pareils pour les hommes. Ça soutient la religion et ça occupe les dames patronnesses... Par exemple, ajouta le vicomte, avec un air piteux, ça ne serait pas drôle pour les pauvres gens qui assistent à ces réunions vertueuses, s'ils n'avaient, comme moi, de charmantes voisines auxquelles ils peuvent dire des tas de choses aimables...

— Taisez-vous donc, incrédule ! interrompit la jolie comtesse avec un rire discret.

Ils reprirent leur pose attentive et ennuyée.

— Je dois avouer, reprit la comtesse de Barrol, qu'il faut avoir un grand fonds de charité pour s'occuper de ces espèces...

— Ou des raisons particulières, dit Valterre.

— Vous êtes bien méchant pour les dames patronnesses, vicomte, répliqua la comtesse avec une moue railleuse.

De nouveau, le prince questionnait :

— Mais, comment se fait-il que la duchesse, la femme hautaine et dédaigneuse que vous m'avez dépeinte, consente à ces invasions dans son hôtel ?

— Ah ! il y a le Père Boussu...

— Le Père Boussu ?

— Oui. Un saint homme... tenez ce gros jésuite apoplectique que vous voyez là-bas. C'est lui qui dirige toutes les consciences du faubourg, qui organise ces petites fêtes. C'est une puissance... Tout le monde en raffole...

— Pourquoi ?

— La religion, cher, toujours la religion. Au fond, ma noble cousine abhorre ces filles du peuple. C'est peine si elle consentirait à les toucher avec des pincettes. Elle méprise presque autant la bourgeoisie et ne tendrait pas la main aux trois quarts des gens titrés qui se trouvent ici, trouvant leur blason trop douteux. D'un autre côté, avec ses idées de l'ancien régime et ses mœurs austères, elle ne comprend que la vie de famille, des réceptions peu nombreuses, en petit comité. C'est à peine si elle se décide à donner de temps à autre une sauterie où les plus intimes seulement sont convoqués. Pourtant, elle laisse mettre au pillage ses appartements et son jardin dans l'intérêt de l'Œuvre. C'est qu'aujourd'hui la religion est en péril et que tout doit disparaître devant cette considération...

— Qui donc la menace ? demanda Fidé.

— Vous savez bien, le flot révolutionnaire... la démagogie...

— Comment cela se manifeste-t-il ?

— Ah ! pour le coup, mon bon, vous êtes trop curieux.

Il y eut un silence.

— Vous ne m'avez toujours pas montré Mlle de Maubourg, reprit le prince.

— Tiens, c'est juste. La voici, là-bas, au premier rang, avec d'autres jeunes filles, la brune Irma d'Alseperaut... Dans un instant, quand cette machine sera terminée, je vous présenterai... Vous ne la reconnaissez pas ? cette grande blonde, à gauche...

Ma foi si, il la reconnaissait bien. Cette douce figure un peu espiègle, avec les joues roses et les mines d'une pensionnaire, lui était demeurée, sans qu'il sût pourquoi, gravée dans la mémoire. C'est qu'elle lui rappelait vaguement, avec des raffinements de beauté, le visage des femmes de là-bas, des Japonaises de Yedo. Cette ressemblance, mêlée de souvenirs, lui mettait au cœur une douce émotion. Il avait tant souffert par l'Européenne, que maintenant, au sortir d'une crise terrible, il aimait à se rappeler les jolies Japonaises aux pieds fins, si aimables, si peu capables d'inspirer des passions troublantes, et qu'embellissait encore le charme particulier aux choses passées. Cette impression, il l'avait eue, rapide, la première fois qu'il avait rencontré Solange à la porte du palais de l'Industrie, mais, au milieu des graves événements du soir et du lendemain, il l'avait oubliée. Maintenant, elle revenait, plus vive, emplissant son cœur d'un attendrissement.

Le Participe, après des tours sans nombre, ayant fini par s'accorder avec son *Verbe*, la toile tomba. On applaudit, puis avec un empressement à peine dissimulé par la politesse du public, on se leva pour aller au jardin ou au buffet. On félicitait au passage, à la volée, les dames patronnesses.

Le vicomte de Valterre échangeait à voix basse quelques mots avec sa voisine. Elle lança un regard rapide et lui dit en se sauvant :

— Oui, puisque vous le voulez, mauvais sujet.

Alors, Valterre, très content, prit le bras de

Fidé. Traversant la foule, ils arrivèrent rapidement auprès de Mlle de Maubourg.

— Charmante cousine, dit le vicomte en s'inclinant avec une courtoisie chevaleresque, un peu moqueuse, je vous présente mon ami le prince Taïko-Fidé, qui ne vient pas du Japon pour vous voir, mais qui l'eût certainement fait s'il eût pu supposer qu'il existât en Europe une aussi adorable personne.

Fidé, ému, balbutia quelques mots incompréhensibles. Il était devenu tout pâle.

— Vous êtes toujours fort méchant, monsieur, répondit en souriant la jeune fille, mais je vous le pardonne volontiers, vous venez si rarement exercer ici votre méchanceté !

Pendant un instant ils échangèrent encore des plaisanteries. Mlle d'Alseperaut s'était mêlée à la conversation. Le prince, muet, admirait Solange de Maubourg, attachant sur ce visage de vierge blonde ses noires prunelles. De temps à autre, les jeunes filles s'interrompaient pour répondre à des saluts. Valterre, de sa voix railleuse, faisait l'éloge de la comédie.

— Mais, ajouta-t-il, nous ne voulons pas vous accaparer, mesdemoiselles, nous nous attirerions trop de haines. D'ailleurs, il est indispensable que nous voyions le *Grand Théâtre Bambochinet...*

Et, saluant avec son aisance aristocratique, il s'éloigna, entraînant Fidé.

— Elle s'est faite... elle est devenue gentille, ma cousine, dit-il.

— Oui, bien belle, murmura le prince.

Valterre, étonné de l'accent qu'il mettait à ces mots, le regarda :

— Ah! çà, est-ce que vous en seriez amoureux?... Ça serait tordant... Vous n'êtes pas un homme, mon bon ; vous êtes un morceau d'amadou... Ce serait, du reste, un meilleur choix que l'autre... Par exemple...

Il se mordit les lèvres et n'acheva pas sa phrase.

Le vaste jardin de l'hôtel de Maubourg présentait un aspect féerique. Les plus petits recoins avaient été illuminés. Autour du tronc énorme des arbres centenaires, des rangées de lanternes vénitiennes projetaient leurs clartés multicolores sur le vert sombre des feuilles. Des ballons lumineux accrochés aux branches brillaient, pareils à d'énormes vers luisants. Au centre des espaces libres, deux théâtricules étaient installés et tout autour de la grande pelouse verte, les *Enfants de Saint-Joseph*, société chorale d'un cercle catholique, attendaient, rangés en rond, le moment de commencer, vocalisant doucement. Dans les allées, passaient par groupes les invités, mêlant le fouillis disparate de leurs costumes. Le spectacle était vraiment étrange et pittoresque.

— Maintenant que nous avons vu cela, dit Valterre, nous ne ferions pas mal de filer, si nous voulons échapper au *Bambochinet*.

Sans mot dire, Fidé le suivit. En sortant du jardin, ils se trouvèrent face à face avec la duchesse.

— Il paraît que vous critiquez fort notre fête, vicomte, dit-elle. Mlle d'Alseperaut me l'a rapporté. Vous préférez sans doute les bals. Eh bien, dites que je ne vous gâte pas ! Je donne mardi une soirée dansante. Vous y viendrez ? Solange compte sur vous. Ce sera tout à fait intime.

Valterre fit un signe d'acquiescement.

— Monsieur le prince voudra-t-il vous accompagner ? Je suis très sans-façon, dit-elle de sa voix fière, mais c'est ainsi qu'on pratique l'hospitalité vraie.

Taïko-Fidé remercia. Ils s'éloignèrent.

— Vous êtes vraiment privilégié, remarqua le vicomte. Il est rare que Mme de Maubourg prodigue ainsi ses invitations... Après ça, peut-être veut-elle vous convertir, vous aussi... Pour ma part, je crois que Mlle d'Alseperaut réussirait mieux...

— Il faut le lui proposer.

— Ah bien, oui, les jeunes filles, c'est trop dangereux...

— Dangereux ?

— Oui, parce qu'on est exposé à les épouser, — ce qui est contraire à mes principes.

Et Valterre, railleur, alluma un havane avant de remonter dans sa voiture. Au loin, assourdis par les bâtiments de l'hôtel, on entendait les éclats de voix de la Société de Saint-Joseph, exécutant une cantate sous les arbres du jardin. Fidé éprouvait comme un regret d'être sorti si rapidement. Il lui semblait que dans le vieil hôtel de la rue de Lille quelque chose de lui était resté.

X

RUE DE LILLE

Quelques bonnes amies de Cora, au courant de sa mésaventure, s'étaient moquées de sa jolie vengeance, ce qui la mettait dans des rages bleues et troublait complètement sa cervelle exaltée. Estourbiac, à peu près guéri, devenu son amant en titre, ne semblait pas pressé le moins du monde de recommencer la dangereuse partie de Maisons-Laffitte. Grâce à une savante manœuvre inspirée à Cora, et au bruit fait par son duel, il était entré au *Tout-Paris* avec une situation assez modeste, il est vrai, mais qu'il espérait bien améliorer, et son seul regret provenait de ses relations perdues. En effet, le monde des viveurs lui battait un peu froid, depuis son article contre le prince Ko-Ko. Cela faisait en outre l'objet de continuelles disputes entre Cora et lui. Un jour, exaspérée par l'idée qui la hantait, elle s'écria :

— Que tu veuilles m'aider ou non, je me vengerai... Je le tuerai !..

Il sourit doucement sans répondre, très incrédule. Pourtant, à la suite de cette exclamation mélodramatique, voyant qu'elle gardait un silence sombre durant plusieurs jours, et qu'elle paraissait méditer quelque chose, il commença à s'inquiéter. Avec sa tête de linotte et les idées baroques qui la prenaient parfois, il la savait capable de toutes les sottises.

Un soir, il la surprit, lisant attentivement une affaire d'assises ; il s'agissait d'une jeune femme accusée d'avoir défiguré un amant infidèle en lui jetant au visage le contenu d'une fiole de vitriol. Le jury l'avait acquittée. A table, ils discutèrent la décision des jurés. Cora trouvait qu'ils avaient eu bien raison. A la place de la femme, elle agirait comme elle. Cela devenait bête, à la fin, de voir toujours les femmes sacrifiées sans qu'elles pussent rien dire. Si on prenait l'habitude de se venger, les hommes regarderaient à deux fois avant de vous lâcher. Estourbiac exprima gravement son opinion. Il pensait qu'on s'engageait dans une voie déplorable. Quels que soient les torts de l'homme, on n'a pas le droit de le tuer. Il est défendu de se faire justice soi-même. Sans quoi, c'en est fait de la civilisation, on retourne à l'état de barbarie...

— Et si personne ne veut vous rendre justice ? reprit Cora.

Ils se querellèrent. Estourbiac haussa les épaules. Cora, obstinée, montra du doigt le titre de l'article et dit :

— Je ferai cela.

La résolution farouche qui brillait dans ses yeux donna des inquiétudes au journaliste. Il se promit de la surveiller. Un soir, en rentrant, il trouva sur le guéridon quelques mots griffonnés à la hâte par Cora, au travers d'un morceau de papier.

C'est pour ce soir. Lorsque tu liras ceci, je serai vengée.

CORA.

Décidément, c'était vrai, cette fille tenait à faire du roman-feuilleton. Il ne perdit pas de temps à réfléchir et, arrêtant une voiture, il donna l'adresse du prince en promettant un fort pourboire. Le cocher enveloppa ses rosses d'un violent coup de fouet qui les fit sauter des quatre pieds. Arriverait-il à temps ? Il le fallait à tout prix. S'il pouvait sauver le prince, cela ferait oublier la vieille histoire. D'ailleurs, après le duel de Maisons-Laffitte et sa liaison assez malpropre, ne l'accuserait-on pas de complicité avec Cora ? Il se mordait les lèvres d'impatience. Taïko-Fidé n'était pas chez lui. On donna à Estourbiac l'adresse de Mme de

Maubourg. Il se rejeta dans sa voiture qui partit au galop.

C'était justement ce mardi soir, où les deux amis devaient aller à une sauterie chez la duchesse. Par un hasard assez extraordinaire, ils ne s'étaient pas revus depuis la fête de l'Œuvre des Banlieues. Fidé, décidément atteint de mélancolie, ne sortait point, s'abîmant en des rêveries où persistaient les images de Juliette Saurel et de Mlle de Maubourg, l'une douloureuse, l'autre souriante. Le vicomte de Valterre vint, le mardi dans l'après-midi, trouver le prince. Il était un peu pâle, avec des yeux agrandis, fatigués, mais il paraissait plein d'une joie exubérante, causant vivement, fredonnant des airs, ne pouvant demeurer en place :

— Vous avez l'air, mon cher Valterre, de sortir d'une boîte à musique, dit Fidé ébahi.

Le vicomte se mit à rire.

— Pas précisément...

Puis, brusquement, il frappa sur l'épaule de Fidé.

— Cher bon, on a beau dire... Il faut que nous soyons crânement bêtes tout de même... Il n'y a que les femmes du monde : discrètes, spirituelles, délicates... Comment diable peut-on leur préférer Nini Patte-en-l'Air ou Berthe Galoche ?

Le prince le regardait, émerveillé de cet accès de lyrisme.

— Bon, voilà que je dis des bêtises, maintenant !... Ah ! cher, quelle délicieuse semaine j'ai passée !... Voilà comme je comprends la femme...

Il se tut soudainement. Pendant tout le temps du dîner, ils causèrent de l'amour.

— C'est bizarre, remarqua Fidé, vous comprenez l'amour comme un sentiment passager, sans importance, devant à chaque instant changer d'objet. Moi je le conçois infini, immuable. Pourtant je suis le Japonais et vous le Parisien...

Ils discutaient encore, en sortant. Ils s'habillèrent et partirent pour la rue de Lille. Le prince se réjouissait à l'idée de revoir Solange de Maubourg, et Valterre, qui pourtant d'ordinaire détestait ces soirées, paraissait également joyeux. Arrivés au milieu de la rue de Lille, ils descendirent de la voiture. Presque en même temps, Estourbiac, sautant à bas d'un fiacre, courait vers eux en criant :

— Prenez garde !

Il avait vu Cora qui s'élançait, sortant d'une encoignure et dissimulant quelque chose dans sa main droite. Brusquement, elle se planta devant Taïko. Heureusement, le vicomte eut le pressentiment d'un malheur et, s'élançant désespérément, il saisit le bras de la jeune femme au moment où elle le ramenait en avant. Un liquide jaunâtre, écumeux, s'échappa d'un flacon ouvert qu'elle brandissait, mais l'intervention de Valterre empêcha le vitriol d'atteindre le visage du prince et les vêtements seuls furent inondés.

Estourbiac poussait des exclamations, injuriait Cora, tenant à dégager sa responsabilité. Puis il s'adressa à Fidé :

— Par bonheur, vous n'êtes pas atteint dangereusement. Je venais pour vous prévenir. En de pareilles circonstances, les dissentiments disparaissent... Il faut vite changer de vêtements.

On fit entrer le prince dans la maison la plus proche, on le déshabilla et on lui versa de l'eau froide sur le corps. Quelques gouttelettes acides seulement, traversant le drap, corrodaient le peau. Le visage était intact.

— Habillez-vous comme vous pourrez, dit le vicomte, pâle encore d'effroi, nous allons livrer cette furie à la justice.

Cora, le visage décomposé, l'œil hagard, demeurait muette, fronçant les sourcils, un peu effrayée à l'idée du commissaire de police, mais contente de l'effet produit.

— Non, répondit Fidé, tranquillement, laissez-la aller, je lui pardonne. Je vous remercie, Valterre. C'est un service de plus dont je vous suis redevable...

— Monsieur, continua-t-il en s'adressant à Estourbiac, j'espère que nous nous reverrons dans des circonstances moins agitées. Voici ma main.

Le journaliste la prit, balbutia encore quelques

explications, puis tout-à-coup redevint très familier. Enfin il sortit.

La gravité même du danger couru donnait au Japonais un sang-froid particulier. Il s'exprimait lentement, avec une sorte de tranquillité un peu affectée :

— Cher bon, reprit-il, veuillez faire avancer la voiture pour que nous retournions chez moi. Je m'habillerai. Il ne faut pas que nous arrivions trop tard à l'hôtel de Maubourg. Je tiens à répondre à la gracieuse invitation de la duchesse.

Une heure après, un laquais les annonçait dans le salon de Mme de Maubourg.

— Toujours en retard, vicomte, dit gaiement la vieille dame.

Valterre s'inclina sans mot dire. Il avait été convenu qu'on garderait le silence sur l'événement.

Les invités, ce soir-là, ne ressemblaient guère au mélange bizarre de la fête précédente. La réunion, peu nombreuse, triée sur le volet, passée au crible de l'orgueil et des préjugés nobiliaires, se composait en majeure partie des alliés de la famille et comprenait les noms les plus illustres parmi la vieille noblesse française. Seuls, un ambassadeur de Russie au Brésil, en villégiature à Paris, le prince Fidé et le compositeur Otto Wiener faisaient tache. On invitait ce dernier à cause de son talent, comme on eût loué une serinette remarquable, et l'opinion qu'on avait de lui tenait le milieu entre l'objet de curiosité et le chien havanais de la duchesse. Quand on lui adressait la parole, c'était avec une sorte de mépris affectueux et les compliments qu'on lui faisait lorsqu'il venait d'exécuter un morceau, étaient prononcés d'un ton de protection.

Il y avait, dans le salon, peu de jeunes visages : la baronne d'Hautfort, la comtesse de Barrol, Solange de Maubourg et sa sœur Berthe de Lomérie, la vicomtesse de Lunel, Irma d'Alseperaut, pour le côté femmes, Valterre, Fidé, MM. de Lomérie et de Lunel, Gontran de Maubourg parmi les hommes. Otto Wiener ne comptait pas. Tous les autres avaient dépassé la quarantaine, largement pour la plupart. Les toilettes de demi-soirée, très peu décolletées, accentuaient encore l'aspect sérieux de la réunion.

En attendant une petite pièce, qui devait précéder la sauterie, on conversait par groupes, autour de la cheminée. Les assistants faisaient des efforts pour trouver des sujets intéressants et dès que quelqu'un parvenait à sortir des banalités ordinaires, tous à l'envi élevaient la voix, heureux de la découverte, élargissant les commentaires. Notamment, le vieux James de Thierry, un gâteux vénérable, exaltait le dernier sermon de ce miraculeux Père Boussu, un ange égaré sur la terre,

Le grand salon dégarni des vieux meubles sévè-

13.

rement ornés qui lui donnaient un aspect moyen-âge, avait perdu son caractère de gravité antique. Les sièges conservés autour du foyer et dispersés selon la fantaisie de chacun, ne parvenaient pas à remplir le vide ménagé pour la danse. C'était la salle de conversation d'un grand hôtel, ce n'était pas le cadre d'une réunion intime.

Après quelques manœuvres savantes, le vicomte, se débarrassant du jeune Gontran qui recherchait son amitié pour se lancer, s'approcha de la comtesse de Barrol. Dès son entrée, il avait échangé avec elle un sourire et maintenant ils causaient à mi-voix, éclatant par instants en de petits rires, tandis que la vicomtesse de Lunel, dans un groupe entre l'ambassadeur, les deux filles de la duchesse et le prince, les surveillait, fronçant rageusement ses beaux sourcils noirs. Les conversations s'animaient un peu. Gontran, dépité de l'inattention de Valterre, taquinait Irma d'Alseperaut, à laquelle on le fiançait depuis longtemps. L'ambassadeur, ayant disserté d'un ton prud'hommesque sur les inconvénients et agréments des pays chauds, questionnait le prince, parlait de l'Orient, statistiquait les différences de mœurs et d'usages. Tout à coup la vicomtesse de Lunel qui, depuis un instant, tapotait avec impatience le bout de sa mignonne bottine contre le parquet, interpella Mme de Barrol.

— Vous aviez quitté Paris ces jours passés, Marguerite ; on ne vous a point vue ?

La comtesse tressaillit. Elle eut une nuance d'hésitation.

— Oui, j'étais en province...

— C'est ce que j'ai dit à M. d'Arpajon. Il prétendait vous avoir rencontrée à l'Opéra, un soir.

— Je crois bien que le marquis ne voit pas très clair, interrompit Valterre. Ne m'a-t-il pas conté un jour qu'il vous avait aperçue au Bois à sept heures du matin.

La vicomtesse se mordit les lèvres. Mme de Maubourg annonçait la comédie de salon. Les laquais disposèrent les paravents.

La chose, commise par M. de Lunel, qui se piquait d'avoir des lettres, était comme d'ordinaire une saynète à trois rôles, Monsieur, Madame et la bonne, personnage muet, tenant lieu de la porte dans : *Il faut qu'une porte soit ouverte ou fermée*. M. de Lunel qui jouait le rôle d'homme avait essayé vainement de faire répéter la vicomtesse. Elle s'y refusa énergiquement. Mme de Lomérie, au contraire, saisissait cette occasion de montrer une toilette nouvelle. Et ils commencèrent une série de discussions fades, de tirades interminables, étalant tous les lieux communs sur l'amour et les domestiques, toute la pauvreté banale des conversations de salon. Mme de Lomérie entièrement à sa toilette, soignait ses attitudes, débitait ses répliques d'un air ennuyé qui disait clairement :

— C'est ridicule mais il faut bien que quelqu'un le fasse et je m'en moque.

Au contraire, M. de Lunel, un gentleman un peu âgé déjà, plein de correction autant que dépourvu de cheveux, mettait dans son jeu une conviction pleine de gravité, partagé entre le respect de son œuvre et sa raideur digne d'homme du monde. Et cela était très ridicule et prodigieusement fastidieux.

L'assistance écoutait pourtant attentivement, s'ennuyant avec distinction. On applaudissait discrètement des intentions auxquelles l'auteur n'avait jamais songé, on s'exclamait aux platitudes soulignées avec exagération. Il y eut pourtant un soupir de soulagement à la fin.

On enleva rapidement les paravents, les fauteuils furent disposés dans les coins. Le violon de l'orchestre accordait son instrument. Un quadrille commençait. Solange, entraînée par M. de Lunel, se plaçait en face de Valterre, conduisant Marguerite de Barrol. On réclamait de nouveaux danseurs. Les vieillards refroidis, hésitaient. Le prince s'excusa.

Tandis qu'on sautait en mesure, il ne pouvait se lasser d'admirer la beauté jeune et superbe de Mlle de Maubourg. Sur ses joues veloutées, l'animation et le plaisir de la danse mettaient un incarnat qui la rendait plus ravissante. Décidément, il l'aimait. C'était sot, absurde, impossible et pourtant c'était vrai. Certes sa folle passion pour Juliette Saurel n'était pas complètement étouffée; en songeant à elle, il sentait encore son cœur se serrer. Mais, avec Juliette, il avait souhaité une vie ardente à Paris, au milieu de la civilisation raffinée, vie entremêlée d'âpres jouissances et d'amertumes délicieuses. Maintenant encore il lui semblait que les tortures venues d'elle seraient suivies de plaisirs aigus qui le feraient mourir en des voluptés infinies. Avec Solange, au contraire, il rêvait une existence toute de calme, de tranquillité, de joies douces et contenues où se mêlait inséparablement la vision des jardins de Mionoska, du vieux Fousi-Yama et des chères choses de là-bas, tant méprisées jadis. Ah! cela eut été le bonheur! Mais pouvait-il espérer que la fille de l'orgueilleuse patricienne, la millionnaire descendante des Maubourg et des d'Arvaroy répondit à sa passion bizarre ? Qu'était-il? un Oriental, un Japonais, une sorte de curiosité à Paris, qu'on invitait à ce titre seulement. Il se sentait humilié, lui petit, jaunâtre, lorsqu'il se comparait à son ami le vicomte de Valterre, si élégant, si aristocratique, si finement distingué...

Entre deux figures de quadrille, Berthe de Lomérie prit à part Mme de Barrol et la questionna. Solange, s'approchant, écoutait curieusement. Cette conversation était sans doute fort intéressante, car les jeunes femmes la reprirent un instant après. A son tour, la vicomtesse de Lunel s'approcha. Maintenant, toutes jetaient du côté du prince des regards curieux. La duchesse, remarquant ce manège, crut qu'on s'étonnait de ne pas voir le jeune homme prendre part au quadrille. Elle alla vers lui :

— Ne dansez-vous pas, prince? demanda-t-elle.

Fidé s'excusa. Il danserait dans un instant; seulement il ne connaissait pas suffisamment le quadrille. Il préférait se risquer dans une danse de caractère. Il tâcherait d'être le moins japonais qu'il se pourrait...

— Justement, reprit la comtesse, M. Otto Wiener va exécuter une de ses valses les plus appréciées.

Dès que le quadrille fut terminé, Fidé se dirigea vers Mlle de Maubourg. Il avait, en l'invitant, un tremblement léger dans la voix. Solange accepta. Un instant après, ils valsaient, au rythme berceur des instruments. Tandis que Mlle de Maubourg effleurait à peine la terre de ses pieds mignons, Fidé, pâle, la poitrine oppressée, allait d'un mouvement doux, sans réfléchir, s'abandonnant au plaisir d'enlever entre ses bras le corps flexible et gracieux de Solange. Il n'éprouvait pas alors ces désirs furieux que Juliette Saurel ui avait inspirés. Une joie douce et pénétrante envahissait son âme, faisant vibrer tout le sentimentalisme nerveux de sa nature exceptionnelle, lui donnant le mélancolique désir de mourir ainsi, puisqu'il ne pourrait mériter jamais l'amour de cette enfant.

Tout à coup, il entendit la voix mutine de Solange qui lui disait :

— Vous ne souffrez pas, au moins ?

— Non, mademoiselle. Mais, pourquoi me demandez-vous cela ?

— Pourquoi ?... dame !... écoutez... Mme de Barrol nous a dit ce qui vous était arrivé ce soir...

— Ah ! madame de Barrol... Alors c'est le vicomte qui m'a trahi...

— Justement... il paraît qu'il n'a rien à lui refuser.

— Savez-vous que c'est très méchant, ce que vous dites là, mademoiselle ?

— Vraiment !

Elle fixait sur le prince ses grands yeux interrogateurs. La première fois qu'elle l'avait vu, elle ne l'avait pas remarqué. Maintenant, elle savait son histoire, à peu près; on lui avait raconté l'amour de Cora, le duel à Maisons-Laffite, l'attentat de la soirée. Ce jeune homme au teint brun, aux traits presque européens avec des détails de lignes rappelant l'Oriental, venant de si loin, menant la vie à grandes guides et se montrant d'une bravoure à toute épreuve, d'une délicatesse féminine inconnue de ses compatriotes, l'intéressait. Elle se sentait prise pour lui d'une sympathie plus grande encore, en voyant son visage empreint d'une tristesse étrange, nostalgique. Un moment ils cessèrent de valser et firent en marchant et conversant, le tour du salon. Ils causèrent comme de vieux amis. Très simplement, Fidé raconta en détail l'affaire de Cora, gardant le silence sur ses précédentes relations avec cette femme. Puis, Mlle de Maubourg lui posa une série de questions sur le Japon. Elle voulait savoir comment on vivait là-bas, quelle était la famille de Fidé, de quelle manière il avait été élevé, quelles raisons l'avaient décidé à venir terminer ses études en France. Le jeune homme lui donnait tous ces renseignements avec un luxe de détails et d'images, se laissant aller à de poétiques descriptions, parlant dans un attendrissement communicatif de la patrie, de son père, des années juvéniles passées à Mionoska, puis à Kioto. Ils valsèrent encore un instant. En revenant s'asseoir, Solange promit à Fidé de danser de nouveau avec lui pendant la soirée. Alors très joyeux, il rejoignit Valterre qui soutenait un brillant tournoi d'esprit contre la vicomtesse de Lunel. On fit silence en le voyant approcher. Évidemment il s'agissait de lui. Toute la partie féminine de l'assistance se trouvait là, sauf

Solange et Irma d'Alseperaut. Evidemment la discussion avait bien posé le prince dans l'estime des dames. Elles se montrèrent extraordinairement aimables à son égard, prises d'un intérêt soudain. Madame d'Hautfort, l'influente amie de Mme de Maubourg, invita Fidé à un petit raout qu'elle donnait le jeudi suivant. Berthe de Lomérie, moins prudente que les autres, le regardait avec effarement, comme si elle eût cherché sur son visage des traces de vitriol. Gontran de Maubourg, enthousiasmé par ce qu'il venait d'apprendre, passa familièrement son bras sous celui de Taïko-Fidé et se mit à lui parler femmes. Il connaissait l'histoire de Cora; c'était crevant, parole d'honneur! Il n'y avait plus moyen de s'amuser avec cette mode vitrioleuse ! Il y en avait une... de chez le père Monaïeul, qui l'avait menacé de le tuer, lui aussi... mais il s'en moquait comme de ça. Il y avait des p'tites très chic, chez Monaïeul, même qu'il voudrait joliment y être en ce moment. C'est rasant, les soirées de famille... on n'a pas idée de ça !..

Le prince, ennuyé de ce bavardage, cherchait à s'esquiver. Mais Gontran, très fier de causer intimement avec un héros, continuait : Lui, en fait de réceptions, il ne comprenait que les réunions nombreuses, avec beaucoup de jeunes gens, de jeunes femmes, de jolies toilettes... où on pouvait faire sa cour dans les coins et jouer...

Mais la duchesse ne voulait pas entendre parler de bals semblables. C'est à peine si elle avait consenti à ce que sa fille promît d'aller, le jeudi suivant, chez la bonne douairière d'Antremont qui donnait une grande soirée dansante... En voilà une qui menait une vie amusante, Solange!... Vrai, il la plaignait...

Fidé, intéressé, nota au passage ce renseignement :

— Ah! vous allez jeudi chez la baronne d'Antremont?

— Pas moi, ma sœur... je fais la fête, ce soir-là... je soupe chez Brébant...

Le prince dissimula un sourire. Rapidement, il entrevit la possibilité de revoir Mlle de Maubourg.

— Je serais très désireux, dit-il, d'assister à cette soirée... mais je ne sais...

— Oh! ce n'est pas difficile... Venez, je vais vous présenter à la baronne, elle vous invitera tout de suite... vous verrez...

Taïko-Fidé se laissa entraîner dans un coin du salon où la petite douairière faisait des grâces au milieu d'un cercle de gens d'aspect vénérable... Gontran ne s'était pas trompé. Au bout de deux minutes de conversation, Mme d'Antremont, avec des minauderies de l'autre siècle, conviait le prince à sa *petite fête.*

Il remercia.

Deux ou trois fois encore, il dansa pendant la soirée, attendant avec une impatience fébrile le moment de redevenir le cavalier de Mlle de Maubourg. En mettant sa petite main finement gantée dans celle du prince, Solange tremblait légèrement. Elle éprouvait une émotion inexplicable. Un instant ils valsèrent sans mot dire.

— Je songeais à quelque chose d'étrange, dit brusquement le prince... Ainsi, j'aurai eu le bonheur de vous parler longtemps, de valser avec vous... Il me semble que je vous... connais depuis des siècles, et peut-être ne vous reverrai-je jamais ?

— Quittez-vous donc Paris ? s'écria Solange.

— Non, mais Mme de Maubourg reçoit rarement et je ne sais d'ailleurs si elle me fera l'honneur de m'inviter encore...

— Mais nous ne sommes pas des recluses, reprit la jeune fille ; nous sortons...

— Oui. Aussi pourrai-je vous saluer quelquefois, dit le prince avec amertume... Me reconnaîtrez-vous seulement ?

Après une minute de silence embarrassant, il reprit :

— Serez-vous à la soirée de la baronne d'Antremont ?

— Oui, je l'espère ; nous avons promis, du moins. Vous y allez ?

— Maintenant, oui, j'irai... Aurai-je le bonheur de danser encore avec vous ?

— Vous exagérez, dit Solange en riant nerveusement... Mais pourquoi me demandez-vous cela ?

L'orchestre entamait les mesures finales. C'était la dernière danse annoncée. Une atroce douleur serra le cœur de Fidé. Il allait partir...

— Pourquoi ? répéta-t-il. Pardonnez-moi, mademoiselle, ce que je vais dire... je suis bien sauvage, mais bien sincère... parce que je vous aime !...

Elle lui lança un regard étonné, indécis.

— Si vous ne venez point chez la baronne, continua le prince, je penserai que vous me défendez d'espérer...

Puis, s'inclinant, il se tourna vers la duchesse qui s'approchait et prit congé d'elle en lui adressant de vifs remerciements. A la porte du salon, il fut rejoint par le vicomte de Valterre. Comme le matin, celui-ci avait le visage souriant. Il ouvrit un mince papier triangulaire fermé avec une faveur bleue, qu'il tenait caché dans sa main, le lut et le plaça dans un portefeuille en écaille, un joli bijou réservé à cet usage.

— Décidément, il n'y a que les femmes du monde, dit-il en forme de conclusion intérieure.

Fidé, violemment ému, lui mit la main sur le bras.

— Henri, j'aime Mlle de Maubourg.

Le vicomte redevint subitement sérieux.

— Ah ! tant pis ! s'écria-t-il... Alors vous ferez bien d'attendre qu'elle soit mariée ou d'entreprendre un voyage d'explorations... Jamais la duchesse ne consentira à vous accorder la main de sa fille, et celle-ci est trop vertueuse pour devenir votre maîtresse — au moins avant d'avoir un éditeur responsable, ajouta-t-il en riant.

XI

SOLANGE DE MAUBOURG

—

Solange de Maubourg, d'abord stupéfaite par l'aveu inattendu de Fidé, était ensuite demeurée songeuse, répondant distraitement, machinalement aux adieux des invités, désireuse de se trouver seule pour réfléchir. Aimée, elle était aimée ! Cette pensée lui causait un trouble profond, un bouleversement où elle avait peine à retrouver la succession des idées. Aimée ! Aimée ! elle murmurait, répétait ce mot, lui trouvant une douceur surprenante, cherchant à lui fixer un sens précis que tout son être, violemment remué, ne pouvait définir. L'amour, l'amour qu'on voit dans les livres ! Si souvent elle avait entendu la duchesse parler de cela en termes méprisants, tant de fois on lui avait répété l'histoire d'amoureux qui visaient seulement la fortune et considéraient la femme comme l'accessoire d'un portefeuille bien garni! Ce n'était pas vrai pour le prince millionnaire, assurément. Mais aussi, un Japonais! un Oriental, enfant d'une nation à demi-sauvage! N'était-ce pas extravagant, de mêler à la fois dans son esprit un amour possible et cette figure jaunâtre, reconnaissable toujours, malgré son vernis de parisianisme, à certaines taches indélébiles. Pourtant, il la chérissait, elle n'en pouvait douter lorsque vibrait encore à son oreille cet accent passionné, ces paroles si doucement persuasives... *Je vous aime.* Il lui semblait entendre répéter cet hymne de jeunesse et de beauté, cette synthèse des élans de l'adolescence. Mais elle-même?... Non, sûrement, elle ne l'aimait pas, elle ne pouvait pas l'aimer. Cela eut été ridicule entièrement. Elle avait cependant regret d'employer ce mot cruel... L'amour peut-il donc être ridicule? Elle comprenait, maintenant. L'aveu de Fidé répondait à l'état de son esprit. Il avait remué en elle tout un monde d'amertumes, de regrets, de découragements. Voilà pourquoi elle se sentait troublée.

C'est cela. Elle se lassait de cette vie insipide, sévèrement réglée, sans but et sans affection qui la faisait, elle la noble, riche et belle enfant, plus déshéritée qu'une ouvrière. Au couvent, où on l'avait mise de bonne heure, son intelligence naturellement vive et pétulante était comprimée par les sévérités odieuses de la règle. On interprétait à mal ses aspirations les plus innocentes pour l'asservir aux pratiques d'un bigotisme qu'elle détestait instinctivement. Afin de garder intacts ses sentiments, l'enfant se réfugiait dans sa fierté et l'orgueil de son nom patricien et, durant des années, elle demeurait hautaine et silencieuse, intimidant par son attitude ses maîtresses et ses compagnes parmi lesquelles elle ne comptait pas une amie. A seize ans elle revenait à l'hôtel de Maubourg, joyeuse comme un oiseau qui s'envole dans l'azur libre. Mais hélas! pour elle la vieille habitation était un second couvent et la duchesse, d'une parole sévère, avait glacé tous les élans de Solange, toutes ces effusions si longtemps contenues. La jeune fille avait rêvé la liberté, la vie, elle ne faisait que changer de prison et de geôlier! Rarement elle voyait ses sœurs, déjà mariées et lancées dans l'absorbante existence mondaine et Gontran, le seul être qui lui témoignât quelque affection, n'était jamais à l'hôtel. Alors, elle avait repris en pleurant son masque de froideur, isolant son chagrin dans la tristesse des grands appartements vides, contant ses pauvres rêves envolés à mademoiselle de Kartynn son institutrice. La bonne demoiselle consolait Solange, versant elle aussi, des larmes sur sa jeunesse passée, sacrifiée, quoiqu'elle fût belle jadis et désireuse d'amour, mais parce qu'elle était pauvre et vertueuse naturellement.

Cette fois pourtant, Mlle de Maubourg ne confia point à sa vieille amie le sujet qui la préoccupait. Elle garda au fond de son âme son agitation et ses doutes, trouvant parfois un plaisir étrange à se savoir aimée, puis cherchant un moyen d'éloigner d'elle cette passion qui venait subitement troubler sa vie résignée, ne voulant pas causer un chagrin au premier être qui eût éprouvé pour elle un amour désintéressé et cependant, rougissant de honte à la pensée d'encourager le prince.

Par ces raisons, elle hésita longtemps à décider si elle irait ou non à la soirée de Mme d'Antremont. Puis, soit curiosité féminine, soit qu'elle s'intéressât à Fidé plus qu'elle ne voulait le laisser paraître, elle s'y rendit, résolue de tenir le jeune homme à distance par sa froideur. Mais, dès l'entrée, elle vit briller dans ses yeux une telle joie, qu'elle n'osa même lui refuser de danser avec lui.

Le prince aurait voulu exprimer son adoration infinie et pourtant, intimidé par l'indifférence de Solange, pris d'une hésitation soudaine, il sentit le cœur lui manquer et murmura seulement :

— Merci ! Oh ! merci.

Elle n'eut pas l'air de l'entendre et partit de bonne heure, replongée dans ses perplexités, en colère contre elle-même, s'efforçant de distraire sa pensée de cette préoccupation opiniâtre. Le soir, sans un mot d'explications, elle fondit en larmes entre les bras de la bonne Mlle de Kartynn, très inquiète.

— Mon Dieu ! est-ce que je l'aimerais !

Une angoisse accablante, la crainte de nouveaux désespoirs, des sensations inconnues, vives et douloureuses, s'emparaient d'elle, la remplissant d'une appréhension incessante. Cet amour qu'elle avait tant désiré rencontrer, lui causait, maintenant qu'elle le pressentait, une insurmontable terreur et elle cherchait désespérément à reprendre possession d'elle-même.

Taïko-Fidé ne soupçonnait guère ce qui se passait dans l'esprit de Mlle de Maubourg. Dominé par une passion folle, irrésistible, qu'enhardissait son extrême exaltation, il avait fait à la jeune fille la confidence de son amour. Mais bientôt des obstacles immenses, invincibles, lui apparaissaient, accrus encore par la froideur de Solange, chez Mme d'Antremont. Cependant, cette douleur s'effaçait rapidement : le Japonais, avec la mobilité d'esprit de sa race, était surpris et charmé par le spectacle de son amour même, ce sentiment exquis et délicat qu'il s'imaginait si difficilement autrefois. Cette affection profonde l'émerveillait, qui exerçait la pensée à bâtir mille projets charmants, mais irréalisables, fantastiques, avec lesquels il berçait sa mélancolie. Vainement il s'efforçait d'analyser ces sensations nouvelles, cet attachement subit et intense où les désirs ne tenaient qu'une place infime, tandis qu'ils avaient été jusqu'alors, plus ou moins déguisés, raffinés, le mobile de toutes ses passions. Parfois même, de telles idées lui semblaient une offense pour la pâle et chaste vision qu'il adorait et il éprouvait une joie d'enfant à connaître ces nuances de sentiments, jadis lues avec incrédulité dans les livres d'Occident.

Il n'allait plus au cercle. Il vivait chez lui, isolé parmi ses rêves, imaginant en son esprit inventif, des aventures où il accomplissait pour Solange des vaillances extraordinaires. Il parcourait les endroits où il s'attendait à rencontrer la jeune fille et souvent, le soir, passait devant la vaste porte de l'hôtel, désespérément close, avec l'espoir toujours déçu d'apercevoir la chère aimée.

Ainsi, il la revit au dîner de la baronne d'Hautfort où, par une coïncidence étrange, elle se trouva placée auprès de lui. Il fut comme gêné de cette complaisance du hasard. Solange voyant son humilité triste, lui parla la première, et ils causèrent de choses indifférentes. Mais leur secret était prêt à prendre son vol entre chaque phrase. Fidé, enhardi, supplia la jeune fille de lui pardonner son aveu. Elle y consentit et, brusquement, changea de conversation, questionna le prince sur le Japon. Il lui conta alors sa jeunesse, son dégoût des mœurs natales, son violent désir de partir pour l'Europe civilisée. Puis, insensiblement, leur causerie prit une tournure confidentielle ; il répéta l'une de ses discussions avec Valterre, blâmant la légèreté et l'inconstance du vicomte, disant au contraire, de quelle façon immuable, absorbante, il comprenait l'amour. Il s'animait, élevait la voix et Solange, rougissante de cette demi-complicité était obligée de lui rappeler qu'on pouvait l'entendre. La fougue de sa passion le transfigurait, lui donnait une éloquence sauvage, une beauté particulière qui frappaient vivement Mlle de Maubourg. Pourtant elle ne l'encouragea pas. Du reste, il ne demeura guère auprès d'elle. Dès que le repas fut terminé, Mme d'Hautfort accapara le prince dans un coin du salon et engagea avec lui un dialogue, où l'exaltation de son esprit lui permit de briller. La baronne, malgré sa réputation de rigoureuse vertu, était encore d'une beauté très désirable et ses prévenances pour Fidé faisaient bien des jaloux. Lorsqu'il prit enfin congé, elle l'accompagna un instant et, baissant un peu la voix, le pria de revenir le jeudi suivant. On serait moins envahi, réunion tout à fait intime...

Ce jeudi, quand le prince se présenta chez

Mme d'Hautfort, elle poussa une exclamation de surprise :

— Ah ! prince, je suis aux regrets... On a oublié de vous prévenir.,. la soirée est ajournée... Mais, c'est égal, je vous garde.

Il s'excusa, voulut se retirer.

— Non, non, demeurez, reprit-elle d'un ton décidé. Vous en serez quitte pour faire un mauvais dîner... J'attends les Lomérie, que vous connaissez...

La baronne, sévèrement vêtue d'ordinaire, avait ce soir là une robe claire, bordée de malines, moulant son buste de femme de trente ans. Le col, légèrement ouvert, laissait voir un médaillon qui mettait les feux de ses brillants sur la peau mate, un peu brune.

Fidé ne put s'empêcher de trouver étrange cette aventure. Valterre et quelques autres employaient, en parlant de la jeune veuve, des sous-entendus mystérieux. Devant le prince, une fois, on prononçait à son sujet les mots de *corruption savante, raffinements de blasée.* Mais c'étaient là propos de viveurs, ne respectant personne et au contraire, la baronne, amie intime de l'irréprochable duchesse de Maubourg, auxiliaire importante du vénérable Père Boussu, était universellement estimée dans le faubourg.

Mme d'Hautfort, très gracieusement, avait fait asseoir le prince sur une causeuse et babillait, pleine d'enjouement, inventant mille sujets de conversation. Jamais Fidé ne l'avait vue ainsi. Tout à coup, on annonça Mlle de Maubourg. Une vive contrariété se peignit sur le visage de la baronne, en même temps qu'elle se précipitait vers la porte et embrassait Solange qui entrait avec Mlle de Kartynn en criant gaîment :

— Bonjour Herminie. Maman m'envoie te demander à dîner, sans façon. Elle est partie avec les Lomérie et elle a peur que je ne m'ennuie. Tu...

Solange n'acheva pas. Elle venait d'apercevoir le prince, et, devenue toute pâle, elle se taisait. Il s'avança alors et salua. Mme d'Hautfort avait repris sa gravité froide. Elle expliqua la présence de Fidé. Elle était heureuse de la bonne idée de Solange, d'autant plus qu'elle comptait sur les Lomérie.

— Tiens, je suis étonnée qu'ils t'aient promis, dit la jeune fille. Depuis quinze jours leur départ est arrêté.

Il ne fut plus question des Lomérie. Le dîner — un petit repas exquis admirablement entendu — s'écoula, très mélancolique : dans l'esprit des quatre convives, des pensées secrètes s'agitaient derrière la conversation banale. Mme d'Hautfort faisait des frais d'amabilité, un peu contrainte. La bonne institutrice racontait des anecdotes. Solange et Fidé osaient à peine se regarder. La jeune fille ressentait un malaise inexplicable. Quelque chose lui poignait le cœur... Elle songeait à son entrée subite, à l'embarras du prince et de la baronne, et elle allait droit à la conclusion, avec une intuition et une netteté jalouses : Serait-il son amant ? Alors, que lui disait-il donc à elle ? Et penser qu'elle avait pu croire un moment à ses serments d'amour ! Il était donc, lui aussi, trompeur et cruel comme les autres ? Son cœur battait violemment...

Ils descendirent au jardin, respirer l'air rafraîchi du soir. C'était un de ces magnifiques enclos du faubourg Saint-Germain, semé d'arbres de haute futaie, tapissé d'un gazon vert sombre, avec un petit ruisseau artificiel mêlant ses sinuosités aux lacets du sentier et servant de prétexte à des ponts rustiques. On se fût cru à mille lieues de Paris. Mme d'Hautfort était remontée pour donner quelques ordres. Assise auprès des jeunes gens sur un large banc circulaire, la bonne demoiselle de Kartynn n'avait pas résisté aux effets de la digestion. Doucement, sur son épaule, sa tête s'était appesantie. Solange et Fidé, pris d'une même mélancolie, contemplaient le coucher du soleil incendiant l'horizon, piquant de taches d'or le feuillage des tilleuls centenaires. A gauche, de larges bandes étincelantes s'allongeaient, pareilles à des traînées de flammes ardentes. Rutilantes d'abord, par instants, elles se transformaient, devenaient verdâtres, éblouissantes comme du vieil or. Des nuages roulaient par dessus ainsi que des boules laineuses, se rejoignant, s'éloignant, mettant sur le fond éclatant une variété de teintes, des taches purpurines, des lances de feu, des plaques violettes d'une pureté idéale. Tout cela nageait dans le bleu céleste, où fuyaient des nuées envahissant d'autres masses noirâtres, imitant la cime neigeuse des hautes montagnes. Le jour peu à peu disparaissait. Une tranquillité de tombeau couvrait le jardin. Fidé, abaissant son regard sur la jeune fille, songeuse, lui dit d'une voix basse, contenue :

— Ne m'aimerez-vous jamais ?

Elle eut un geste machinal. Au bord de ses cils, mouillés par la tristesse des choses, une larme perlait. Il avait pris sa main. Elle ne la retira pas et frémit seulement un peu lorsqu'il déposa un long baiser sur son poignet, délicatement.

La baronne revenait. Elle surprit Mlle de Kartynn qui s'éveillait en sursaut et fronça les sourcils en regardant Solange et Fidé.

A dater de ce jour, Mlle de Maubourg aima le prince avec toute l'ardeur de ses effusions réprimées, de ses affections sans objet, contenues depuis son enfance. Elle lui écrivit nerveusement, une longue lettre, couvrant de sa fine écriture des pages et des pages, relatant les misères de sa vie, demandant un amour sans partage en échange du sacrifice complet de son existence. Puis elle la jeta à la poste, sans vouloir réfléchir, heureuse de faire l'abandon d'elle-même. Fidé, fou de joie, parvint à lui remettre un billet qui disait tous ses rêves, toutes ses tentatives pour la voir. Elle fut délicieusement charmée. Pendant quelque temps, ils échangèrent ainsi leurs plus intimes pensées, attendant avec impatience des lettres pleines de riens charmants, de menus détails qui les intéressaient parce qu'ils se rapportaient à leur commune affection. Ils se racontaient heure par heure leur existence, leurs méditations, toujours dirigées vers le même but. Et c'était chaque fois des étonnements nouveaux, des ravissements, du bonheur pour plusieurs jours.

Solange qui pouvait difficilement s'isoler avec ses chères pensées, s'était décidée à confier son amour à la bonne Kartynn. La vieille demoiselle, épouvantée d'abord, par affection pour la jeune fille s'était sacrifiée, ayant conscience de ses torts et de la colère de Mme de Maubourg, lorsqu'elle apprendrait sa complicité. La pauvre déshéritée avait trop souffert de ses belles années perdues, desséchées, pareilles à des fleurs fanées, pour n'être pas miséricordieuse aux amoureux. Elle trouvait un amer plaisir dans le spectacle de cette jeune passion pleine d'emportements et d'infinies tendresses. Parfois, après les naïves confidences de la jeune fille, la pauvre créature, torturée, le cœur plein de vagues et incommensurables regrets, s'enfermait et, sanglotant convulsivement, elle murmurait :

— On ne m'a jamais dit ces choses, à moi. On ne m'a jamais aimée !

M{^{lle}} de Kartynn servait d'intermédiaire pour la transmission des lettres. Rarement les jeunes gens se rencontraient et ces entrevues étaient toujours dangereuses, car l'amour se lisait dans leurs yeux, malgré leurs efforts pour le dissimuler. Fidé n'avait plus reparlé à Valterre de sa passion. Un jour, cependant, le vicomte lui donna très amicalement à entendre que leur secret était deviné. Sans paraître en croire un mot, il répéta des allusions transparentes échappées à la vicomtesse de Lunel.

— Elle a une langue affilée et dangereuse, la vicomtesse, conclut-il.

Et il causa d'autre chose. Le prince se tint pour averti. Il écrivit le soir même à Solange et lui répéta la confidence de Valterre. Pour tout au monde, il ne voulait pas compromettre sa chère mignonne, et le meilleur moyen d'éviter tout danger était de demander la main de Solange. Il était suffisamment riche, noble, il se ferait au besoin naturaliser Français.

M{ille} de Maubourg répondit. Certes, cela valait mieux et c'était d'ailleurs leur intention commune. Mais la démarche de Fidé paraîtrait peut-être étrange, venant sans préparation. Elle préférait, quoiqu'elle tremblât de crainte par avance, avouer d'abord son amour à la duchesse.

Mme de Maubourg était avec le père Boussu, de la Compagnie de Jésus, lorsque sa fille lui fit demander la faveur d'une entrevue particulière. Elle ordonna de faire entrer, étonnée de cette circonstance inattendue. Solange, quoique un peu gênée par la présence du jésuite, s'avança d'un pas ferme au milieu de la solennité du salon d'apparat :

— J'aurais quelque chose de particulier à vous dire, madame.

La duchesse, retenant, d'un coup d'œil le Père qui s'était levé, répondit à Solange qu'elle pouvait parler.

La jeune fille avait trop conscience de la gravité de son aveu, pour que la présence d'un tiers pût la faire hésiter longtemps. Lentement, le regard fièrement levé, elle révéla son amour pour le prince Taïko-Fidé.

Mme de Maubourg demeura un instant stupéfaite, confondue. Puis elle haussa dédaigneusement les épaules :

— Je pense que vous êtes folle, dit-elle.

La jeune fille, pâlissante, répéta résolûment sa conclusion :

— J'aime le prince, madame, et j'ai tenu à vous avertir avant qu'il ne vienne vous demander ma main.

Pour le coup, il n'y avait plus à douter. Solange disait vrai ; ce que la duchesse prenait d'abord pour un caprice de fillette, devenait plus dangereux ; enfin, chose grave, le prince connaissait les sentiments de Mlle de Maubourg. La grande dame faillit avoir une attaque d'apoplexie. Elle devint successivement rouge de colère et de honte, puis blême, puis verte : Sa fille, une Maubourg, avoir des idées aussi saugrenues !... C'est qu'en vérité, cette pécore paraissait croire qu'on pût la prendre au sérieux !... Faire ainsi effrontément l'aveu d'une passion criminelle !. Il fallait qu'elle eût perdu toute retenue, toute pudeur... Si, encore, dans son dérèglement, elle eût jeté les yeux sur un gentilhomme !... Mais une espèce ! un Chinois ! on ne sait quel original ridicule, qu'elle avait accueilli dans son salon à titre de bête curieuse !... Allons donc ! c'était de la folie !..

A ces emportements, à ces injures, Solange répondait inébranlablement la même phrase :

— Je l'aime.

Mais elle voulait donc, la malheureuse créature, faire la honte éternelle d'une maison qui remontait aux Croisades ?... Songer à une telle mésa liance, elle qui appartenait à une des familles les plus chrétiennes d'Europe !... Epouser un barbare, un païen !...

La jeune fille, toujours calme, répétait :

— Je l'aime, madame.

Alors, la duchesse, au paroxysme de la colère, se redressa, exaspérée :

— Je crois, dit-elle, que je discute avec vous, par ma foi ! Mais il y a assez longtemps que cette sotte comédie dure. Le duc James de Thierry m'a demandé votre main... j'avais différé à cause de votre jeunesse... mais je vois que vous n'avez point perdu de temps. Je vais lui écrire. C'est une grâce que je vous fais, quoique vous en soyez peu digne. Je devrais vous enfermer dans un couvent. En attendant la réponse du duc, vous irez faire une retraite chez les dames Carmélites, cela vous ramènera sans doute à des sentiments moins excentriques.

Solange ouvrait la bouche pour répondre, mais la duchesse, d'un geste dédaigneux, lui coupa la parole et sortit en disant :

— Vous partirez dans une heure.

Le bon Père Boussu, dans un coin, regardait attentivement les tentures...

Le prince était très inquiet. Depuis plusieurs jours, il n'avait rencontré ni Solange ni les de Maubourg. Aucune lettre ne lui était parvenue.

Il se présenta à l'hôtel de la rue de Lille. On lui répondit que la duchesse et sa fille étaient absentes. Le cœur plein de pressentiments terribles, il se rendit à une nouvelle soirée chez la douairière d'Antremont. Solange, qui devait s'y trouver, ne parut pas. A la fin, il ne put y tenir et, prenant un air indifférent, il s'approcha de la vieille dame :

— Nous n'avons pas vu Mme de Maubourg, ce soir ?

— Ce n'est pas surprenant, répondit Mme d'Antremont, elle est partie pour son château du Berry... A propos, vous savez que Mlle de Maubourg se marie ?

Fidé demeura abasourdi, blême de surprise.

— Ah !... avec qui ?

— Ah ! ça, par exemple, je vous le donne en mille à deviner : avec le duc James, vous savez, mon ami d'enfance... Il y a longtemps, ajouta la bonne douairière de sa voix doucement ironique, il y a longtemps qu'il n'avait plus joué à la poupée...

Le prince n'eut pas la force de demander des détails. Il prit congé de la vieille dame en balbutiant et s'élança dans la rue.

Qu'allait-il faire ? N'était-il pas fou, après tout ? Ce bruit pouvait n'être qu'un commérage comme il en éclôt tant dans le monde, et le choix même du mari devait en démontrer la fausseté. Mais pourquoi Solange ne lui écrivait-elle point? Comment savoir ce qui s'était passé? Le plus sûr en tout cas, n'était-il pas de demander la main de Mlle de Maubourg?

Tout de suite il pensa à Valterre. Lorsqu'il arriva au petit hôtel du vicomte, un coupé brun, sans armoiries, stationnait devant la porte. En gravissant l'escalier, Fidé heurta une femme qui descendait. Elle laissa échapper un léger cri, et, malgré le voile épais qui couvrait son visage, le prince reconnut la jolie vicomtesse de Lunel. Elle venait donc rendre visite au vicomte, elle aussi; cela expliquait ses mots méchants à l'adresse de Marguerite de Barrol.

Valterre se trouvait encore à la porte de son cabinet de travail, lorsque le prince y parvint. Lui, qui possédait une aisance incomparable, il eut une nuance d'embarras. Mais cela passa vite. Fidé, sans s'arrêter, sans saluer presque, conta tout d'une haleine l'histoire de ses relations avec Mlle de Maubourg. Il termina en priant Valterre de vouloir bien présenter sa demande. Le vicomte l'écoutait attentivement :

— Vous n'avez pas voulu me croire, dit-il... Il est clair que lorsque Solange a fait ce bel aveu à la duchesse, la première pensée de ma cousine a été de la marier tambour battant au premier soupirant venu de ses amis. Elle a choisi le duc de Thierry comme le plus indulgent. Je veux bien partir demain pour vous tranquilliser; je ferai tous mes efforts... mais je crains que cela ne soit inutile, mon cher bon. Fussiez-vous archimillionnaire et le mikado lui-même, vous demeureriez toujours un païen, un mécréant, c'est-à-dire quelque chose d'horrible, aux yeux de Mme de Maubourg. Enfin, j'essaierai...

Il prit l'express suivant, malgré son horreur bien connue pour les déplacements et les chemins de fer. Le lendemain soir, il était de retour, brisé de fatigue. Fidé l'attendait.

— Rien à faire, mon pauvre ami... C'est à peine si j'ai pu voir la duchesse, et ç'a été pour l'entendre vous injurier et me signifier sa haine. Solange est auprès d'elle, mais soigneusement gardée. Le meilleur, voyez-vous, excellent bon, est d'oublier toute cette histoire et de reprendre votre vie passée. Tenez, justement, Partisane offre à souper ce soir. Il a invité des femmes, des tas de femmes. En êtes-vous ?

— Je croyais qu'il n'y avait que les femmes du monde, dit le prince en souriant tristement. Non, je n'irai pas...

Chez lui, il trouva une lettre de Solange. Elle faisait d'abord le récit de son entrevue avec la duchesse, puis elle continuait :

« Oui, oui, je vous aime et je vous ai toujours
» aimé depuis que je vous ai vu pour la première
» fois. A partir du moment où la volonté inflexi-
» ble de ma mère nous a séparés, il ne s'écoule
» pas un instant sans que je pense à vous...
» j'ai pleuré jour et nuit pendant longtemps...
» Nous retournons à Paris, mais sauf le couvent,
» Mme de Maubourg persiste dans ses projets.
» Dois-je donc être encore une fois sacrifiée et
» souffrir, toujours, toujours... Oh! non... je
» vous en conjure, mon cher amour, employez
» tous les moyens pour fondre son cœur glacé...
» Je ferai de mon côté ce qui est en mon pou-
» voir et alors, j'espère que vous vaincrez.
» Je t'aimerai toujours. »

Vainement Taïko-Fidé tenta de faire agir quelques influences auprès de Mme de Maubourg. Vainement il essaya de forcer la porte de l'hôtel. Mais, grâce à la bonne Kartynn, les jeunes gens s'écrivaient et cela leur donnait un peu de courage. Un jour, par une intervention involontaire du Père Boussu, ils purent se rencontrer à l'église :

« Cher ami, écrivait Solange, je suis toute
» heureuse d'apprendre que je pourrai te voir
» demain. Mon Dieu ! que le temps me semble
» donc long ! Je voudrais être toute la journée

» près de toi et te répéter combien je t'aime,
» combien je suis heureuse de t'appartenir. Tu
» es si bon, qui pourrait donc ne pas t'aimer ?
» Sois demain devant Sainte Clotilde à une heure
» et demie. On m'a chargée des quêtes pour le
» mois de Marie ; tu serais bien aimable de me
» donner une petite offrande. Je couvre de mes
» plus tendres baisers ta douce figure, tes doux
» yeux noirs où j'aime tant me mirer. »

Ils firent, ce jour-là, une provision de bonheur. Malheureusement, la duchesse voulait presser l'exécution de ses projets. Le duc de Thierry venait assidûment et, disait Kartynn, c'était pitié de voir auprès de la blonde et délicate enfant, dodeliner cette tête de gâteux, coqueter ce vieillard qui semblait son grand'père. Solange, au désespoir, eut la pensée de s'enfuir, et l'écrivit au prince, qui trouva assez de force de caractère pour l'en dissuader d'abord. Mais elle persista :

Ils iraient en Angleterre où ils se marieraient ainsi qu'ils l'avaient mille fois projeté ! Après, on serait bien forcé d'accepter les faits accomplis.

« Tu n'y consens pas... Que devenir cependant,
» ajoutait-elle. C'est le mois prochain que ma
» mère veut faire mon éternel malheur. J'ai ma
» robe de noce. Mes gants blancs et mes souliers
» blancs sont achetés. Il faut qu'ils servent, je

» t'en conjure, je serai ta femme quand même,
» maintenant je ne saurais appartenir à un au-
» tre. Écris-moi, console-moi, je suis si abattue..
» Je t'aime, je t'aime, cher fiancé adoré, je veux
» être à toi... »

Alors, tout d'un coup, il se décida. Depuis longtemps, la bonne Kartynn avait renoncé à leur adresser des remontrances. Il fut décidé qu'on l'emmènerait.

Un matin, la duchesse fit conduire sa fille à Notre-Dame. La veille, l'institutrice avait expédié une valise légère contenant la robe de noce et les petits souliers blancs de la chère fiancée. Devant le porche immense, Fidé attendait les voyageuses. Ensemble, ils pénétrèrent sous les voûtes sombres, où, dans la demi-obscurité, les rayons déviés à travers les vitraux traçaient en l'air des sillons de poussière lumineuse et s'étalaient sur les piliers en plaques bizarrement colorées. Tout au fond de l'abside, venait un jour glauque, sépulcral, et dans la vaste nef, d'une tranquillité tombale, par instant, le bruit d'une chaise remuée produisait d'étranges résonnances. Solange, violemment impressionnée, sentant des sanglots lui monter à la gorge, brusquement, se mit à genoux. Après être demeurée un instant la tête entre ses mains dans une méditation que Fidé respecta, elle se releva et dit résolûment en lui tendant la main :

— Partons.

Ils sortirent par la petite porte. Le lendemain ils étaient à Londres.

XII

LES TRUCS DE MONSIEUR BOCAGE.

Monsieur Bocage ancien chef de la sûreté, l'héritier des grandes traditions de Vidocq, habitait une petite maison à deux étages, récemment bâtie au milieu de la rue Oudinot. Jadis, M. Bocage était un personnage important, estimé dans les régions officielles, plein de l'expérience des formalités administratives. Il savait beaucoup de choses et il s'était donné une physionomie mystérieuse qui, laissant soupçonner d'autres arcanes insondés, lui attirait un respect craintif, le faisait considérer presque comme une institution nécessaire. Longtemps, malgré les changements de gouvernement, on hésita à le congédier. Puis, un beau jour, un orage éclata sur sa tête, une malpropre histoire de maison intermédiaire fréquentée par des personnages très en vue et couverte d'une sorte de protection tutélaire. A la première nouvelle des rumeurs qui couraient dans le public, un des clients notables, un général porteur d'un nom illustre, se suicida. Les autres, moins naïfs, réussirent à étouffer l'affaire avant que le scandale devint irréparable. Dans cette circonstance, M. Bocage leur fut d'un grand secours et ils lui gardèrent une reconnaissance mélangée toutefois d'une certaine défiance, parce qu'il avait conservé les papiers les plus compromettants. Cependant, l'indignation publique s'accentua, les journaux bavardèrent et M. Bocage, qui continuait placidement sa petite besogne, fut prié de donner sa démission. On y mit des formes. Le policier ne résista pas trop. Il se retira dignement, comme un fonctionnaire persécuté, gémissant sur l'ingratitude des hommes et emportant un nombre considérable de cartons verts et de dossiers.

C'est alors qu'il vint habiter rue Oudinot, se chargeant d'abord de la police d'un grand magasin de nouveautés, puis ouvrant aussitôt un « *Cabinet d'Affaires* » mettant ses aptitudes spéciales au service des particuliers, tripotant des intérêts considérables où des millions se trouvaient en jeu. M. Bocage avait conservé une grande partie de *ses relations* : il possédait sa police spéciale, souvent recrutée parmi les agents officiels, et constamment, dans son bureau, c'était un défilé de gens à mines hétéroclites, venant entre chien et loup, le visage invisible, plongé dans la cravate, enfoncé sous le chapeau. Le successeur de Bocage n'ignorait pas ces particularités; mais une entrevue amicale, appuyée de petits papiers dissipa tout malentendu et l'élève de Vidocq, désormais tranquille, élargit le cercle de ses opérations. Il mit à exécution une combinaison originale, la *grande idée de sa vie*. C'était merveilleux de simplicité : Monsieur Bocage, très lié avec les grues de haute volée et les garçons des restaurants chics, tenait un registre exact, minutieux, des soupers nocturnes et des adultères parisiens. Cette collection répertoriée notait les frasques des hommes mariés et les amours de leurs femmes. Puis, lors des procès en séparation — qu'on faisait naître au besoin dans les cas intéressants — M. Bocage avec une impartialité louable fournissait aux deux parties, contre argent comptant, des griefs sérieux, les matériaux des plaidoiries. C'était une spécialité bien connue et M. Bocage serait devenu fort riche si cet observateur, cet homme d'expérience n'avait eu pareillement aux autres ses faiblesses. Pour les femmes, il faisait des folies incessantes et aussi, il se ruinait en achats de vieilles gravures, collectionnées avec une ignorance convaincue.

C'est à M. Bocage que la duchesse de Maubourg eut tout d'abord l'idée de s'adresser, lorsqu'un billet laconique lui apprit la fuite de Solange. Elle se fit conduire rue Oudinot et sonna. Au bout d'un instant, la porte s'ouvrit, mais la duchesse étonnée, ne vit personne. Seulement, sur le mur, en face, se détachait une inscription en lettres blanches énormes : *Tournez à gauche, montez un étage et ouvrez la seconde porte à droite.* Tandis que Mme de Maubourg gravissait les marches flexibles de l'escalier, dans une salle voisine, des accords de piano semblaient correspondre à chacun de ses pas. Toute cette machination était l'œuvre de M. Bocage, qui, par respect pour *son art* avait agencé sa maison ainsi qu'un théâtre de féerie. De son cabinet de travail, il dirigeait tout : ce n'étaient que portes secrètes, s'ouvrant par la pression d'un ressort mystérieux, planchers mobiles, tiroirs invisibles, pianos révélateurs. Pour la construction de *ces trucs* M. Bocage avait dépensé des sommes fabuleuses; plusieurs fois il avait failli se casser le cou dans ses oubliettes, ou il avait dû briser des portes dont il oubliait le mécanisme, mais il se fût laissé pendre plutôt que d'abandonner ses fortifications policières.

La duchesse de Maubourg parvint, sans accident, au cabinet de travail. M. Bocage, les yeux dissimulés sous des lunettes bleues, assis dans un coin sombre, derrière un vaste bureau chargé de paperasses, salua la visiteuse d'un léger signe de tête et, sans se déranger, lui indiqua un siège. La grande dame, peu accoutumée à un semblable accueil, gardant le silence, M. Bocage, satisfait de l'impression produite, redressa sa petite tête de chauve-souris et dit brusquement :

— Que désirez-vous ?

Madame de Maubourg raconta la fuite de Solange. Elle voulait reprendre sa fille à tout prix et faire punir le prince. Pour cela elle avait pensé à utiliser les lumières de...

— Diable ! vous allez vite vous, interrompit l'autre en riant ; il est un peu tard maintenant, et le plus sage serait peut-être de les forcer à se marier ; Mlle de Maubourg se trouve légèrement compromise à l'heure qu'il est et il y a quelque chose que M. Bocage ne pourra certainement pas vous rendre...

Le policier parlait toujours de lui-même à la troisième personne avec une considération particulière. Il n'avait pas coutume de se gêner, sachant qu'on ne pouvait guère se passer de lui lorsqu'on invoquait ses services et sa brutalité, comme le reste, était calculée. Il montrait à ce point de vue une grosse finesse de paysan qui le servait merveilleusement. La duchesse blessée répliqua d'un ton hautain que, de toutes façons elle voulait qu'on lui rendît sa fille. Jamais elle ne consentirait à un mariage, jamais ! jamais !!

— Du reste, monsieur, dit-elle en terminant, je suis venue quérir vos services et non vous demander des conseils...

Il reprit :

— Alors il s'agirait, pour le moment, de savoir où se sont réfugiés votre fille et son amant...

Mᵐᵉ de Maubourg fit un geste. M. Bocage continua tranquillement sans paraître le remarquer :

— ... Dans trois ou quatre jours, M. Bocage pourra vous le dire et vous soumettre un plan. Nous avons nos trucs...

Ils discutèrent ensuite la question des honoraires. M. Bocage, pour lui-même, *personnellement*, ne demandait rien, mais il y avait des frais, des intermédiaires à payer. La duchesse termina rapidement en promettant une somme considérable et tirant par avance une liasse de billets qu'elle déposa sur le bureau méprisamment. Pour le coup, le policier devint plus respectueux. Il se leva et reconduisit Mᵐᵉ de Maubourg jusqu'à la porte, disant qu'il était sûr de son affaire, rappelant ses brillantes relations, assurant que M. Bocage aimait à rendre service *aux gens de la bonne société.*

Il n'eut pas besoin de se livrer à de grandes recherches : vingt-quatre heures après, la duchesse recevait une lettre de Taïko-Fidé, datée du cottage de Greenhouse, près de Londres et lui annonçant que le mariage des jeunes gens avait été célébré par un prêtre catholique, à la légation japonaise. Le prince s'excusait respectueusement de sa participation à la fuite de Solange, ajoutant que sa conduite était justifiée par l'affection que lui portait Mlle de Maubourg. Il demandait en termes très dignes, le pardon de la duchesse, protestant de son respect pour la mère de Solange. Dans un court post-scriptum, la jeune fille expliquait que son amour et l'aversion que lui inspirait le duc de Thierry avaient pu seuls la décider à fuir. D'ailleurs, elle s'était hâtée de réparer cette faute en faisant consacrer son union, ce qui avait toujours été leur intention commune. Ainsi elle se joignait à son bien aimé mari pour implorer le pardon de la duchesse, dont elle transgressait les ordres bien à regret.

Un instant après cette lecture, on remit à Mme de Maubourg une lettre du duc James. Avec des tournures très polies, le vieux gentilhomme déclarait qu'ayant appris le sentiment violent éprouvé par Mlle de Maubourg pour un tiers, il rendait à la duchesse sa parole, ne voulant contraindre personne. Le duc ne disait, du reste, pas un mot de l'enlèvement. La duchesse, les sourcils froncés, répondit courrier par courrier. Elle accusait sèchement réception de sa lettre à M. de Thierry. A sa fille, elle intimait l'ordre formel de revenir, disant qu'elle refusait toute compromission, que Solange serait contrainte — au besoin par la force — d'entrer en religion et que le prince recevrait un châtiment sévère. Ces menaces étaient entremêlées d'injures : Jamais, si bas que pût descendre Solange, Mme de Maubourg ne consentirait au mariage de sa fille avec un païen. Ces réponses étant parties, la duchesse pensa qu'il serait bon de prévenir l'ancien chef de la sûreté, afin qu'il avisât de suite et ne perdît pas de temps en des recherches inutiles. M. Bocage haussa les épaules lorsque sa cliente lui rapporta la manière dont elle avait agi ; puis, nettement, brutalement, il l'interrompit :

— Et maintenant, que comptez-vous faire ?

— Mais, obtenir l'extradition de ma fille, qui est mineure, et l'arrestation de cet homme...

— Oui, dit M. Bocage, voilà qui est intelligent... pour que cela dure des années et ne finisse peut-être jamais avec les formalités, les questions de nationalité... sans compter qu'ils doivent se tenir sur leurs gardes, puisque vous prenez soin de les avertir... Tout cela est absurde... Voyons, êtes-vous bien décidée à séparer votre fille du prince par n'importe quels moyens ?

Mme de Maubourg, d'une voix ferme, réitéra son affirmation : jamais, de son consentement, une de Maubourg ne serait la femme d'un païen.

— Alors, conclut M. Bocage, employons la

ruse... Aussi bien, il n'y a que cela de raisonnable...

Il se mit à marcher à grands pas au milieu de son cabinet, monologuant, soignant ses attitudes d'homme très fort, lançant des tirades dont il étudiait l'effet sur le visage de la duchesse :

— La force, la violence, c'est idiot... Ça fait du bruit, ça casse les vitres... il en reste toujours des traces... Neuf fois sur dix on réussit avec l'habileté, trois fois à peine avec la force... voilà la proportion... Usons d'abord des moyens naturels : Un grand écrivain a dit que les premiers ennemis de l'homme étaient ses défauts... C'est toujours par là qu'il faut attaquer... Avec des trucs...

Il s'arrêta brusquement devant Mme de Maubourg :

— Connaissez-vous une femme dans la vie de ce Japonais ?

Elle ne comprenait pas. Il reprit :

— Nous vous demandons si, à votre connaissance, le prince a eu des maîtresses ?

— Oui, une nommée Cora, je crois, répondit-elle. On m'a même conté que cette fille lui avait jeté le contenu d'une fiole de vitriol...

— Et... c'est tout ?

— Oui... du moins tout ce que je sais !

— C'est-à-dire rien... on ne peut pas employer une femme comme ça ; elle serait trop compromettante... Heureusement, nous sommes mieux renseignés que vous... M. Bocage n'a pas perdu son temps...

— Ah !

— Le prince a eu une autre maîtresse dont il était fou et pour laquelle il s'est battu en duel... Ce n'est même pas très vieux.

— En effet, j'ai entendu parler de ce duel.

— Celle-là, nous la connaissons, elle est très forte... elle se nomme Juliette Saurel... Elle pourrait nous servir, mais il faudrait la bien payer, car elle n'est pas femme à se laisser duper... et, murmura-t-il, nous n'avons rien contre elle...

— Je payerai.

— Alors, laissez faire M. Bocage : il la lancera sur les traces de son ancien amant... Ou nous nous trompons fort, ou elle apportera du trouble dans le ménage...

M. Bocage parla longtemps encore, développant son idée, s'efforçant de lui donner des allures machiavéliques. Par moments, une familiarité, une proposition touchant les confins de l'honnêteté révoltaient la duchesse dont le caractère altier admettait difficilement ce système de ruse et de temporisation. Pourtant elle cédait, emportée par son violent désir de dominer et de briser les résistances de Solange qui l'indignaient et l'exaspéraient à la fois.

Trois jours après, M. Bocage se rendit, assez

penaud, à l'hôtel de Maubourg : Juliette Saurel, qu'il avait rencontrée, après l'avoir écouté froidement, s'était obstinément refusée à lui prêter son aide. Mais il ne fallait pas désespérer, il connaissait d'autres trucs, il partirait lui-même...

Les amoureux, dans le cottage de Greenhouse, étaient loin de soupçonner ces machinations contre leur bonheur. Solange vivait une existence nouvelle, radieuse, au milieu de l'atmosphère d'amour et de liberté qui l'entourait. Sa mélancolie disparaissait, faisant place à une gaîté continuelle et douce, qui donnait des joies nouvelles à la tendresse inquiètement protectrice de Fidé. Le silence de Mme de Maubourg, après sa lettre menaçante, les chagrinait, mais ils espéraient se voir pardonner à la fin cette affection qui faisait leur félicité, augmentant chaque jour par les similitudes de pensées qu'ils découvraient l'un chez l'autre. Solange trouvait un ravissement enfantin dans cette condition nouvelle de jeune femme et elle souriait tendrement lorsqu'elle entendait annoncer :

— Madame la princesse Taïko-Fidé.

Maintenant, ses rêves avaient tous un même objet. Elle brûlait d'envie de connaître ce Japon, où le prince était né, et lui-même attendait le pardon de la duchesse afin d'aller là-bas réaliser sa fortune et revenir pour toujours en France avec le vieux Taïko-Naga. Ainsi, ils bâtissaient mille projets, où, toujours, leur amour tenait la première place.

Un matin, Solange reçut enfin une lettre de sa mère. La duchesse ne parlait plus, cette fois, de couvent ni de prison ; elle annonçait même que sa plainte déposée d'abord contre le prince avait été retirée ; avec une certaine froideur ambiguë, pourtant elle engageait encore sa fille à revenir auprès d'elle.

Cela était d'un bon augure. La jeune femme écrivit à sa mère une longue missive pleine d'effusion et d'affectueuses prières, demandant l'oubli d'un passé irréparable. La duchesse répondit immédiatement. Parmi l'enchevêtrement des phrases presque tendres, des circonlocutions aimables, elle maintenait son ultimatum : avant tout, il fallait que Solange quittât l'Angleterre. En même temps, elle annonçait la visite d'un vieil ami à elle, M. Bocage, muni de ses pleins pouvoirs.

M. Bocage en personne suivit de près cet avertissement. Il se présenta à Greenhouse, sous l'aspect d'un vieillard doux et paternel, confit en bonnes paroles, en affectueuses remontrances, la personnification parfaite de *l'ami de la famille*. Après un court préambule, émaillé de gentillesses à l'adresse de Fidé et de Solange, il aborda d'un ton bonhomme le sujet de sa mission : Il venait, pour mettre fin à un malentendu qui avait trop duré déjà. Certainement, il n'avait d'abord aucune envie de se mêler de cette affaire, mais cela lui faisait trop de peine, de voir la division se glisser entre une excellente femme comme la duchesse et d'aimables personnes comme sa fille et son gendre !... Sans compter le scandale qui pouvait rejaillir sur une famille des plus honorables... oui, un scandale horrible !

M. Bocage avait les larmes aux yeux.

— Mais, Monsieur, interrompit Fidé, un peu défiant encore, nous sommes remplis d'affection et de respect pour Mme de Maubourg... Puisqu'elle tient si fort à nous voir auprès d'elle, que ne donne-t-elle son approbation officielle à notre union. Le lendemain, nous serons rue de Lille...

— Sans doute, sans doute, reprit M. Bocage, mais vous connaissez l'orgueil, j'oserai dire l'entêtement de Madame la duchesse. Jamais elle ne consentira à faire ouvertement les premiers pas : Vous avez méprisé sa volonté, elle vous le pardonnera peut-être, mais il faudra que vous ayez l'air de céder...Vous savez bien, ajouta l'ami de la famille, en riant doucereusement, qu'il est imprudent de heurter les obstacles de front, mieux vaut les tourner.

Il parla très longtemps ainsi, onctueusement, ayant constamment à la bouche les mots de *famille, affection maternelle, bons sentiments,* faisant une navrante peinture de l'isolement et de la douleur de Mme de Maubourg.

Solange était émue, mais, malgré tout, le prince se défiait. En somme, le vieux monsieur ne promettait rien, ne prenait aucun engagement. Monsieur Bocage, pour brusquer les choses, frappa un grand coup :

— Je sais bien, dit-il, que vous ne pouvez mettre en doute la parole de Mme de Maubourg. Néanmoins, je veux vous montrer les lettres que cette chère dame m'écrivait à votre sujet. Vous verrez qu'elle attend seulement le retour de sa fille pour oublier le passé et vous accorder son pardon.

Il exhiba effectivement plusieurs lettres où la fière duchesse appelait M. Bocage *son vieil ami* et l'autorisait à promettre en son nom la réconciliation. Le prince ne pouvait hésiter plus longtemps sans paraître soupçonner la bonne foi de Mme de Maubourg. Il se leva :

— Monsieur, dit-il, vous vous êtes noblement acquitté de votre mission délicate et nous vous en savons gré au plus haut point. Néanmoins, il nous est impossible de prendre sur le champ une aussi grave décision. Je vous prie donc, de vouloir bien nous accorder trois jours de réflexion, après quoi je vous donnerai une réponse définitive.

M. Bocage s'inclina, ajouta quelques mots et

prit congé. En sortant, il alla tout droit au bureau télégraphique et mit la duchesse sur ses gardes par dépêche, pensant bien que le prince voudrait contrôler ses assertions. Solange et Fidé avaient, pendant ce temps, une longue et décisive conversation. Le jeune homme se défiait encore :

— Nous nous trouvons parfaitement heureux, ma bien-aimée, disait-il, ne risquons pas notre bonheur à la légère... Ici, nous sommes à l'abri de tout danger, là-bas on peut chercher à nous séparer... Attendons du moins que des mois aient passé sur le scandale de notre fuite...

Solange, doucement, insistait. Elle souffrait de la fausseté de sa position, de la rigueur de sa mère. Certes, si les choses étaient à refaire, elle n'hésiterait pas, son cœur n'ayant pas changé... Mais, pourquoi ne se réconcilieraient-ils pas avec la duchesse, puisqu'elle faisait les premières avances? Il n'y avait plus rien à craindre, maintenant que la plainte était retirée... D'ailleurs, ils étaient mariés devant un prêtre catholique, que pourrait-on exiger de plus? Fidé n'était pas convaincu. Il ne pouvait croire que la duchesse fût ainsi passée de la plus extrême colère à des sentiments conciliants, et il voulait, avant de se rendre au désir de Solange, prendre un dernier renseignement : il demanderait à Valterre d'obtenir de Mme de Maubourg la promesse formelle de ne rien tenter pour les séparer, après leur retour. Solange versa des larmes de joie, en le remerciant ; la pensée que leurs amis de France les méprisaient était pour elle une secrète, mais continuelle torture.

La réponse de Valterre arriva le matin du troisième jour. Le vicomte était allé rendre visite à sa cousine : Mme de Maubourg, contre son attente, l'avait reçu d'une façon fort aimable, paraissant avoir oublié totalement leur entrevue dernière. Elle avouait que la transgression brutale de ses ordres et le scandale de l'enlèvement lui avaient inspiré d'abord une colère violente, mais, ce premier mouvement passé, elle se déclarait prête à oublier les torts de Solange et à pardonner... Elle en prenait l'engagement formel... Seulement, pour sauvegarder sa dignité, elle voulait que sa fille fît des avances... Valterre insistant, elle avait donné sa parole, au cas où Solange retournerait à Paris, de ne pas revenir sur les faits accomplis. Le vicomte communiquait sans aucun commentaire le récit de cet entretien. Pourtant, des termes de sa lettre, ressortait une surprise évidente. Il terminait par des souhaits adressés aux jeunes époux.

Lorsque M. Bocage se présenta à Greenhouse, le soir, Taïko-Fidé n'ayant plus aucune raison de différer sa réponse, lui annonça le prochain départ de Solange... Le policier, ravi, se confondit en exclamations approbatives où revenaient toujours les mêmes phrases : grande joie pour cette bonne duchesse... solution d'un malentendu regrettable... se félicitait, pour sa part, d'avoir contribué à cette heureuse réunion...

Le prince le congédia assez froidement.

Ils partirent par l'express suivant. Madame de Lomérie, venue à la gare du Nord, les reçut et, selon les termes mêmes de la lettre de Valterre, elle répéta que la duchesse désirait voir sa fille seule d'abord. Fidé, à regret, se sépara d'elle et, tristement, revint attendre à son appartement, que Mme de Lomérie le fît appeler. La bonne Kartynn, exceptée du pardon, par Mme de Maubourg, était demeurée au cottage.

Le prince, longtemps patienta, pris d'une anxiété croissante. Enfin, ne voyant rien venir, il se décida à partir pour l'hôtel de Maubourg. Mais l'entrée lui fut refusée et, malgré son insistance, il ne put obtenir d'autre réponse que celle-ci :

— Madame est en voyage avec Mademoiselle.

Envahi par la crainte, Taïko-Fidé se mit à la recherche de Valterre et le supplia de lui venir en aide. Le vicomte s'écria :

— Je m'en doutais. L'accueil de ma cousine devait cacher quelque chose.

Puis il promit de chercher, de s'informer. Bientôt, il put rapporter à son malheureux ami la nouvelle que Mme de Maubourg avait fait enfermer sa fille dans un couvent inconnu, considérait le mariage comme nul et s'efforçait de faire consacrer sa manière de voir par les tribunaux. En même temps, avec le concours tout dévoué du Père Boussu et de Mme d'Hautfort, elle adressait au Saint Père une demande analogue d'annulation du mariage au point de vue religieux. Le Pape avait confié l'instruction de cette affaire à trois prélats connus et, grâce aux puissantes influences dont pouvait disposer la duchesse, le résultat, fatal pour le prince, ne paraissait pas douteux. Mme d'Hautfort s'occupait, paraît-il, de l'annulation du mariage, avec plus d'énergie encore que Mme de Maubourg, disant que le premier mal avait eu lieu chez elle — oh! bien involontairement — et qu'elle considérait comme de son devoir d'aider à le réparer.

Fidé conta à Valterre l'étrange conduite de Mme d'Hautfort, et celui-ci répliqua en souriant :

— Tout s'explique.

Le procès s'engagea, compliqué, grâce aux intermédiaires, de questions de nationalité, de compétence. M. Bocage tira une grande gloire du résultat obtenu. Quelques personnes trouvèrent que toute son habileté n'était qu'une vulgaire canaillerie, mais le plus grand nombre s'extasia : Ce Bocage, il n'y avait que lui !

Du train dont les choses allaient, cela pouvait durer dix ans. L'avocat du prince demanda, avant tout, que Mlle de Maubourg fût rendue à la liberté, la séquestration étant formellement interdite par la loi. En outre, n'ayant qu'une confiance modérée dans le résultat, au point de vue juridique, il introduisit au procès une question de filiation. La princesse Taïko-Fidé, disait-il, était enceinte lors de son retour à Paris. Les gens de loi firent si bien, qu'en peu de jours l'affaire devint embrouillée à ne pouvoir s'y reconnaître. On prit des conclusions, on ajourna la cause, on discuta sur des points de droit. Dès la première plaidoirie, Mme de Maubourg produisit victorieusement une déclaration signée par Solange :

« Lorsque j'ai fait la faute de me présenter en
» Angleterre devant le *Register* avec M. Taïko-
» Fidé, je n'avais d'autre intention, selon ce qui
» m'avait été expliqué, que de me mettre sous la
» protection de la loi anglaise, mais je ne pensais
» nullement qu'il y eût, dans ces formalités, un
» mariage réel...

» C'était aussi le sentiment de M. Taïko-Fidé,
» qui, au retour, ne me regardait nullement
» comme sa femme. Ni lui ni moi ne nous
» croyions mariés.

» J'ai toujours pensé ce que j'écris.

» Solange de Maubourg. »

Cette courte attestation produisit sur le prince l'effet d'un coup de massue. Ainsi, Solange le reniait, protestait contre leur union ! Une stupeur, en même temps qu'une douleur écrasante, l'anéantissaient. Mais son avocat le réconforta. Cela ne tirait pas à conséquence. C'était un artifice de procédure dont on ferait aisément justice en prouvant que cette lettre avait été arrachée à la princesse Taïko, contre ses sentiments, dans un moment de faiblesse.

Oui, ce devait être cela. Solange ne pouvait pas rejeter loin d'elle le souvenir du passé. Mais quelles tortures, quelles souffrances morales fallait-il qu'on lui fît subir pour vaincre à ce point son caractère énergique. Où les bourreaux l'avaient-ils enfermée ? A la piste des moindres indices, de renseignements incertains, il chercha à découvrir l'endroit où Solange avait été conduite. Deux fois, il alla à Poitiers, inutilement. Mme de Maubourg se renfermait dans un silence hautain, restant même insensible aux prières de ses deux filles aînées. Toute la famille, à commencer par Gontran, se prononçait contre elle. On s'indignait de cette dureté inflexible, immuable. Fidé, à bout de forces, prit à ses gages un policier marron, confrère médiocre du grand Bocage.

La presse, qui n'avait d'abord signalé cette affaire scandaleuse que dans des entrefilets discrets, pleins de sous-entendus, se mit à discuter en première page le pour et le contre. De temps à autre, un chroniqueur alignait ses trois colonnes, fouillant la cause, la retournant sous toutes ses faces, après avoir protesté pudibondement qu'*on aurait mieux fait de garder le silence. Mais ses confrères ayant parlé, etc.* Il parut un matin dans le *Tout-Paris* un long article, signé d'un pseudonyme inconnu, attaquant le prince violemment, démontrant que tous les torts étaient de son côté, dans le procès. Néanmoins, les termes de cette diatribe étaient assez polis et indirects pour que Fidé ne pût réclamer une réparation à l'auteur. Sosthène Poix l'attribua à Cora, devenue la maîtresse en titre de Perrinet, le directeur.

Pendant les premiers jours qui suivirent le rapt de Solange, le vicomte avait déployé, pour la retrouver, une ardeur presque égale à celle de son ami. Puis, reconnaissant l'inutilité de leurs efforts, il avait à peu près abandonné ses recherches, quoiqu'il considérât son honneur comme engagé par le fait que la duchesse s'était servie de lui pour abuser Fidé. Mais, des affaires personnelles de la plus haute gravité réclamaient son attention. Mme de Barrol, qu'il chérissait pour cent bonnes raisons, se trouvait presque ruinée à la suite d'une maladroite opération de Bourse où elle s'était laissée entraîner. Valterre, chevaleresque, acheta au comptant et au pair à sa maitresse les valeurs dépréciées, prétendant en avoir trouvé le placement. La malechance voulut qu'il fît au même moment d'assez fortes pertes au jeu et aux courses. A la suite de toutes ces belles opérations, le vicomte se trouva à la tête de vingt-cinq mille livres de rentes, sans compter les dettes. Or, il dépensait environ deux cent mille francs par an. Résolument, il divisa ce qui lui restait en cinq parts, aimant mieux continuer à vivre joyeusement et se brûler la cervelle après, que de se ranger et faire des économies, comme un bourgeois. D'ailleurs, il comptait sur la chance et le hasard, ces dieux suprêmes des décavés.

Il se livrait à ces calculs mélancoliques, lorsque le prince vint le trouver un jour à son hôtel. Tous deux avaient des mines longues d'une aune. Malgré la gravité de leurs préoccupations, le vicomte ne put s'empêcher de sourire :

— Nous avons l'air de deux condamnés à mort, mon pauvre cher.

Fidé s'affaissa, sans répondre, sur une chaise longue et se plongea la tête entre les mains.

— Eh bien ! rien de nouveau ? interrogea Valterre.

— Rien. Et vous ?

— Rien non plus. Je suis en train d'hériter de moi-même... Je mange ma dernière succession... Dites-moi donc où en est votre procès ?

En quelques mots, Fidé le mit rapidement au

courant de la situation : on avançait de moins en moins... A chaque instant surgissaient de nouveaux incidents de procédure... De son côté, le policier qu'il employait ne découvrait rien... C'était navrant !...

Il laissait, avec découragement, retomber sa tête. Au bout de quelques minutes de silence, Valterre reprit la parole :

— Écoutez, cher, laissez-moi vous faire un peu de morale... Cela me changera... Croyez-moi, abandonnez toute cette affaire, remettez-vous à étudier le droit, puis vous partirez pour le Japon... L'air de Paris n'est pas sain pour vous... Vous entrez avec trop de loyauté et de bonne foi dans cette vie brûlante qui use et flétrit... Il faut, pour y résister, des organisations spéciales et une force de volonté peu commune... Déjà, vous avez souffert de ce paroxysme de civilisation... Vous pouvez quitter Paris, retourner là-bas, vivre heureux, être utile à quelque chose... Il est temps encore, n'attendez pas que le moment soit passé... Cela peut vous sembler étrange de m'entendre parler ainsi, moi le viveur, l'insouciant, le Parisien forcené... C'est que, dans cette existence insensée, j'ai conservé du moins la faculté de me juger moi-même... Je sais où je vais, fatalement... Je voudrais vous éviter la même chute... Ne me demandez pas pourquoi, donnant de bons conseils, je les suis si peu moi-même... J'ai laissé passer l'instant où l'on peut fausser compagnie à cette destinée... Le pli est pris... J'irai jusqu'au bout... Ah ! si c'était à recommencer ! Pour vous, rien n'est perdu encore... Fuyez Paris... Cela finit toujours par des coups de pistolet... quelquefois pis...

— Vous avez aujourd'hui un accès de marasme, cher bon, dit Fidé...

— Non, croyez-moi, je parle bien sincèrement.

— Mais, s'écria le prince, je ne puis abandonner Solange. Je l'aime, elle est ma femme, elle me sera rendue, dussé-je y user mes nuits et ma fortune.

— Continuez donc votre procès, conclut le vicomte ; c'est encore le meilleur moyen. Mais je crains bien... Enfin, nous sauterons ensemble !... Ce sera l'occasion d'organiser de belles funérailles.

XIII

ILLUMINATIONS

Taïko-Fidé, songeant aux paroles de Valterre, descendait l'avenue des Champs-Elysées, en proie à une tristesse désespérée, et, de temps à autre, machinalement, il répétait le mot qui résumait tous ses désirs passés, toutes ses souffrances actuelles : Paris !... Paris !... La mélancolie railleuse du vicomte le décourageait. Il fallait vraiment que la lutte contre la grande vie fût bien rude et bien implacable, pour que de tels tempéraments pussent être vaincus.

Dans l'avenue, étaient un charme, une douceur de renouveau qui amollissaient sa douleur et la fondaient en un attendrissement abattu. Le soleil chlorotique, perçant avec peine les brouillards, épandait sur les allées ses lueurs affaiblies, et, dans l'air mal mélangé se succédaient des zones froides, restes de l'hiver, et des tiédeurs humides de serre-chaude, annonçant le printemps prochain. Le vent ne soufflait pas et pourtant, les pointes encore rigides des marronniers frissonnaient, agitant leurs bourgeons, comme mues par la poussée active de la sève. Cette journée de froid sec succédant à une semaine pluvieuse, les promeneurs avaient envahi les Champs-Elysées. Toute la *nursery* patricienne des hôtels voisins prenait ses ébats : sur les chaises, des bandes de nourrices aux bonnets blancs, aux larges rubans de couleurs voyantes, jacassaient entre elles et, tout autour, les petites filles échangeaient des saluts demi-cérémonieux, bienséants, avant de jouer à la toupie, tandis que les marmots plus jeunes, moins imbus de politesse aristocratique, grattaient la terre à pleines mains et se versaient très joyeusement du sable dans les oreilles. Sous la surveillance inquiète des mères, les bonnes, de nationalités diverses, interpellaient vivement les petits en des langages cacophoniques, et de nombreuses familles britanniques se distinguaient par la roseur des joues, le disgracieux du costume et la raideur du maintien. Autour des baraques, un public de bébés admiratifs et de badauds rangés en cercle, se tordait de rire quand, à l'encontre de toutes les règles sociales, Guignol assommait les gendarmes et rossait le commissaire. Plus loin, dans un renfoncement, derrière le concert des Ambassadeurs, des collégiens et des messieurs graves se montraient des albums où ils avaient collé des timbres-poste oblitérés et faisaient la cote, discutaient sérieusement les prix. Mais la ples grande animation était au milieu de l'avenue, où passait un courant ininterrompu de voitures, jaunes, noires, armoriées, à un cheval, à deux chevaux, tantôt ornées de cochers corrects, tantôt conduites par des collignons à face patibulaire. En passant devant les rosses des fiacres qui trottaillaient péniblement, les bêtes de sang des équipages piaffaient, courbant la tête gracieusement, dansant sur leurs jarrets vigoureux. Au fond des voitures, des gens emmitouflés de fourrures se renversaient dans des attitudes pleines de bien-être. Et tous, équipages et fiacres, pareils à des fourmis noires, semblaient, sur l'avenue en pente, monter à l'assaut de l'Arc-de-Triomphe qui dresse au sommet sa masse imposante, éternellement pensive.

Taïko-Fidé s'était arrêté. Justement, là en face, à la porte du palais de l'Industrie, il avait, pour la première fois entrevu Solange. Alors, il allait risquer sa vie pour Juliette. Depuis, que d'événements se passaient ! Qu'était-elle devenue, Juliette ?... D'ailleurs, que lui importait ? Il ne l'aimait plus. Ce n'était pas elle, dont le souvenir l'emplissait de morne désespérance. Juliette : une histoire finie, enterrée, un caprice tout au plus

Cela ne valait même pas un regret. Ce qui le préoccupait, c'était le sort de Solange, sa femme, la compagne qu'il avait définitivement choisie. Avait-il peu de chance, tout de même ? Ils s'aimaient, ils étaient prêts, pour vivre ensemble, à satisfaire à toutes les convenances humaines, et voilà que l'entêtement stupide d'une femme les séparait irrévocablement !

L'attendrissement de Fidé disparaissait. De nouveau pris d'une colère soudaine, il sentait ses poings se crisper en songeant à l'illogisme des choses. Il éprouvait la rage contenue, intense, des gens qui, près d'arriver au but désiré, après des efforts gigantesques, sont arrêtés par un grain de poussière. Mais la persévérance dans une œuvre difficile, l'énergie continue n'étaient point dans le caractère du Japonais. Il retrouva son énervement attendri. Si pourtant cette lettre produite au procès disait vrai, si Solange l'abandonnait, reniant leur amour et leurs rêves de bonheur commun ? Combien ils avaient été sots de revenir en France ! Ah ! s'ils s'étaient enfuis au Japon, ils seraient heureux, maintenant, dans la terre des ancêtres.

Des larmes retenues avec peine lui mouillaient les cils. Les effluves tièdes qui s'échappaient des marronniers, lui donnèrent un grand désir de verdure. Il arrêta une voiture découverte et partit pour le Bois. Renversé sur les coussins, il continuait son rêve, avec une intensité de désir dans laquelle la vision des choses champêtres tenait autant de place que le souvenir de Solange, et se mêlait à lui inséparablement. Il ne souffrait plus, maintenant, il demeurait plongé dans une morbidesse où l'entretenaient la caresse légère du soleil et le rapide défilé des équipages. Les tableaux qu'il voyait n'avaient pas des contours définis, mais ils se composaient tous, comme une obsession, d'eau argentine courant se précipiter de cascatelles en cascatelles, frôlant l'oreille de son murmure et chatouillant l'œil de ses miroitements. Tout autour, au loin, il y avait des étendues vertes, avec un bourdonnement de bêtes minuscules et des taches rouges et blanches de fleurs épanouies. Encore, fuyaient de grandes plaques lumineuses sur lesquelles le soleil étalait ses rayons, et aussi des coins d'ombre où poussaient les mousses fraîches.

Ce n'était pas la première fois que Taïko-Fidé, élevé en pleine campagne, avait cette sorte de vision nostalgique, depuis qu'il vivait enfermé dans les horizons bornés des villes. Il ne savait pourquoi, même, elle lui revenait souvent, l'hiver, sous les engourdissements de la chaleur, auprès du brasier étouffant. Mais jamais elle ne s'était emparée de lui aussi complètement, jamais il n'avait trouvé dans ce rêve simple autant de douceur attendrie.

Arrivé au Bois, il jeta autour de lui un regard inquiet. Hélas ! plus retardataires que les marronniers des Champs-Elysées, les arbres n'avaient point bougé et dressaient vers le ciel leurs rameaux secs. La verdure terne des pelouses semblait faite à grands coups de pinceau et l'eau du lac, immobile, morte, sans un frisson, reflétait comme un miroir la nature encore endormie. Fidé, dépité, se replongea dans ses rêveries : Au fond d'une allée ombreuse où, par-dessus, des arbres séculaires entremêlaient leurs feuilles, il voyait une habitation qui ressemblait au cottage de Greenhouse. Seulement, les toits infléchis du châlet étaient blancs de la fleur des azalées et par-dessus les herbes avoisinantes, des traînées roses, emmêlées, irrégulières, marquaient la place des arbres fruitiers. Dans les nuages, la cime du Fousi-Yama se perdait. A l'autre extrémité de l'allée, serpentait une rivière où des nuées de canards multicolores voletaient en poussant de petits cris joyeux. Il passait sous la voûte assombrie, le bras entourant la taille flexible d'une femme. Mais quelle était donc cette créature qui mettait dans tout son être de chauds désirs et des transports amoureux, qui faisait frissonner sa chair ardemment ?...

Juste à ce moment, une calèche très élégante croisait sa voiture, et, dedans, à côté d'une amie en robe rose bouffante, il reconnut Juliette Saurel. Il ne salua pas, mais elle l'avait remarqué et elle lui envoya un sourire gracieux. Très troublé, le prince ne savait plus bien, maintenant, où s'arrêtait son rêve et où commençait la réalité. Quel hasard lui faisait rencontrer cette femme au moment précis où son imagination la mêlait malgré lui à des songes heureux ? Peu à peu, le froid le saisissant, il se remit, et s'efforça de chasser de son esprit la vision importune. Il pensait à Solange et, retrouvant son sang-froid, pris d'une nouvelle énergie, il se jurait avec une obstination résolue qu'il retrouverait la jeune femme. Mais que faire ? Il n'y avait guère à compter sur le résultat du procès, une nouvelle et décisive entrevue avec Mme de Maubourg ne changerait-elle pas les résolutions de la duchesse ?...

La voiture s'arrêta. Il était arrivé. Joseph lui remit une lettre de son avoué. L'officier ministériel annonçait en style d'affaires, très bref, qu'il avait reçu communication officielle du décès de Mme la princesse Taïko-Fidé et qu'en conséquence, sauf sur la question des intérêts, *il n'y avait plus lieu à poursuivre...*

Le jeune homme demeura quelque temps abasourdi, sans bien comprendre, puis tout à coup, glissant sur le tapis, il fondit en larmes, s'arrachant les cheveux, grinçant des dents, déchirant ses vêtements avec une rage douloureuse.

. . . .

Lorsque le prince reparut au Young-Club, le lendemain d'un souper excentrique qui avait mis le Tout-Paris des grues en rumeur, on lui fit une véritable ovation. On le croyait bien, ma foi, perdu, noyé, depuis son histoire avec Mlle de Maubourg. Y avait-il assez longtemps qu'on ne le voyait plus! Mais c'est égal, il signalait sa rentrée par un coup de maître : Terminer un souper au violon, en chœur — chez Dodieau, disait élégamment Levrault, — pour avoir volé des carottes aux Halles, c'était vraiment inexprimable. Il n'y avait que le prince Ko-Ko pour inventer ces choses-là. C'est les femmes qui devaient faire un nez!

Fidé, très gai, se laissait féliciter. On le remettait au courant de la Grande Vie, on avait des stupeurs, en constatant son ignorance des événements. Ah! c'est vrai, son affaire... Eh bien! il y avait rudement du changement. Lucy s'était mariée, sérieusement, avec un Américain riche et religieux. Le dîner d'adieu avait été dans une jolie note. Par exemple, ça ne pouvait se raconter qu'à l'oreille... Partisane, devenu très faubourg Saint-Germain, ne faisait plus que de rares apparitions. On le disait fort assidu auprès de Mme Trognon et de plus en plus disposé à prendre la succession du notaire. Il figurait dans toutes sortes de bonnes œuvres.

— Il doit être bien bas, remarqua Valterre. C'est sa façon à lui de se suicider. Quelle fin mélancolique, Messieurs !

Le vicomte allait bien, de son côté. En moins d'une année, il trouvait moyen d'ébrécher fortement la seconde part des cinq qui lui restaient. Aussi n'avait-il jamais mené une vie plus extraordinaire. On lui voyait toujours de nouvelles femmes et il prenait plaisir à stupéfier Paris par ses folies. Un soir d'Opéra, seul et très grave, il offrit un banquet chez Bignon à onze de ses anciennes maîtresses, promettant à chacune une surprise. Plusieurs se détestaient cordialement. Elles crurent d'abord à une erreur. Mais Valterre, remettant la surprise au dessert, les décida à demeurer. Ce fut extraordinaire de tenue pincée. Le dîner, commencé en conversations particulières, continué par des allusions aigres-douces, se transforma en bataille, aux vins fins. Valterre dit alors que c'était la surprise. Il faillit être écharpé...

Comme le prince pouvait le voir, on s'amusait encore. Mais les soupers, avec les mêmes femmes, cela devenait monotone et il fallait des nouveautés pour donner un peu de piment à l'existence.

Son idée d'hier était vraiment très bien. Le commissaire avait dû être attrapé...

Le fait est que pour sa rentrée dans le monde des viveurs, le prince Ko-Ko imaginait un vrai coup d'éclat. Après la mort de Solange, il avait été plongé durant huit jours dans un désespoir profond. Mais Levrault, qui vint le voir, lui remonta le moral. Quand on avait des chagrins — il connaissait ça — il fallait s'étourdir, faire la fête, à mort, jusqu'à extinction. Il n'y avait que ça. En fait de femmes, il appréciait l'homéopathie, uniquement.

Fidé suivit ce conseil, furieusement, et ne s'en trouva pas trop mal. Ce n'était pas qu'il s'amusât beaucoup, mais son esprit étant occupé, sa douleur s'émoussait. Grâce à cette vie enfiévrée, qui lui brûlait le cerveau en fatiguant son corps, il ne demeura plus bientôt, du grand amour qui tenait une telle place dans sa vie, qu'un souvenir mollement attendri, accompagné de regrets doux et de plus en plus vagues. Dans une nuit où le champagne coula à flots, il rencontra Estourbiac, son ancien adversaire, devenu reporter théâtral au *Forban*. Le journaliste, quoiqu'on ne lui connût aucune ressource, menait, lui aussi, la Grande Vie. Il portait des fourrures superbes et sa poche semblait un réservoir à louis inépuisable. Sosthène Poix racontait bien une histoire de femme assez douteuse, mais c'était peut-être la jalousie qui l'inspirait, car le chroniqueur continuait à être beaucoup moins riche d'argent que de notoriété.

Durant la fin de cet hiver, la bande des jeunes du Young-Club donna véritablement le branle aux écervelés de Paris, désireux de se ruiner. Ils allaient un train d'enfer, jouant, pariant, soupant, inventant tous les jours des folies nouvelles, étonnantes, dont on parlait pendant vingt-quatre heures. De Garrigal, notamment, un légitimiste, fit chauffer un train spécial pour mener sa maîtresse en pèlerinage à Lourdes, où ils se grisèrent scandaleusement.

Un soir, brusquement, en tournant le coin de la rue des Chabanais, Fidé se trouva nez-à-nez avec Juliette Saurel. Elle devint très rouge. Il eut une seconde d'hésitation, puis, franchement, il lui tendit la main. Elle s'arrêta. Alors, ils causèrent un instant de choses indifférentes, Fidé n'osant aborder le sujet qui lui tenait le plus au cœur. Elle remonta dans sa voiture. Il demanda s'il pourrait lui rendre visite et, simplement, Juliette donna son adresse, rue de Lisbonne. Longtemps, il hésita à la revoir. Elle lui paraissait aussi belle, toujours, avec sa robe noire montante qui lui seyait merveilleusement, et il avait senti, en la retrouvant, une secousse dans sa chair. Il se disait qu'il retomberait peut-être sous le charme et qu'il se préparerait sans doute de nouvelles souffrances. Mais l'aiguillon de ses désirs, plus fort que sa volonté, le conduisit rue de Lisbonne, deux jours après. Il la trouva ravissante, les cheveux frisés autour des tempes, le visage reposé, la grande tache sombre de ses vêtements faisant ressortir la matité des chairs. Par devant, la robe était légèrement échancrée, avec des dentelles couvrant la naissance de la gorge.

Chez elle, rien ne décelait la courtisane. L'appartement, au troisième, était meublé dans un goût sévère, soie rouge et bois noir. Peu de parfums ; sur les cheminées, quelques bibelots rares et des fleurs dans des vases immenses en faïence de l'Inde. Le salon-boudoir où elle recevait Fidé, était seul d'une note plus fantaisiste : Il avait un plafond peint en ciel, et contre les faces, des sculptures dorées tranchant sur la blancheur des murs. Au centre des panneaux en tentures de soie claires, des broderies de couleur mêlaient leurs nuances hardies. Une variété de chaises et de fauteuils, de poufs encerclaient la cheminée et, dans un coin, un petit canapé-causeuse mettait une tache mauve sur le dessin moins uniforme des autres meubles, revêtus d'écharpes décorées, posées comme par hasard sur les dossiers.

Le prince ne s'attendait pas à cette correction un peu froide. Il se trouva gêné. Mais Juliette, gracieusement, le mit à son aise, babillant, inventant des sujets de conversation. Elle demanda des nouvelles de tout le monde, à commencer par Valterre, glissant très délicatement sur la vieille histoire et sur l'aventure bruyante du prince. Puis, sans même attendre des questions, elle fournit des renseignements sur elle-même. Mon Dieu ! sa vie n'était pas compliquée : elle avait fait un petit héritage et, après un bon placement, vivait bourgeoisement de ses rentes, libre de toute attache. Elle ne disait pas, par exemple, que cet héritage, c'était le cadeau d'adieu du père Gibard, et que le bon placement consistait en une part de propriété dans l'exploitation d'une maison de tolérance, rue des Chabanais. Du reste, le prince n'en demandait pas aussi long. Un désir fou de posséder Juliette s'emparait de lui visiblement. Ils déjeunèrent ensemble. Elle, calculait avant de prendre un parti. Elle savait vaguement que depuis quelque temps, Fidé dépensait beaucoup d'argent, mais elle le sondait pour apprécier l'étendue des sacrifices qu'il pouvait encore faire. Lui, soucieux seulement de la persuader, de l'avoir à lui, n'importe comment, promit un petit hôtel, où ils vivraient ensemble. Il ne réfléchissait plus, il la voulait de suite, sans délai. Après s'être un moment défendue, disant coquettement qu'elle devenait trop vieille et qu'elle avait fait ses adieux aux folies, Juliette ne refusa point, mais elle demanda un délai, voulant accomplir un court voyage : Dans huit jours, le 14 juillet, elle serait de retour. Il lui fit promettre de souper avec lui, ce soir-là... Ce délai permettait à Juliette de congédier le successeur du père Gibard, un boursicotier peu fortuné qu'elle avait pris sur les apparences décevantes d'une liquidation heureuse.

Pendant ces huit jours, Fidé déploya une activité endiablée. On le voyait aller, venir, avec des airs mystérieux, faisant des stations dans les magasins, pressant les tapissiers. Il ne dormait plus. Sosthène Poix prétendit qu'il exposait des chinoiseries à Philadelphie. Le 14, à quatre heures de l'après-midi, il vint exactement en coupé chercher Juliette. Elle l'attendait. Il était tout pâle de bonheur et l'exaltation de ses désirs près d'être satisfaits, lui donnait une sorte de tressaillement nerveux. Ils partirent.

— Où allons-nous? demanda Juliette.

— Vous verrez, je vous ménage une surprise.

Tournant la tête pour dissimuler l'expression de sa joie, il regardait curieusement Paris en fête, comme s'il eût voulu célébrer sa propre allégresse, les maisons disparaissant sous des nuages de drapeaux multicolores, les lanternes vénitiennes couvrant les fenêtres, les mâts pavoisés richement, et, de tous côtés, la foule se croisant avec un houloulement de vagues déferlantes, où dominaient parfois des cris d'admiration. Le coupé montait des rues en pente.

— Mais nous allons sur les buttes ! s'écria Juliette.

Le prince répéta :

— Vous verrez, ma chère, attendez.

Tout à coup, au sommet de la côte, la voiture s'arrêta. Fidé, galamment, sauta à terre et offrit son bras. Devant, une allée en renfoncement se perdait dans la verdure. Juliette, étonnée, reconnut l'endroit.

— Mais, c'est le Moulin de la Galette !

Le prince sourit et, sans répondre, il l'entraîna en faisant un signe au cocher, qui repartit, après les avoir suivis des yeux un instant. Ils arrivèrent sur l'esplanade du moulin.

— Ce sera bien beau, ce soir, aux illuminations, reprit la jeune femme.

— Montons là-haut, dit Fidé, nous verrons mieux.

Joyeusement, gaminement, elle mit le pied sur l'escalier de bois et grimpa jusqu'au sommet. La porte était fermée. Le prince, tirant une clef de sa poche, l'ouvrit. Juliette pénétra et poussa aussitôt un cri de surprise : le moulin, d'un aspect grossier au dehors, avait été féeriquement décoré à l'intérieur. Au milieu de la pièce unique, une table supportait une collation, où se trouvaient des fleurs rares, des fruits, des plats froids exquis, des vins recherchés. Trois fauteuils et un sopha formaient l'ameublement, capitonné de soie. Au fond, une sorte d'alcôve tapissée de soieries chatoyantes, contenait un lit de milieu à colonnes dorées. Sur les côtés, des fenêtres étroites permettaient d'embrasser un horizon immense.

Souriant de l'étonnement de la jeune femme, le prince la fit asseoir et ferma la porte. Puis il se mit à genoux :

— Ma bien-aimée, dit-il, pardonne-moi cette folie... Je t'aime... autant qu'autrefois... J'ai voulu m'éloigner de toi, la destinée m'a ramené...

Doucement, elle voulut se dégager, se défendant pour la forme.

— Prince, dit-elle, rappelez-vous... c'est impossible... je ne puis pas...

Mais le jeune homme, l'enveloppant de caresses, continuait :

— Impossible ! Et pourquoi ? Ne nous aimons-nous pas ? Ne sommes-nous pas faits l'un pour l'autre ?... Tiens, Juliette, oublions tout, crois-moi, pour ne nous souvenir que de notre jeunesse et de notre amour... Dis, veux-tu, ma bien-aimée ?

Il s'attendrissait, s'exprimait avec un tremblement dans la voix, exalté encore par ses paroles. Elle, un peu froide, souriait, prise au fond d'une forte envie de rire, le trouvant très ridicule. Il continuait :

— J'ai désiré, au lieu des chambres banales, un cadre digne de la nuit paradisiaque que j'espérais, digne de notre amour, Juliette. C'est pourquoi j'ai loué et fait meubler ce pavillon, d'où nous assisterons, sans être dérangés, à ce merveilleux spectacle... Cela vous plaît-il, ma reine, et m'aimerez-vous un peu ?

Elle lui laissa prendre un baiser.

— Alors, nous dînerons ici ?...

— Tout doit être prêt...

Elle battit des mains, avec joie. Puis enlacés amoureusement, ils allèrent à la fenêtre.

Un moment, ils contemplèrent Paris houleux, bruyant, pavoisé, d'où s'élevait une rumeur violente, pareille aux mugissements d'un fleuve débordé. Le prince, s'étant reculé, inattentif aux choses du dehors, regardait avec un attendrissement passionné la ligne pure limitant les superbes contours de ce corps, si magnifiquement fait pour l'amour. Des envies furieuses le prenaient de s'élancer sur elle et de l'étreindre enfin, longuement. La jeune femme, de sa voix calme, harmonieusement sonore, de temps à autre, tournait son visage pâle pour une question banale, à laquelle il répondait doucement, avec des tremblements dans la voix. L'air devenant vif et l'heure avançant, il proposa de faire honneur à la collation. Elle accepta très volontiers et, de ses dents blanches, grignota des friandises.

La nuit tombait. A la clarté fuyante du soir succédaient les lueurs, plus crues, des illuminations. Les maisons, les monuments, les accidents de terrain, devenant indistincts, se fondaient dans une masse brunâtre, où, seuls, les points et les cordons lumineux prenaient une signification et servaient de repères. Une à une, de la brume légère qui se déplaçait sous la poussée douce de la bise, surgissaient des lumières nouvelles, jaunes ou diversement colorées, scintillantes ou immobiles, isolées ou réunies en longues traînées éclatantes. Juliette, très intéressée, cherchait à se reconnaître : là-bas, tout à gauche, cette grande nappe éclairée devait être la place de la République. Un peu à droite, les phares électriques des tours Notre-Dame jetaient dans les airs leurs rayonnements tremblants et aveuglants comme des clartés lunaires. A des distances difficilement appréciables dans cette fournaise nocturne, l'Opéra dressait sa masse imposante au milieu de flots de gaz et d'électricité, les tours de Saint-Sulpice, les Invalides, le Panthéon, le Trocadéro avec son éclairage régulier, l'église Saint-Augustin, pareille à un dôme enflammé, dessiné en l'air en traits phosphorescents. Dans la buée blanchâtre envahissante, des millions de becs de gaz ou de lampions pointaient, dispersés par endroits, ou réunis en myriades ainsi que des grains de sable, au Luxembourg et aux Tuileries. A mesure que tombait la nuit, les clartés semblaient redoubler de scintillements, les bruits montant de la ville immense grandissaient ; par instants des pétards, de petites pièces d'artifice éclataient. Tout à fait à droite, on découvrait la plaine Saint-Denis, piquée de lueurs innombrables, puis, tout au loin, par derrière, les illuminations du Bourget. Des chants, des bruits d'instruments montaient de la rue et, se fondant avec la rumeur des foules, formaient une harmonie qui mettait au cœur une joie mélancolique. A genoux près de Juliette, le prince lui parlait d'amour. Très attendri, il déposait des baisers sur la petite main qu'elle lui abandonnait, aucunement remuée par ses caresses ardentes...

Au dehors, un déchirement immense faisait vibrer l'air sous des détonations ininterrompues et Juliette, surprise, poussait un cri. Sur différents points de Paris, six feux d'artifice débutaient à la fois par des bombes et des fusées qui partaient avec un bruit sourd, s'élançaient dans l'azur, pareilles à des comètes, laissant après elles une trace enflammée et montaient, montaient, pour s'éparpiller en poudre d'or. Tout Paris semblait embrasé. On eût dit une fournaise gigantesque qu'agitait un démon pour en faire jaillir des étincelles infernales. Un feu d'artifice, au pied même de la butte, envoyait ses fusées juste en face des fenêtres du moulin. Là-bas, sur l'Arc de triomphe de l'Étoile, un autre balançait dans les airs les grands bras éblouissants de ses appareils pyrotechniques, éclairant par intervalles d'une clarté lugubre la silhouette gigantesque de l'arc triomphal. La jeune femme s'enhardissait dans l'observation du spectacle magique ; tournant les yeux, par instants, elle prenait plaisir à contempler les découpures fantastiques des maisons de Montmartre qui se détachaient sur l'horizon flamboyant et s'étageaient en teintes diversement foncées ; puis, tout autour du moulin, la grande tache sombre, dénudée, semblant un coin échappé à l'incendie qui dévorait Paris.

Le prince remplissait les verres de vin couleur de rubis. Quelquefois, à sa prière, Juliette buvait machinalement, et, sous l'action de ce mélange étourdissant d'alcools, de bruit et de flammes, elle sentait tout de même la tête lui tourner un peu. Tout à coup, dans un moment où les fusées étaient suspendues, les sons affaiblis de musiques éloignées, mêlés aux résonnances de la cité, montèrent en harmonies douces aux fenêtres du moulin. Ébranlée par ces sensations, la jeune femme s'assit et pencha languissamment sa belle tête sur son épaule en fermant les yeux. Alors, fou de désir, le prince, se laissant tomber auprès d'elle sur le sofa, l'embrassait sur les lèvres avec une passion furieuse. Elle s'abandonna.

. . . .

Le matin, de bonne heure, Fidé se leva, frissonnant encore, passa sa robe de chambre et, rêveusement, vint s'accouder à la fenêtre. Les bruits avaient diminué. De rares détonations partaient encore, isolées. Les lumières devenaient rares. Seuls, les cordons d'illumination persistaient. Vers Belleville, une lueur blanchâtre se levait, s'agrandissant peu à peu, noyant les édifices, pâlissant les lumières artificielles de sa clarté molle et uniforme. Un point brillant se montrait et s'élargissait rapidement.

C'était le jour.

Le prince jeta un long regard sur le lit à colonnes où reposait, affaissée dans une pose gracieuse, la jeune femme. Il contempla un instant le doux sourire de ses lèvres, le modelé superbe de son corps, et il murmura :

— Enfin ! j'ai donc trouvé le bonheur...

XIV

UNE CRÉMAILLÈRE

Le jeune Levrault, héritant d'un oncle remarquablement cossu, n'avait pas trouvé de meilleur emploi à ces fonds inespérés que de mettre dans ses meubles Léa, dite la *Jolie Laide*. Heureux de débuter ainsi dans la vieille garde, il loua, rue Auber, un entresol délicieux, véritable nid d'amour, moelleusement tapissé de tentures chatoyantes, avec des amoncellements de sofas et de coussins sur lesquels la lumière doucement tamisée par des vitraux, s'étalait en plaques multicolores.

Ce soir-là, on plantait la crémaillère. Levrault avait bien fait les choses. On attendait beaucoup d'invités des deux sexes, autant que possible par couples. Déjà était arrivée l'éternelle Blanche Timonnier, dite *La joie n' me fait pas peur*, passée à l'état de cocotte parasite; vivant aux crochets des petites camarades plus fortunées, en vertu de la loi tacite de solidarité qui unit ces dames — et peut-être pour d'autres raisons encore. Sosthène Poix, toujours complaisant, remorquait cette doyenne des soupeuses. Partisane était là, jouissant de son reste, puis le vicomte de Valterre avec la grande Irma d'Agoult, Cora et son nouvel amant, le comte valaque Stanislas Pavergi. D'autres, des épinglées et des poisseux, éparpillés dans les coins ou réunis par groupes, causaient. Otto Wiener, pour n'en pas perdre l'habitude, taquinait le piano. Manieri supputait le nombre des bouteilles et, les comparant à la liste des invités, souriait. Léa le surprit :

— Vous savez, mon cher, ne comptez pas là-dessus. Ce sera très correct.

Le fait est que chacun paraissait disposé à se bien tenir. Les hommes causaient gravement ainsi que dans un salon sérieux et, sauf quelques évaporées, ces dames ne tutoyaient personne. Les unes, les plus richement entretenues, prenaient des airs comme il faut, pour épater les débutantes. Elles parlaient de leur cocher, de leurs bonnes, une engeance, chère madame ! La blonde Nana Patte en l'Air, très poseuse, disait à Irma et Blanche :

— Oh ! ces femmes de chambre !... elles sont d'une maladresse... d'un manque de tact... et avec ça curieuses, insolentes... La mienne me fait mettre dans des colères bleues... elle ne sait pas se tenir avec mes amis... Ah ! ce n'est pas comme ma pauvre mère !...

Sosthène Poix notait le mot sur son carnet.

— A propos, interrogea Partisane qui s'embêtait ferme, que devient donc le prince Ko-Ko?... On m'a dit qu'il avait repris Juliette Saurel... Pourquoi ne le voit-on plus ?

— Oh ! c'est toute une histoire... Je vais vous la conter, si j'ai le temps avant qu'ils n'arrivent, car on les attend ce soir... Vous connaissez bien l'aventure du prince avec Mlle de Maubourg ?

— Parbleu ! on n'a causé que de cela pendant six mois.

— Vous vous rappelez l'avoir vu très triste, menant une vie de polichinelle pour oublier. Il paraît que ça lui a réussi, car, quelque temps après, il renouait d'anciennes relations avec Juliette. On conte même à ce sujet une anecdote très amusante, où il est question de feux d'artifice et du Moulin de la Galette... L'époque qui suivit leur réunion fut une vraie lune de miel d'amoureux de roman : On ne les voyait nulle part... à peine quelquefois, par hasard, au Bois dans un coupé... ou aux premières, au fond d'une baignoire sombre. On savait pourtant que le prince avait acheté à sa maîtresse un merveilleux petit hôtel, un bijou, avenue de Villiers... avec un équipage. Lui-même se logeait tout auprès.

Peu à peu, ils se lassèrent du tête-à-tête et invitèrent quelques amis. J'y suis allé... Vous le sauriez, ajouta Sosthène Poix en souriant, si vous n'aviez, vous aussi, votre... Thébaïde. Maintenant, j'ignore lequel des deux a été las le premier de ce grand amour et de cette quasi-solitude. Toujours est-il que Juliette Saurel a annoncé son intention de reprendre la série interrompue des soupers d'autrefois. C'est aujourd'hui sa première sortie. Levrault est très fier de leur acceptation. Tenez, la voilà !...

En effet, elle entrait au bras du prince, vêtue d'un costume brodé en soie et perles qui faisait ressortir sa beauté majestueuse. Dans ses fourrures, avec son immense chapeau à plumes et la cambrure svelte de son corps, elle avait l'aspect fièrement dédaigneux d'une dame de la cour de Louis XIII. Elle fit une entrée à sensation.

Levrault et Léa s'étaient précipités devant les nouveaux arrivants. De tous côtés partaient des exclamations, les mains se tendaient. Le prince, joyeusement, et Juliette, avec une grande désinvolture, répondaient à l'ovation de leurs amis.

Valterre, qui détestait Juliette et le disait carrément, se tenait à l'écart, attendant que Fidé fût seul pour lui souhaiter la bienvenue. Il faisait bande à part avec Cora, et le comte valaque qui après un léger tressaillement avait tourné le dos, sans affectation.

Fidé aperçut Valterre et aussitôt, passant devant Cora avec une légère inclinaison de tête, il serra les mains de son ami. Mais, au même instant, il poussa un cri de surprise :

— Tiens ! le prince Botnikoff !... Ah ! je ne m'attendais pas... je suis charmé...

Le comte valaque s'inclina ; puis, se redressant, très pâle :

—Vous allez bien embarrasser nos amis... ils ne me connaissent pas sous ce nom, qui désigne une de mes propriétés...

Fidé, redevenu très froid, prit le bras de Valterre :

— Vous connaissez ce monsieur ? interrogea le vicomte, quand ils furent à l'écart.

—Très peu. Quand j'étais à Londres, j'avais accepté, par convenance, de faire partie d'un cercle. Ce monsieur était un des assidus., on l'appelait le prince Botnikoff, et il passait pour avoir une immense fortune. Un moment, il courut sur lui des propos très peu flatteurs : on assurait qu'il était inconnu à l'ambassade de Russie et que sa veine continuelle au jeu n'était pas toute fortuite. Il avait, du reste, des défenseurs. J'ai quitté Londres sur ces entrefaites. Mais ce changement de nom me paraît louche...

— C'est sans doute quelque aventurier qui se nomme Durand ou Berger et qui a trouvé amusant de s'anoblir pour faire des dupes, dit Valterre... Si nous interrogions Sosthène Poix, il doit savoir cela. Il sait tout...

Ils allèrent vers le journaliste et lui communiquèrent leur découverte.

— Dame, dit-il, je connais pas mal de bonshommes dans ce genre-là. Mais, en tout cas, si celui-ci est un aventurier, il cache rudement bien son jeu. Il est reçu à peu près partout et l'on n'a encore rien dit sur son compte. Il fréquente même des Roumains très authentiques. Tout ce que je sais, c'est qu'il monte admirablement à cheval, tire l'épée comme un maître, est habile enfin à tous les exercices du corps.

De leur côté, Cora et son amant causaient avec animation. En parlant, le Valaque suivait du coin de l'œil le colloque des jeunes gens.

Un laquais, l'air très digne, presque solennel, vint annoncer que le dîner était servi. Au potage, Levrault prononça un petit speech qu'il préparait depuis un instant. C'était le programme de la soirée : on serait sobre — autant que possible — au dîner. Après quoi on disposerait le grand salon en salle de danse, on dresserait la table de baccarat dans le petit. A minuit, il y aurait un souper sérieux pour se refaire. A partir de ce moment-là, on abandonnait les aimables convives à leur naturel. Ce plan baroque était l'œuvre de Léa. Elle avait tenu tout spécialement à ce que la fête commençât par un dîner, disant que c'était le meilleur moyen de se mettre en train. On applaudit. Blanche Timonnier fit remarquer à son voisin que c'était un peu collet monté, mais assura qu'elle connaissait son monde et qu'avant deux heures tous ces gens-là se tutoieraient.

— C'est plus amusant, d'ailleurs, conclut-elle.

Néanmoins, le début fut assez froid. Les messieurs conservaient leur dignité, trouvant au fond le programme un peu ridicule. Léa, Juliette, Irma et Cora montraient qu'elles savaient se tenir, et les petites femmes moins lancées les imitaient. Pour manifester qu'elles étaient à la hauteur des circonstances, elles se mirent cependant à énumérer les soupers chics auxquels elles avaient assisté. Blanche Timonnier fit étalage de son expérience. Les phrases admiratives entremêlées de « *ma chère* » commencèrent à se croiser. De son côté, Levrault, désireux d'animer la conversation, entama l'éloge de *Bichette*, une pouliche de deux ans qui lui avait fait perdre cinquante louis aux dernières courses, mais qu'il vantait tout de même :

— Vous verrez au Derby, répétait-il.

Il prenait des airs connaisseurs, secouait ses longs favoris blonds, entremêlait ses phrases d'argot de courses, de mots anglais. On entendait *performance, steeple-chase,* puis des noms de jockeys.

Partisane donna la réplique. Lui, il ne croyait pas du tout à *Bichette*, une rosse qui n'était bonne qu'à faire le jeu... Tout le monde s'en mêla. Le comte valaque dit qu'il ponterait sur l'écurie du major Hatt, à la saison prochaine, à cause de l'entraîneur qu'il connaissait. Maintenant, c'était à qui plaçait son mot, du côté des femmes. Cora racontait des anecdotes sur la boîte Monaïeul. Elle se déridait. Un coup d'œil jeté sur Juliette Saurel, qui souriait d'un air méprisant, l'arrêta tout net. Elle reprit son mutisme et son rire sombre.

Juliette connaissait par le menu l'histoire du duel de son amant et aussi l'attentat de Cora, dans la rue de Lille. Elle ne lui pardonnait pas surtout l'article du *Rabelais* fait sous son inspiration et où elle était traitée de vieille femme. Jamais l'occasion de se venger ne s'était présentée, mais elle se promettait de ne pas laisser passer la soirée sans faire expier à Cora ses attaques d'autrefois. Par un penchant bien commun chez les femmes, en même temps qu'elle haïssait son ancienne rivale, Juliette se sentait attirée par le souvenir d'Estourbiac grièvement blessé pour l'avoir insultée. Cet homme, qu'elle ne connaissait presque pas, l'intriguait. Elle regrettait qu'il ne se trouvât point à la soirée de Levrault.

A propos de courses, Sosthène Poix cita un mot drôle paru quelques jours auparavant dans un journal :

Une épinglée disait à un sportsman légèrement gâteux :

— Voyons, vous qui êtes un pilier de turf, quel est le cheval qui va gagner?

Le poisseux, consultant son programme :

— Ces chevaux-là ? Tous des rosses ! Il n'y en a pas un seul qui arrivera premier !...

On rit beaucoup. Sosthène encouragé se livra à une petite facétie qu'il méditait depuis un instant : D'un air très innocent, il interpella le comte valaque et lui demanda s'il ne connaissait point un aventurier dont on parlait beaucoup depuis quelque temps dans les journaux. Il se faisait passer pour un noble polonais ; dans les villes où il séjournait, il prenait des noms nouveaux, tous plus illustres les uns que les autres, menait grand train, faisait des dettes formidables, puis tout à coup s'évanouissait...

Sosthène adorait ces gaffes volontaires. Fidé et Valterre, amusés, souriaient, observant la mine du comte. Celui-ci était devenu pâle. Mais il ne se laissait pas démonter aussi facilement. Il répondit qu'il ne se souvenait pas d'avoir rencontré l'individu en question, quoiqu'il en eût diablement vu de semblables dans sa vie.

— Et dire qu'ils paraissent si comme il faut! reprit Sosthène Poix avec bonhomie. C'est à cadenasser ses poches chaque fois qu'on se trouve à côté de gens qu'on ne connaît pas...

Il continua de narrer l'épopée de son aventurier, un *fier poseur de lapins*. Stanislas Pavergi, lançant autour de lui un regard rapide, avait surpris un sourire sur les lèvres de Taïko-Fidé. Évidemment le prince avait parlé. Il eut une crispation sinistre.

On servait le dessert. Juliette, prenant enfin la parole, par un détour adroit, amena la conversation sur les drames du vitriol qui, depuis quelque temps, se dénouaient devant les cours d'assises. Regardant fixement Cora, haussant la voix, elle la criblait d'allusions, d'épigrammes acérées, avec un brio, un esprit infernal. Tout le monde écoutait. L'autre, très mal à l'aise, se démenait sur sa chaise, prise d'une envie furieuse de saisir une carafe et de la briser sur la tête de Juliette. La peur d'un esclandre la retenait et, d'ailleurs, pas une parole directement offensante n'avait été prononcée. Néanmoins, Cora, ne voulant pas rester sans mot dire, riposta par d'assez grossières allusions aux vieilles femmes qui attirent les amants des autres à l'aide de procédés honteux. C'était assez lourdement dit, mais l'attaque devenait directe.

Dès ce moment, chacun, à peu près au courant de ce qui séparait ces deux femmes, comprit et prêta l'oreille. La maîtresse du prince, ravie de pouvoir enfin épancher sa haine accumulée depuis si longtemps, excitée par l'attention qu'on lui prêtait, fut brillante. En des phrases spirituellement enfiellées, elle ridiculisait Cora, la piquait de mots méchants qui faisaient rire involontairement. Sosthène Poix était tenté de crier : très bien !

Pourtant, quoique cette querelle l'amusât, Léa craignit que la victime, de plus en plus furieuse, n'en vînt aux voies de fait. Elle se leva donc, déclarant qu'on allait passer au salon. Cora et son amant sortirent les premiers. Dès qu'ils eurent franchi la porte, le journaliste partit d'un éclat de rire :

— J'espère que le couple a son paquet ! s'écria-t-il... Prince, je vous conseille de porter un masque en verre...

— Et à vous d'apprendre le pistolet, repartit Valterre, moitié riant, moitié sérieusement.

— Moi. Allons donc. Je parie que ce gaillard-là, se voyant deviné, va enrichir de sa présence une autre capitale de l'Europe.

— Prenez garde, toujours, qu'il ne vous laisse un souvenir de son passage.

Quand ils pénétrèrent dans le premier salon, le comte Stanislas Pavergi s'éloignait de sa maîtresse en lui adressant un signe, ayant l'air de dire !

— Soyez tranquille !

Il vint gracieusement au-devant des jeunes gens, comme si rien ne s'était passé, très gai, très affable.

— Prince, dit-il, ces messieurs veulent ouvrir le bal pour donner le bon exemple. Cela ne me tente guère... Voulez-vous que nous fassions un écarté, avant le baccarat ?... Cela nous rappellera nos parties de Londres.

Il avait un rire mauvais. Fidé s'excusa. Il désirait au moins paraître à une danse.

— Soit, reprit Pavergi... Alors, dans un instant...

Il s'éloigna.

— Ne jouez pas avec lui, murmura Sosthène Poix. Le moins qui puisse vous arriver serait de vous faire plumer.

— Bah ! dit insoucieusement Taïko-Fidé.

Comme s'il eût deviné la phrase du journaliste, Stanislas Pavergi revenait. Il ne les quitta plus, causant de banalités, de choses et d'autres, avec une désinvolture parfaite.

— Où diable veut-il bien en venir ? pensait le vicomte. Il riait singulièrement en s'adressant à Fidé...

Il engagea une danseuse. Dès que le pianiste

eut lancé la dernière mesure, le Valaque se dirigea vers le prince.

— Eh bien ! vous venez ?

— Oui...

Ils s'esquivèrent sans bruit et s'assirent à une table d'écarté. Valterre les rejoignit quelques minutes après. Il haussa les épaules en voyant son ami brouiller déjà les cartes :

— Quelle sottise ! pensa-t-il. Pourvu qu'il ne se laisse pas emballer !...

Il se plaça derrière Pavergi. Celui-ci fit un mouvement.

— Je vous gêne ? demanda railleusement le vicomte.

— Mais non ; comment donc ?

Partisane, que la danse fatiguait, et Sosthène Poix, très blasé, vinrent successivement. Les adversaires jouaient un louis la fiche. Ils parièrent. Le prince gagna. Au second coup, il gagna encore.

— Une amorce, pensa Valterre... C'est dans l'ordre.

Si c'était une amorce, elle durait longtemps. Pendant une demi-heure, c'est à peine si le comte gagna deux coups. Pourtant il demeurait très calme. Fidé semblait embarrassé d'une veine aussi incroyable.

— Quel rasoir ! grogna Partisane qui pariait contre lui.

A un moment, le vicomte crut surprendre un mouvement équivoque. Stanislas Pavergi battait les cartes. Quand Fidé releva son jeu, il avait tous les atouts. Valterre fronça les sourcils.

— Diable ! est-ce qu'il tricherait en faveur de son adversaire. Ce serait plus grave !

Un instant après, le coup se renouvela. Sosthène Poix, tirant le vicomte à part, murmura rapidement :

— Il veut lui chercher querelle et lui donner tous les torts... C'est très fort...

Une observation confirma l'opinion de Sosthène Poix : le Valaque, qui avait joué jusque-là avec un calme parfait, commençait à faire des gestes d'impatience. En l'observant attentivement, Valterre n'eut pas de peine à se convaincre que sa mauvaise humeur était simulée. Le journaliste avait donc deviné juste. Dans un instant l'aventurier exprimerait des doutes sur la loyauté de son adversaire. Le prince se fâcherait. On se battrait, et comme Fidé n'avait pas l'habitude des armes, que Pavergi était au contraire très habile...

— Corbleu ? pensa Valterre indigné, il faut que je donne une leçon à ce coquin...

Il s'approcha davantage des joueurs. Stanislas Pavergi, perdant toujours, maugréait, battant les cartes avec une maladresse feinte qui lui permettait de les arranger. Une fois encore, le vicomte vit ce mouvement suspect qu'il avait observé, se répéter. Il fallait bien, par exemple, qu'il se défiât et qu'il y mît toute son attention. Cela était exécuté avec une prestesse, une habileté de prestidigitateur émérite. Les cartes étaient sur le tapis. Fidé n'avait pas encore relevé son jeu. Tranquillement, le vicomte mit la main dessus :

— S'il n'y a pas là-dessous trois atouts au moins, je consens à dire que monsieur est un honnête homme...

Il montrait le Valaque.

Il retourna les cartes : quatre atouts.

— J'avoue que cela m'aurait été pénible, continua Valterre... Prince, rendez à ce monsieur l'argent que vous lui avez gagné...

— Monsieur, que signifie ? s'écria Stanislas Pavergi.

Il s'était levé, doublement furieux d'être deviné et de voir sa vengeance lui échapper.

— Cela signifie, monsieur, que depuis une demi-heure, vous vous évertuez à faire gagner votre adversaire, en glissant des atouts dans son jeu.

— Mais c'est insensé ! quel motif ?...

— Le motif importe peu, monsieur ; il suffit que vous trichiez, pour que nous vous fassions jeter à la porte... Nous n'avons pas coutume de fréquenter des Valaques aussi grecs...

Stanislas Pavergi se vit perdu. Le sang lui

monta au visage. Il s'avança vers le vicomte et, d'un mouvement violent lui jeta les cartes à la face :

— Vous me rendrez raison !

Le prince voulut s'avancer. Mais, Valterre, devenu livide sous l'outrage, le repoussa durement et dit :

— Monsieur, vous êtes un coquin et je pourrais refuser de me battre avec vous, car vous n'êtes pas digne de croiser l'épée contre un gentilhomme... Mais vous m'avez touché au visage. Nous nous battrons...

— Tout de suite ! cria le comte.

— Soit, tout de suite. Messieurs de Partisane et Taïko-Fidé voudront bien nous servir de témoins... Ne troublons pas la soirée...

Il quitta le salon. Les danseurs ne s'étaient aperçus de rien. Levrault vint à lui :

— Mon cher, dit Valterre tranquillement, je vais me battre ici dans dix minutes avec le comte Stanislas Pavergi... Je vous demanderai d'abord le secret le plus absolu... Avez-vous des armes... des épées de combat ?

— Non, dit Levrault ahuri... Mais, expliquez-moi.

En deux mots, Valterre le mit au courant ; puis il se tourna vers Fidé, qui l'accompagnait :

— Alors, prince, dites, s'il vous plaît, à Sosthène, de vous remplacer... Je suis l'offensé, je choisis l'épée... D'ailleurs, on ne peut guère se battre autrement à cette heure. Je vous demanderai ensuite d'aller rapidement prendre des armes à mon hôtel... François vous les remettra...

Il avait recouvré son sang-froid. Levrault tout décontenancé, se promenait dans le salon. Cette aventure, chez sa maîtresse, le désolait. A cette heure... au milieu d'un bal... un duel pareil... où l'un des adversaires pouvait être tué ! C'était une singulière façon de pendre la crémaillère. Valterre le questionna sur la disposition de l'appartement. Il n'y avait guère que la chambre à coucher qui fût libre et assez grande pour qu'on pût rompre un peu. Les deux salons et la salle à manger se trouvaient encombrés. Il fut entendu qu'on se battrait dans la chambre à coucher. Un instant après, le prince étant de retour, les adversaires et les témoins s'enfermèrent là. On rangea les chaises et les meubles, pour faire un espace libre. Valterre et Stanislas Pavergi mirent habit bas.

— Messieurs, dit celui-ci, quel que soit le résultat de ce duel, je vous demande votre parole d'honneur que le secret le plus absolu sera gardé.

Tous la donnèrent. Rien de lugubre comme

cette rencontre, où la vie de deux hommes était en jeu, dans cette chambre de courtisane, avec l'accompagnement lointain des accords du piano, arrivant par ondes affaiblies. A côté, les pas des danseurs faisaient trembler le parquet. Sur le lit même, des amies de Léa, avec le sans-gêne des camarades, avaient posé leurs pelisses ; pardessus se croisaient les fourreaux des épées. Sur le torse nu des adversaires, les bougies roses des candélabres envoyaient leurs lueurs pâlies que l'acier éparpillait en reflets scintillants. Fidé, qui n'avait point eu peur lorsqu'il s'agissait de sa vie, tremblait pour son ami. Il se rappelait avec terreur les paroles de Sosthène Poix. Heureusement, le vicomte de Valterre était d'une force peu ordinaire, tirant une certaine gloire de ses succès de salle d'armes.

Stanislas Pavergi avait d'abord été contrarié de voir ses projets dérangés. Mais, dominé par la colère, il en prit rapidement son parti. Maintenant, il ne songeait plus qu'à tuer son adversaire, et il ne doutait point du succès. Il n'en était pas à son premier duel, et toujours il était sorti vainqueur de la lutte, grâce à la souplesse de son poignet et aux leçons d'un vieux maître italien qui l'avait dressé. Son jeu, très irrégulier, se compliquait d'attaques impétueuses. Il ne s'engageait jamais à fond, rompait souvent, se fendait rarement, procédant par dégagements vifs et près de la lame. Le vicomte de Valterre, au contraire, possédait toutes les qualités de l'école française. Correctement posé, il demeurait plus volontiers sur la défensive, envoyant des ripostes rapides, conservant son sang-froid, ne rompant jamais. Dès la troisième reprise, les deux adversaires connaissaient leur force respective. Le Valaque, comprenant qu'il avait affaire à forte partie, devint très prudent. Valterre pensait que Pavergi, sans mériter vraiment sa réputation, était surtout redoutable par l'inattendu et la variété de ses attaques. Dans une salle d'armes, il l'eût boutonné quatre fois sur cinq. Mais il se disait que cette cinquième chance se présente quelquefois la première et que cela suffit. D'ailleurs, avec ses qualités, l'attente lui était favorable. Il attendit, jouant serré, ménageant ses forces. Le comte s'échauffait. La sueur perlait à grosses gouttes sur son front. Toutes ses attaques avaient été parées. Il demanda un instant de trêve. A la reprise, le vicomte, sentant son adversaire fatigué, devint plus hardi. Il attaqua à son tour. Il adoptait d'ordinaire, dans ce cas, une série de coups, amenant des ripostes dont il connaissait à merveille la parade. Il avait pour principe de les essayer les uns après les autres. Il le fit avec le même sang-froid et la même méthode que s'il se fût trouvé dans une salle d'armes.

Pavergi reconnut à ce coup la supériorité du vicomte. Une angoisse le saisit; il rompit, doutant de lui. A la sixième attaque, il manqua la parade et l'épée de Valterre s'enfonça entre deux côtes, vers le poumon gauche.

Le comte tomba.

Dans le salon, l'orchestre attaquait la célèbre polka de Fahrbach dont les notes vibraient sourdement. L'animation était à son comble. On en prenait à son aise avec la tenue. Les pas de quadrille devenaient orageux et sous les coups de talon le parquet tremblait. Par instant, des éclats de rire glissant sous les tentures, apportaient l'écho des gaîtés voisines.

Le Valaque râlait.

XV

LE SALON DE FLORA

Le lendemain de la soirée mémorable où l'on avait pendu la crémaillère chez Léa la *Jolie-Laide*, Taïko-Fidé, qui courait depuis le matin à travers Paris pour savoir quelles étaient les suites du coup d'épée reçu par Stanislas Pavergi, vint rendre compte de ses démarches à Valterre. Le Valaque, blessé à mort, était soigné par Cora dans son appartement. A chacun de ses mouvements une écume sanglante apparaissait sur ses lèvres; on prévoyait qu'il ne passerait pas la journée. Le médecin qui le soignait, provoquant une enquête, pour couvrir sa responsabilité, on fit subir au blessé un interrogatoire. Mais il s'enferma dans un mutisme absolu, refusant de donner son nom, prétendant qu'il s'était enferré lui-même en se jetant sur la pointe de son épée. Stanislas Pavergi gardait la parole donnée.

En terminant son récit, le prince remercia chaleureusement Valterre.

— Vous avez risqué votre vie dans le but de me sauver d'un danger, dit-il, je ne l'oublierai pas.

Le vicomte profita de cette circonstance pour renouveler à Fidé ses avertissements et ses conseils. Il avait été surpris et mécontent de le savoir redevenu l'amant de Juliette Saurel, cette femme qui lui avait valu autrefois tant de mésaventures, qui l'avait trompé impudemment... Ne se souvenait-il plus du passé ?

Fidé, froissé d'entendre traiter ainsi sa maîtresse, interrompit :

— Si vous la connaissiez mieux, vous ne parleriez pas ainsi.

Et, dans un moment d'abandon, il lui conta mille traits démontrant la délicatesse de Juliette, son honnêteté native que le hasard seul avait pu dévoyer. Il dit quelle affection forte et pure les unissait, et combien il avait eu de torts à se reprocher vis-à-vis d'elle, en l'accusant jadis de ses propres fautes.

— Croyez-vous, conclut-il enfin, que cela soit le fait de la femme dangereuse et artificieuse que vous vous obstinez à voir dans Juliette ?

— Je pense, s'écria Valterre, que tout cela est une odieuse comédie, et que cette fille est plus à craindre encore que je ne le supposais... Ah ! vous avez cru que Juliette vous aimait !... Savez-vous ce qu'elle aime, ce qu'elle cherche à conquérir avec une patience de fourmi et une habileté de comédienne supérieure ? C'est votre fortune, uniquement. Votre amour pour Mlle de Maubourg a un instant traversé ses projets, mais elle n'a pas désespéré de votre faiblesse et elle a eu raison. Comment pouvez-vous associer dans votre esprit cette femme et la douce et aimable enfant qui fut Solange de Maubourg !...

Fidé voulut protester.

— Ah ! vous ne connaissez pas les grues qui se rangent, reprit Valterre. Celle-là est un des plus beaux échantillons de l'espèce. Vous étiez riche, plein de sentiments généreux, prêt à accomplir ce que vous considériez comme votre devoir dans l'existence. Elle vous a pris entre ses doigts crochus et, déjà, vous voilà brouillé avec vos amis, ne songeant plus à votre père ni à votre pays. Dans ses bras, vous avez oublié Solange... Oh ! je sais qu'elle agit avec prudence pour vous dépouiller... elle a commencé par mener avec vous une vie retirée... puis vous avez acheté un hôtel... puis des chevaux... enfin vous voilà tout à fait lancé dans une voie qui mène loin... Tenez, reprit-il après un instant de silence, quittez Juliette et retournez au Japon, ou je ne vous donne pas cinq ans avant d'être réduit à la misère... Elle, oh! elle aura des rentes et sera dame patronnesse de toutes sortes d'institutions extrêmement morales.

Le prince fut révolté d'entendre traiter ainsi sa maîtresse. Il répondit avec une vivacité que tempéraient pourtant sa reconnaissance et son amitié pour Valterre. Celui-ci, agacé par l'entêtement et l'aveuglement de Fidé, usa de moins de ménagements encore. Ils se quittèrent froidement, avec l'intention réciproque de ne plus se revoir.

Le prince revint tristement à pied vers l'avenue de Villiers. En marchant il réfléchissait aux paroles du vicomte, et tout en se disant qu'elles étaient inspirées par son amitié, il les trouvait complètement fausses, s'appliquant à Juliette. D'ailleurs, il sentait bien qu'il lui eût été impossible de rompre. Plus il vivait auprès d'elle, et plus il l'aimait. La jeune femme savait se l'attacher surtout par les sens. Maintes fois la fantaisie l'avait pris de revoir d'autres maîtresses; toujours il revenait avec des désirs nouveaux, sentant qu'il ne pourrait trouver nulle part les âpres et furieuses jouissances que lui procurait son amour. En même temps, un sentiment absorbant, terrible, se développait en lui : la jalousie. Il ne l'avait point ressenti pendant la période où ils vivaient en tête-à-tête dans leur solitude. Mais depuis qu'à sa prière, ils revoyaient leurs anciens amis, les sourires qu'elle leur prodiguait, les traits d'esprit qu'elle lançait à leur adresse, lui semblaient autant de vols de ses biens. Il ne disait rien, comprenant le ridicule de pareilles pensées, mais il souffrait, au fond du cœur, atrocement. Un seul point lui paraissait quelque peu fondé, dans les reproches de Valterre. Son argent fondait, fondait, avec une rapidité prodigieuse. Chaque courrier emportait une lettre où il demandait au vieux Taïko-Naga de nouveaux subsides. Celui-ci envoyait sans mot dire, ignorant les ressources nécessaires dans les pays inconnus et ne voulant pas que le dernier descendant des samouraïs de Mionoska eût à souffrir pour de mesquines considérations. Bientôt, dépourvu d'argent lui-même, il emprunta sur ses immenses propriétés. Dans ses lettres courtes et fières, c'est à peine si, par intervalles, il recommandait à son fils de ne point trop dépenser : cela lui semblait indigne d'un samouraï. Le prince connaissait l'étendue des biens de sa famille, mais il ignorait la dépréciation considérable causée par les derniers événements et l'arrivée en masse des Européens, et voyant l'argent lui venir chaque fois qu'il en témoignait le désir, il ne s'inquiétait pas davantage. Pourtant, l'insistance du vicomte arrêta un moment son attention sur ce point : Il eût été bien embarrassé, en effet, de dire où étaient passées les sommes énormes reçues du Japon. A la vérité, son voyage en Angleterre, le jeu, les paris, l'achat d'un hôtel et d'un équipage représentaient pas mal de billets de banque, mais c'était peu de chose encore, relativement à la dépense totale. Depuis son arrivée à Paris, plus d'un million lui était passé entre les mains, quoiqu'il eût mené une existence très modeste pendant les premiers temps. Les demandes incessantes avaient commencé lors de sa liaison définitive avec Juliette. Le fait est que le coffret d'ébène où elle mettait son argent était toujours vide: A chaque instant, de nouveaux désirs amenaient des dons nouveaux de Fidé. Mais quoi ! elle avait une façon si gentille, si caressante de demander, elle paraissait en éprouver tant de plaisir que le prince ne savait pas refuser. D'ailleurs, cela lui coûtait si peu, et il était si heureux de la voir contente ! Que de fois n'avait-il pas, en cachette, comblé les vides du coffret, pour se donner la joie des étonnements ravis de Juliette ! D'ailleurs, si elle aimait à subvenir elle-même aux besoins de la maison et à faire les achats, elle était, en revanche, très parcimonieuse lorsqu'il s'agissait de dépenses au dehors, du jeu ou des soupers. Ne le grondait-elle pas alors doucement de ses folies ? Ne s'était-elle pas opposée de toutes ses forces à ce que l'acquisition du petit hôtel de l'avenue de Villiers fût faite en son nom ? Ah ! ce soir-là ! comme il se le rappelait !... Comme elle avait été heureuse en trouvant sous sa serviette, à table, l'acte de propriété !... Comme elle lui avait tendrement reproché sa prodigalité... puis ardemment témoigné sa reconnaissance. Quelle soirée délicieuse ! Cela seul ne valait-il pas ces quelques billets de mille francs que Valterre, dans un subit accès de moralité, lui reprochait si amèrement de sacrifier ?

Le prince était arrivé devant la porte de l'hôtel. Il entra, et, sans déranger les domestiques, monta au premier étage. Dans l'escalier, un tapis avait amorti le bruit de ses pas. En pénétrant au milieu du vestibule, dont la porte cria, il entendit un bruit de chaises remuées. En même temps, et avant qu'il fût entré, Juliette soulevait la portière, et, toute rouge, se jetait dans ses bras.

— Bonsoir, mon ami... J'ai eu peur... J'entendais marcher... Ah ! j'ai reçu la visite de M. Estourbiac, qui pensait vous trouver chez moi.

Le journaliste, debout, dans le salon, avait l'air assez gêné. Fidé, sans remarquer son embarras, s'avança et lui serra la main :

— Bonjour, cher, comment allez-vous ?

— Très bien.., j'étais venu... parce que vous m'aviez prié de vous conduire chez Flora, vous savez...

— Flora? interrogea Juliette.

— Ah ! oui... je me souviens... ma chérie, c'est une femme littéraire. Il paraît que son salon est très amusant. Valterre y est allé autrefois, il m'en a parlé...

— Demande de congé, alors? fit gentiment Juliette en le menaçant du doigt... monsieur va chez des dames...

— Oh! si peu, interrompit Estourbiac, un bas bleu... et le seul de son sexe... C'est vraiment drôle...

— Soit, répondit la jeune femme. Vous me laissez le coupé? J'ai envie d'aller à l'Opéra. Je suis un peu souffrante et cela me distraira. A demain matin, alors. Je vous attendrai pour déjeuner, n'est-ce pas?

Ils allaient sortir. Juliette, s'adressant à Estourbiac, ajouta avec un sourire aimable :

— Quant à vous, nous vous reverrons, n'est-ce pas, monsieur?

Le prince était allé prendre quelque chose sur une console. Elle accompagna sa phrase d'un regard significatif. Le journaliste s'inclina :

— Oui, madame, bientôt... je l'espère.

Un instant après, ils se trouvaient dans la rue. Fidé voulut arrêter un fiacre.

— Non, dit Estourbiac, montons plutôt en omnibus. Avec un fiacre, nous ferions sensation chez Flora. On nous prendrait pour des ambassadeurs du Pérou. Ah! au fait, nous pourrons le quitter au coin de la rue et cela sera plus commode pour causer...

19.

Dans la voiture, il reprit :

— En arrivant, je vous présenterai comme un Japonais de mes amis, étudiant en droit. On connaît votre nom, car on est au courant de tous les cancans de Paris et, si je le disais, on poserait pour vous... vous ne verriez pas la maison telle qu'elle est. De cette façon, après une présentation pour la forme, nous nous assoierons à la même table. Personne ne s'occupera de nous. D'abord, il faut que je vous donne quelques détails biographiques.

— Mais, interrompit le prince, ne trouvera-t-on pas étrange que nous arrivions ainsi pour dîner?

— Allons donc ! c'est l'usage général... D'ailleurs, ne vous attendez pas à faire un bon repas... Je commence mon récit.

Et tandis que le fiacre roulait lentement, il conta à Fidé ce qui suit :

Flora, qui se nomme Eugénie sur les actes de l'état civil, est fille d'un très brave homme de Nantes, petit rentier, mangeant consciencieusement son revenu, comme le pratiquaient depuis un siècle les Chumeau, de père en fils. M. Chumeau était très fier de sa fille, qu'il avait eue à un âge où d'ordinaire on renonce à procréer. Il lui fit donner une éducation de premier choix... qualité superfine, comme disait l'ami Potarel, un vieil épicier, son voisin. Flora apprit à gratter l'ivoire des pianos sous des maîtres chevelus, qui lui inculquèrent même quelques notions de composition ; on lui enseigna la danse; elle posséda l'art de salir des toiles et de représenter la belle nature avec du bleu de Prusse, du jaune de chrôme et du brun Van-Dyck mélangés en proportions diverses... Lorsqu'elle eut seize ans, M. Chumeau constata qu'il avait notablement entamé son capital, mais il fut convenu que sa fille devait épouser un prince, pour le moins. Mlle Flora, elle, derrière le mari voyait surtout une installation à Paris, le rêve de sa jeunesse. Le prince ne vint pas, mais plusieurs fils de commerçants et d'industriels de Nantes, attirés par la beauté vraiment remarquable de Mlle Chumeau, demandèrent sa main. Après des mois de tergiversations, elle allait enfin prendre un parti, lorsque M. de Rocroy, vieux et riche propriétaire de Paimbeuf, se mit sur les rangs. Flora réfléchit un moment, puis elle accepta la demande de M. de Rocroy. Elle avait, pour cela, plusieurs raisons : D'abord, M. de Rocroy était riche, sa fortune s'élevant à cinquante mille livres de rente environ, et quoiqu'il ne tînt par aucun côté à la grande famille des Rocroy, son *de* était tout de même très authentique... Il fréquentait le meilleur monde et passait les hivers à Paris. A la vérité, le vieux gentilhomme était très cassé, très usé par des excès de jeunesse, mais cela même ne déplaisait pas à Flora : Elle se sentait toute la vocation nécessaire pour devenir une fort jolie veuve. La chose arriva plus tôt qu'elle n'eût osé l'espérer. M. de Rocroy usa ses dernières forces dans l'amour sénile qu'il avait conçu pour sa jeune femme. Il s'éteignit un beau matin, ainsi qu'une lampe manquant d'huile. A part quelques legs peu importants, il laissait toute sa fortune à Flora. La mignonne veuve s'empressa de faire vendre la propriété de Paimbœuf, se constitua un capital en valeurs, et vint s'établir à Paris définitivement. Naturellement, dans le monde où elle parut, avec sa beauté très remarquable, la fraîcheur de ses vingt ans, auxquels le deuil seyait merveilleusement, le tout agrémenté d'une fortune considérable, les soupirants se présentèrent en foule, de tous côtés. Flora, cette fois, n'était pas pressée, se trouvant très heureuse dans son nouvel état de veuve courtisée. Elle voulait épouser au moins un titre. Cela dura deux ans, après quoi, soit qu'un grand amour la possédât, soit qu'elle fût lasse du veuvage, soit pour tout autre motif, elle se maria soudainement avec le jeune comte de Gallieri, qui, ayant mangé sa fortune, commençait à se faire un nom dans la peinture. Ce fut pendant quelque temps un très heureux ménage. Puis, Hector, de nouveau riche, abandonna peu à peu le travail et reprit ses anciennes habitudes. Il fit quelques dettes, et pour les payer il fallut attaquer le capital, les revenus se trouvant insuffisants. Flora, très insouciante sur ce point, laissait faire. Les premiers dissentiments se produisirent sur le terrain artistique. La comtesse, légèrement bas-bleu, se souvenait trop d'avoir composé des barcarolles. : Elle critiqua légèrement les toiles de son mari. Pour se venger, il se moqua spirituellement de quelques vers de sa façon qu'elle eut l'imprudence de lui montrer. Dès ce jour, la division commença et fut bientôt consommée. On se reprocha des légèretés, des défauts mutuels. L'hôtel qu'ils habitaient devint un enfer. M. Chumeau, mandé par sa fille, accourut avec Mme Chumeau. Ce fut fini. Deux mois après, le comte et la comtesse de Gallieri étaient séparés judiciairement. Surtout pendant les derniers temps, la fortune laissée par M. de Rocroy avait été notablement entamée. M. Chumeau s'occupa de mettre les affaires en ordre. Quand tout fut liquidé, il ne restait plus que vingt-cinq mille livres de rente, juste la moitié du revenu primitif. M. Chumeau adressa à sa fille de sages conseils, et mourut quelque temps après. C'est alors que Flora, qui n'était déjà plus toute jeune, voulut mettre à exécution une idée qu'elle caressait depuis longtemps : fonder un salon littéraire. Mme Chumeau, consultée, ne vit pas d'obstacles ; cette bonne femme n'avait, d'ailleurs, jamais eu de volonté. Flora reprit son nom de veuve et se fit appeler Flora de Rocroy. Elle acheta dans la rue Cassini, près de l'Observatoire, une petite maison isolée, et, deux fois par semaine, donna des dîners; après le dessert, on passait au salon, pour causer. D'abord, ces soirées, fréquentées par d'anciennes connaissances, se passèrent assez bien. Puis, le bruit se répandit, on ne sait comment, qu'on tenait table ouverte chez celle qu'on nommait familièrement : Flora. Les gens comme il faut cessèrent d'y venir ou ne parurent que par hasard, en curieux. L'élément féminin ne fut plus représenté que par la maîtresse de la maison, sa mère et une amie, Mme Berquin. D'un autre côté, Flora ne se sentait aucune disposition pour la vie cénobitique. Elle eut un amant qui fut, comme de juste, un des bons amis de son mari. Ils mirent pourtant une certaine discrétion dans leur liaison; on la soupçonnait sans certitude absolue. Mais, ils se lassèrent un beau jour, et le gentilhomme, ne se sentant plus à son aise dans ce milieu de bohèmes où les mœurs prenaient des allures de plus en plus relâchées, disparut. Flora trouva commode de faire un choix parmi ses nouveaux amis. Elle eut d'abord un auteur dramatique assez connu, puis un poète, puis d'autres. A mesure qu'elle vieillissait, ses amants devenaient plus adolescents et leurs relations moins désintéressées. Le dernier, Léon Blanche, un jeune sculpteur, propriétaire d'une très belle tête, qui lui donne l'air échappé d'un tableau de Cabanel, s'est délibérément installé chez sa maîtresse.. Un salon du rez-de-chaussée a été, pour lui, transformé en atelier. Aujourd'hui, Flora est assez âgée, et quoique, bien entendu, on évite de toucher ce sujet-là, rue Cassini, chacun sait à quoi s'en tenir sur sa liaison. Elle passe pour avoir soixante mille livres de rente. La maison n'est plus guère fréquentée que par des bohèmes enchantés de dîner « à l'œil », par quelques vieux amis de Flora, originaux très curieux, et par des débutants du quartier Latin qui, les jours fixés, arrivent là en bandes, pour voir. Il y a aussi plusieurs médiocrités de l'art et de la littérature qui viennent moitié pour dîner, moitié pour débiner les camarades ou les célébrités. Le salon de Flora est, dans ce sens, un concert admirable, et c'est le seul point sur lequel tous ces gens se trouvent d'accord... Du reste, cela dure depuis longtemps, et tout le monde à Paris y a plus ou moins passé...

Comme Estourbiac donnait ces derniers détails, la voiture s'arrêtait devant la porte de Flora de Rocroy. Ils descendirent et le journaliste sonna. Une bonne vint ouvrir. Ils entrèrent sans donner d'explications. Dans une sorte d'antichambre, moitié atelier, moitié vestiaire, un monsieur accrochait gauchement son chapeau d'un air assez embarrassé.

— Tiens ! Estourbiac... et le prince Ko-Ko !... Quelle rencontre !

C'était Boumol. Estourbiac, surpris, posa une question idiote :

— Vous venez chez Flora ?

— Parbleu !... Seulement je suis ennuyé, c'est la première fois... Houdart devait me faire entrer, mais je suis arrivé un peu en retard... je vais monter avec vous.

Estourbiac fit la grimace. On expliqua à Boumol que le prince venait incognito... on le pria de prévenir Houdart, s'il était là-haut. Par l'escalier, on entendait un bruit de plats, de verres, de conversations. Un jeune homme en veston de velours, la tête couverte d'une chevelure noire frisée, ressemblant à un écolier moyen âge, descendait. Il eut, en voyant Boumol et le prince, un sourire légèrement dédaigneux, qui devint aimable à l'aspect d'Estourbiac. Il serra la main du journaliste et cria :

— Dépêchez-vous. Vous n'auriez plus de place... il y a un monde fou...

Dans l'escalier, envahi par les odeurs de cuisine et les parfums éventés des chambres à coucher, des chats dormaient, accroupis sur les marches, habitués au bruit. Ils entrèrent. Estourbiac, allant droit à Flora sans s'inquiéter des assistants, présenta ses deux compagnons :

— M. Boumol, littérateur... Un étudiant japonais de ses amis...

D'un coin de la petite salle, bondée de monde, un cri était parti :

— Ah ! voilà le prin...

C'était Houdart. Boumol, se précipitant vers lui, le fit taire. Dans la salle, on jetait sur les nouveaux venus des regards médiocrement bienveillants. Il allait falloir se gêner, peut-être rogner les portions. Justement, ce soir-là, il y avait foule. La grande table était garnie, ainsi qu'une petite, apportée exprès. Flora, par considération pour le feuilletoniste, fit serrer les coudes et plaça Estourbiac auprès de sa mère. Houdart, désertant la petite table avec un sans-façon remarquable, arrangeait trois places pour Boumol, le prince et lui, derrière le piano à queue de Flora. Elle, très inquiète, recommandait de ne pas le tacher.

— Nous allons rire, dit Houdart... Nous serons très bien ici pour voir et pour causer... Seulement gardez un moment la place. Je vais aller chercher du liquide à la cuisine.

Il s'absenta et revint avec des bouteilles sous les bras. On n'y fit guère attention. Il les cacha soigneusement contre le piano.

— Comme ça, nous sommes sûrs de boire à volonté.

A grands cris, il réclama du potage. Flora, qu'il amusait, le regardait en souriant :

— Comment diable se fait-il que tu sois venu ici? demanda le poète à Fidé.

— Mais... pour voir... C'est M. Estourbiac qui m'a amené...

— Oh! bien alors, tu ne pouvais pas mieux tomber qu'avec moi... Je vais t'expliquer les types et faire les biographies, tandis que Boumol mange... Il a l'air d'avoir très faim, Boumol.

L'autre releva le nez :

— Oui, très faim.

— D'abord, connais-tu l'histoire de Flora de Rocroy?...

— Oui, M. Estourbiac me l'a racontée.

— Alors, en face d'elle, cette femme parcheminée avec des airs poudrés, des tournures de vieille linotte Régence, c'est Mme Chumeau, née Pitollot, femme de défunt M. Chumeau, rentier, sœur... tous les portraits de cette famille illustre sont dans sa chambre... Elle préside silencieusement et solennellement aux dîners, reçoit les compliments des habitués avec sang-froid et se retire à dix heures... Très patriarcal, comme tu vois... A côté, ce noble vieillard, les cheveux rejetés en arrière, l'œil unique plein d'inspiration, qui se tait et paraît méditer des choses surprenantes, c'est Durassier, un auteur dramatique qui a eu un acte aux Français, il y a trente ans.

Ici, il fait métier de distiller l'enthousiasme. Tu le verras éclater tout à l'heure. Léon Blanche, l'amant de Flora, est sorti...

— Nous l'avons rencontré dans l'escalier...

— Ah! bon... c'est un sculpteur... il est assez spirituel et méchant, mais sa situation ici lui attire des réponses un peu dures. Du reste, il y a pas mal de gens qui voudraient être à sa place. Par exemple Abadie, ce grand jeune homme, à côté d'Estourbiac. C'est un reporter. Celui-là vit complètement des femmes... son histoire est amusante. Entre autres canailleries, il a dernièrement pris pour maîtresse une pauvre fille venue de province pour débuter au théâtre à Paris. Abadie a boulotté les quelques milliers de francs qu'elle avait, puis il l'a lâchée : il a même vendu ses meubles... C'est un chevalier d'industrie mêlé d'autre chose. Pas très fort, du reste, puisque chacun sait à quoi s'en tenir sur son compte. Ici il est l'amant de la femme de chambre, cette grande fille à laquelle il manque deux ou trois dents... Flora, qui est bonne comme le bon pain et qui sait cela, a dit à Abadie de déjeuner et de dîner chez elle, pour qu'il puisse voir plus souvent sa maîtresse. C'était ce qu'il voulait. C'est toujours cela de pris. Entre Flora et Abadie, ce monsieur à favoris est un officier de marine que je ne connais pas. Il revient de Tripoli, d'où il a apporté à Flora cette jolie lanterne que vous voyez au plafond. Ah ! voilà Léon Blanche qui entre. A côté de lui, le vieux à perruque, aux trois quarts gâteux, est un poète, Montereau, l'auteur d'un sonnet fameux : *le Hanneton mélancolique*. Ne lui en parle pas, par exemple, il est furieux qu'on ignore le reste de ses œuvres. C'est, avec Durassier, un des plus anciens habitués. Cette grosse femme qui fait des mines de perdrix en couches, s'appelle Mme Berquin, — la grande amie de Flora. Son voisin, ce noir grisonnant, avec une tête pointue, c'est Emile Delannée, un farceur qui prédit l'avenir d'après la physionomie et les lignes des mains. Il magnétise aussi. Chose étonnante, il a réussi à se faire prendre au sérieux et à persuader à tout le monde qu'il est très redoutable, très influent. Son principal titre à *la notoriété* est de figurer dans tous les enterrements. Il cause en ce moment avec le musicien Toquaire, un inspiré. Ça se lit du reste sur sa figure. Remarque cette face ascétique. Toquaire a inventé une musique à lui... il méprise les autres arts et les autres musiciens... Il ne vient ici que pour raisons sérieuses, pour manger, car les compositions de Flora l'horripilent... Aussi, vois avec quelle gravité il s'empiffre, écoutant à peine les paroles de Delannée, venu, du reste pour le même motif. Mais, si nous faisions comme eux ! Mangeons ; dans un instant, je biographierai la petite table...

— Mangeons, approuva Boumol, qui n'avait pas perdu une bouchée et pas écouté un traître mot de la diatribe de Houdart.

Le poète, ayant la sage coutume de se servir lui-même, retourna dans la cuisine, d'où il revint chargé de victuailles. Du reste, la précaution devenait utile. Le diner, insuffisant pour les dix-sept personnes qui se trouvaient dans la salle, était servi d'abord à la grande table ; ce qui restait — quand il y avait un reste — venait s'échouer sur la petite, rarement des vestiges parvenaient jusqu'au piano. Grâce aux voyages répétés de Houdart, ils dînaient à peu près convenablement, pourtant, car le poète connaissait les cachettes de la cuisine. Fidé, qui ne se sentait aucun appétit, regardait avec curiosité les efforts que faisaient les trois convives de la petite table pour se procurer des vivres, redemandant des plats, s'efforçant d'attirer la bonne de leur côté. Le vin aussi commençait à manquer. On n'en déposait plus que devant Flora, et les rares bouteilles, en arrivant, se vidaient comme par enchantement. Heureusement, Houdart avait fait sa provision. Le vin étant épuisé, on apporta de la bière. A la petite table, on s'empara de quelques cruchons qui furent dissimulés dans un coin. Le repas, très frugal, tirait à sa fin, au grand ennui de Boumol. Les conversations, s'élevant par degrés, les discussions d'art renforçaient le dessert extrêmement modeste. Un monsieur bien mis, l'air distingué, répondant à une question de Flora, parlait à haute voix, de la petite table. A demi tourné vers la grosse bande, il narrait de son timbre flexible, très bien, sans interruption, sans embarras, émaillant d'anecdotes gentilles sa causerie. Sa longue barbe, finement blonde, divisée en deux pointes, ses yeux bleus, ses cheveux romantiques, rappelèrent à Fidé des souvenirs. Il interrogea Houdart.

— C'est un poète, Tibulle Mosès. Tu as dû le voir aux premières. Il est marié avec la fille de Bergier, l'écrivain célèbre ; mais sa femme étant bas-bleu, il y a longtemps qu'ils se sont séparés d'accord tacite. Il écrit dans plusieurs journaux, collabore à des pièces et publie des volumes qui se vendent peu... Il a élevé l'art de faire des dettes à la hauteur d'un principe... Il vient assez rarement ici. Son voisin, ce grand jeune homme brun, d'aspect étrange, avec des cheveux immenses et une large bouche, est un journaliste presque débutant, un vrai Lucien de Rubempré... René Maulcerf ; tu dois le connaître de nom... C'est un des dix mille méridionaux qui arrivent annuellement sur l'asphalte dans l'espoir de conquérir Paris... Je le déteste à cause de son égoïsme, mais je demeure en de bons termes avec lui parce qu'il peut être à la fois dangereux et utile... C'est, je crois, la première fois qu'il vient ici... Mosès l'a amené... Demain il y aura sûrement dans quelque journal un article d'éreintement sur les convives de Flora... C'est son habitude... Quant à ce monsieur, qui nous tourne le dos et ne perd pas une bouchée, c'est un des personnages les plus ridicules de Paris... après son père toutefois... Celui-ci se nomme Théophile Dondel, et il a perpétré deux ou trois poèmes didactiques, après lesquels, plein d'admiration pour lui-même, il s'est de bonne foi, cru le plus grand poète du monde et a posé sa candidature à l'Académie... Dans l'ordre littéraire, il est aussi amusant que feu Gagne dans l'ordre politique. Celui que tu vois, Paul Dondel, ne s'est pas encore attaqué à la grande poésie... Il s'est contenté jusqu'ici de pondre tous les deux ou trois mois un dizain de sonnets qu'il fait imprimer et glisse dans les poches de tous les gens qu'il rencontre... Tu n'y échapperas pas ce soir... Il admire son père, ce qui est inénarrable... Ce qu'il y a de bien, encore, c'est que tous les deux posent pour les catholiques convaincus, intransigeants... Il est ici pour le même motif que Delannée, Montereau...

— Houdart et Boumol, interrompit le bohème en riant...

— Tiens... tu n'as donc plus rien dans ton assiette, toi, reprit le poète... Ah ! voilà Durassier qui s'emballe... Ça va être drôle...

En effet, il s'emballait, Durassier. Dans son

improvisation facile, élégante, Tibulle Mosès laissait échapper le mot de *raté*, en parlant d'un auteur qu'il avait connu. Là-dessus le vieillard, sensiblement touché, riposta :

— Les ratés ! savait-il seulement ce que c'était, jeune homme ? Le plus souvent des génies que la platitude humaine empêchait de prendre leur essor, des sublimités incompatibles avec les bassesses du terre-à-terre et pour cette raison incomprises...

Il s'était levé, gesticulant avec virulence, lançant des éclairs, de son œil unique, s'égarant dans des périodes si longues que, parfois, la respiration lui manquait.

... Le succès est une fille, il n'y a que les vrais mâles, les génies qui l'engrossent !... Le génie ! Ah ! le génie ! quelque chose d'indépendant des circonstances et des mesquines considérations d'actualité... C'était comme cette assiette... on pouvait la frapper du doigt partout avec plus ou moins de force sans la briser... mais si on touchait le point précis, le plus léger choc suffisait...

Il avait sans nul doute rencontré le point précis, car l'assiette venait de se séparer en deux, sous un coup de pouce vigoureusement appliqué. Un morceau tomba. Flora de Rocroy se mit à rire. Mme Chumeau, effrayée, s'écarta. Durassier, content du succès de son mouvement oratoire, continuait, brandissant le quartier de porcelaine, faisant des moulinets avec ses bras. A la fin d'une nouvelle période, il s'écarta tellement de sa place, que le morceau d'assiette, en tournant, vint accrocher une terre cuite sur la cheminée. C'était le buste de Flora de Rocroy, par Léon Blanche. Durassier, stupéfait, s'arrêta : dans sa véhémence, il avait enlevé le nez de la terre cuite. Cela jeta un froid. Flora et Léon, furieux, faisaient grise mine. Delannée, toujours complaisant et empressé, ramassait l'organe, assurant que ça pouvait se recoller. Puis, épluchant ses noix, il ajoutait avec calme :

— Jamais je n'ai vu personne exciter aussi fortement l'enthousiasme que M. Durassier.

Durassier, très penaud, s'excusait. D'autres avaient peine à retenir une forte envie de rire. Enfin, craignant de se mettre en colère devant tout ce monde, Flora lança au vieil auteur dramatique un coup d'œil furieux, et, se levant, donna le signal de descendre à l'atelier pour prendre le thé.

Fidé voulut dire quelques mots à Estourbiac, mais il ne put le retrouver. Le journaliste était sans doute sorti un instant.

Dans l'atelier, on s'assit au hasard sur les chaises, sur un divan, dans un coin. Plusieurs demeurèrent debout. Une petite cour s'était formée autour de Flora, nonchalamment étendue dans un fauteuil. On apporta le thé. Il n'y avait que dix tasses pour quinze personnes. Les habitués, au courant des coutumes, se précipitèrent. La bonne lava ensuite les tasses et les rapporta. On procédait sans ordre, abstraction faite des usages. Houdart passait encore à la cuisine pour être sûr de ne pas manquer de thé. Chacun s'efforçait d'en prendre le plus possible. Boumol, vite à son aise, s'étant emparé d'une bouteille de kirsch, se versait des rasades répétées. On venait d'apporter, spécialement pour Flora, un verre immense rempli de punch. Elle ne buvait que cela pendant toute la soirée. Le bruit courait même qu'elle y mélangeait du poivre. Le prince, très embarrassé dans ce milieu étrange, examinait une peinture. Maulcerf vint à lui :

— N'êtes-vous pas, dit-il, le prince Taïko-Fidé ?

— Oui, mais je vous prie de n'en rien dire... On me questionnerait...

Maulcerf le promit ; mais il questionna pour son compte, notant les réponses dans sa mémoire. Très au courant de tout, il écrivait des biographies de gens célèbres, ce qui lui avait fourni l'occasion de les connaître et surtout d'être connu d'eux.

La conversation devenait générale. Paul Dondel, Abadie, Flora, Léon Blanche, Montereau, Delannée, Durassier, tous ces ratés, ces médiocres, employaient à mordre et à déchirer les réputations, ce qu'ils avaient d'esprit et le fiel que la rancune des insuccès amassait dans leur âme. C'était comique et très triste. Montereau éreintait Victor Hugo, Paul Dondel mordait Émile Zola, Flora se prononçait et chacun, par flatterie, se rangeait à sa sotte opinion de bas-bleu. Tibulle Mosès lui-même, se contentait d'adoucir les expressions, tempérant les critiques, mettant de l'huile autour des dards. Du reste, on ne s'attardait pas aux gens célèbres. On attaquait surtout, avec une méchanceté féroce des amis absents, des jeunes, des débutants encore inconnus du grand public, mais bien connus des convives de Flora. Pour ceux-là, la calomnie pouvait être encore dangereuse. On le savait, et on en usait. On ébruitait des propos infâmes, colportés ensuite ailleurs. Le salon de Flora était comme un temple de la médisance... D'ailleurs, tous ces médiocres se croyaient sincèrement une importance.

Émile Delannée accrochant Houdart dans un coin, lui demanda quel était cet exotique, amené par Estourbiac et qu'il paraissait connaître. Le poète, pour le mystifier, répondit que c'était un Japonais parisianisé et mélomane enragé. Muni de ce bon renseignement, Delannée, opérant un mouvement tournant, s'approchait, regardant attentivement Fidé, fronçant les sourcils. Tout à coup, il posa la main sur le bras du prince et dit d'un ton d'autorité :

— Je vous observe depuis un moment, monsieur... J'ai étudié votre visage... Laissez-moi consulter votre main... C'est cela... parfaitement... la transversale est très nette... ces pommettes... Il y a l'indice d'une volonté énergique... Vous serez un grand musicien, monsieur... je ne vous connais pas, mais vous serez un grand musicien, c'est Delannée qui vous le dit...

Fidé le regardait d'un air ahuri. Le chiromancien passa près de Boumol qui ne quittait pas le kirsch.

— Je viens de lui prédire son avenir, il sera un grand musicien...

— Qui ça? demanda tranquillement le bohème.

— Ce Japonais... et quand je dis quelque chose... Vous me connaissez sans doute?

— Non.

— Oh! pas physiquement... Je veux dire de nom...

— Ah! dame, je ne sais pas... Comment vous appelez-vous?

— Delannée... Émile Delannée.

Il souriait, attendant l'effet. Boumol ignorait profondément. Pourtant, ne voulant froisser personne, il eut l'air de chercher.

— Attendez donc... vous êtes peintre...

— Mais non... voyons... je...

— Ah oui! parfaitement, interrompit Boumol.

Delannée, froissé, s'éloigna. Puis, voulant se rattraper, il proposa de magnétiser Mme Berquin.

La grosse dame protesta, se défendit. Mais tout le monde criait : — Si! si! Elle céda. Delannée voulait entrer seul avec elle dans la salle voisine où il y avait un lit de repos, prétendant que la présence de curieux lui enlevait la moitié de ses facultés. Mais, cette fois, elle refusa carrément. Alors Léon Blanche, Houdart et Montereau les accompagnèrent. Mme Berquin s'appuya sur l'unique meuble, un lit ignoble qui semblait toujours avoir servi un instant auparavant, et Delannée commença ses passes. Mme Berquin, immobile, un peu inquiète, gardait son sérieux et la gêne qu'elle s'imposait lui faisait monter le sang à la tête. Malgré les efforts de Delannée, ses torsions de mains, ses fulminations de l'œil, le fluide ne venait pas. Alors, avec une parole lente qui glissait entre ses lèvres comme sur de la glu, il répétait :

— C'est bien curieux...

L'air de l'atelier devenant irrespirable, saturé par la fumée des cigares et des cigarettes, Flora proposa de remonter. Durassier, désireux de regagner les bonnes grâces de la maîtresse de la maison, la pria de jouer quelques-unes *de ses charmantes compositions*. Elle se fit un peu prier, puis elle s'assit devant le piano à queue. Sa musique n'était pas, après tout, plus mauvaise qu'une autre. Elle était sûrement excellente pianiste. Les convives, en rangs d'oignons, payaient leur dîner en exclamations admiratives. Dandinant sur le tabouret ses chairs avachies, ses seins qui battaient le branle-bas de la vieillesse, Flora faisait des grâces. Vraiment, on se demandait comment Léon Blanche pouvait avoir le courage de rester l'amant de cette grosse femme farcie de grogs et de bas-bleuisme. Il devait y avoir, derrière ces exhibitions publiques où le jeune homme faisait l'empressé pour ne pas augmenter l'abaissement de son rôle, de terribles scènes de vie à deux. Debout auprès d'elle, il chantait une barcarolle. En les voyant ainsi unis comme des amoureux, elle, vieille, laide, abrutie, fanée, lui, jeune, beau, spirituel, dans toute la fougue et la vigueur de sa puberté, il était impossible de ne pas se faire une haute idée de la puissance de l'or.

Toquaire agacé, félicitait fiévreusement Flora de Rocroy. On le pria de tenir le piano à son tour. Cette petite comédie se renouvelait tous les huit jours. Toquaire exécuta un morceau impétueux. D'après ses théories, on pouvait exprimer avec la musique toutes les idées. En ce moment, ce qu'il jouait représentait une scène dans un ménage d'ouvriers. Devant le piano, il se pâmait, voyant son sujet, extatiquement.

Personne ne comprenait rien. On se regardait avec de petits sourires de mépris. Il était vraiment fou, ce Toquaire. Mais Flora le conservait parce qu'il l'amusait, avec ses originalités. Et puis, ses idées à part, c'était un musicien savant.

Quand il eut fini, on pria Houdart, le poète, de dire quelque chose. Léon Blanche insista méchamment :

— Il nous faut de la poésie pour un dîner. Ce sera la première fois qu'elle aura nourri son homme.

Houdart lui lança un regard brillant. Il se recueillit et dit :

— J'ai oublié toute ma poésie. Mais si vous le désirez, je vais soutenir une thèse devant vous. Je l'avais préparée pour mon examen de doctorat, que le malheur des temps m'a empêché de passer.

De toutes parts on cria :

— Oui ! oui !

— Je veux prouver qu'il est légitime et naturel d'exploiter l'amour et d'en vivre autant que de cultiver la poésie — ou la sculpture — ajouta-t-il en regardant froidement l'amant de Flora.

Il y eut, dans l'assemblée, un moment de stupeur. Léon Blanche devint tout pâle, essayant d'esquisser un sourire. Flora rougissait et fronçait les sourcils. Tout le monde était gêné. Houdart continua :

— « C'est une tâche ingrate que j'entreprends là. Parce que, d'une part, jamais on n'a été plus acharné contre les pauvres gens qui vivent de l'amour et que, d'autre part, eux-mêmes s'abandonnent au mépris public, baissent la tête et, avant même que le coq n'ait chanté, renient leur métier, et peut-être en médisent. Pourtant, ce métier, qu'on a coutume de considérer comme abject, en vaut à tout prendre un autre. Il me sera facile de le démontrer.

» D'abord, il est nécessaire de distinguer. Il y a deux classes d'alphonses, d'après leur façon d'exploiter l'amour. Les uns sont souteneurs de filles — ce sont les plus méprisés — les autres sont entretenus par une femme riche. Procédons par ordre, et, parlant des souteneurs de filles, jetons, comme disent les orateurs solennels, un coup d'œil sur l'histoire :

» Abraham fut un grand alphonse devant l'Eternel. C'est la Bible, que révèrent les peuples civilisés, qui lui donne ce titre, avec beaucoup d'autres. Sur le point d'entrer en Egypte, disent les saintes Ecritures, il tint à sa femme, la belle Sara, ce raisonnement judicieux :

» — Le roi de ce pays, qui est un fameux paillard, ne manquera pas de te trouver belle et de te désirer. S'il sait que tu es ma femme, il me tuera sans doute pour te ravir. Tandis que si tu passes pour ma sœur, il trouvera tout simple de te prendre et, même, me comblera de cadeaux en échange.

» Les Ecritures ont oublié de noter la réponse de Sara, et c'est grand dommage. Toujours est-il que le plan de ce patriarche, auquel on ne peut dénier la philosophie, eut le plus complet succès. Or, Abraham, le glorieux alphonse, est donné en exemple par tout un système de morale : l'Eglise l'a honoré. Pourquoi être aussi sévère envers ses imitateurs ? Il y a là une flagrante injustice.

» Je pourrais multiplier les exemples tirés des histoires grecque et romaine : la mythologie n'avait-elle pas déifié le souteneur dans la personne de Mercure ? Mais j'ai hâte d'arriver à des temps plus rapprochés. Ouvrez l'histoire de la France ou celle de tous les pays modernes. Vous verrez qu'à la cour, les courtisans prostituaient à l'envi au monarque leurs femmes et leurs filles, et tiraient de ces alliances de la main gauche honneur et profit. C'est là une chose indiscutable. C'est pourquoi l'idée mère du *Roi s'amuse* de Victor Hugo est entièrement fausse. Le poète a appliqué à une époque les idées d'une autre. Le sire de Saint-Vallier est un bourgeois de 1830, non un gentilhomme de la cour de François Ier.

» Ces hautes considérations sur la vertu des femmes n'étaient guère de mise alors. Ce droit qu'on appelle le droit du seigneur dans les opérettes, par respect pour les oreilles chastes des spectateurs, n'a jamais indigné personne en France. Il n'est pour rien dans notre Révolution. On détestait la taille, on abhorrait la dime, on exécrait le droit de chasse. A chaque instant on s'ameutait pour leur suppression. Mais le droit du seigneur laissait le paysan français plus indifférent. Il philosophait, à l'exemple d'Abraham.

» Aujourd'hui encore, ces grandes idées sur l'honneur raffiné sont inconnues dans le peuple, à peine soupçonnées dans l'aristocratie. Quel est donc le gentilhomme de vieille roche qui s'indignerait de voir sa fille maîtresse du roi, si le roi pouvait revenir? Cela serait le comble du mauvais goût. On s'offense à peine des relations de sa femme avec un tiers. Dans les salons, faire un éclat, cela est le propre d'un homme mal élevé. On feint d'ignorer. On est cocu avec distinction.

» Toute cette phraséologie morale, avec ses conventions et ses détails pointilleux, représente les idées de cette bourgeoisie dont Victor Hugo a si admirablement transformé en dogmes les préjugés et les distinctions subtiles.

» Il faut réduire, pour être logique, le raisonnement à ces termes : Le souteneur tire profit du corps de la femme. Il est commissionnaire en prostitution. Dira-t-on qu'il est méprisable parce que l'objet de son commerce est digne de mépris? Mais alors que penser du vidangeur? que dire du cafetier qui livre de l'absinthe aux ivrognes? Vous voilà honni, monsieur Lesage, vous voilà vilipendé, monsieur Bignon. La profession du souteneur s'exerce en vertu d'un marché librement consenti de part et d'autre. L'homme accorde sa protection. On la lui paye. Quoi d'illégitime? J'ai connu autrefois une petite fille au quartier Latin. Je l'ai rencontrée un jour, mieux nippée, à Mabille. Elle m'a dit fièrement :

» — Oh! maintenant, je suis contente; j'ai réussi à trouver un m.....

» La race disparaîtrait-elle, tuée par l'animosité bête des contemporains? Le mot de cette fille l'indique et je le crains. Pauvres gens! Mais, prenez garde, ô bourgeois ; si vous supprimez une force sociale, vous rompez l'équilibre. Or, qui niera que l'alphonse soit une force sociale?

» En quoi ce commerçant est-il plus répréhensible qu'un directeur de théâtre, par exemple? L'un fait argent de la chair d'autrui, l'autre de son intelligence. Or, l'intelligence étant d'un ordre plus élevé que la matière, si ce commerce est coupable, le directeur sera mille fois plus criminel.

» Le souteneur est l'impressario de la femme, le directeur est l'alphonse de la pensée.

» Par quelle inconséquence honore-t-on l'un et méprise-t-on l'autre?

» Il y a plus. Voyons, quelle différence trouvez-vous entre le souteneur qui, tous les soirs, vend la possession d'une femme et Laban qui livre pour toujours sa fille en échange de sept années de services? Or, combien y a-t-il de Labans dans notre société, avec cette circonstance aggravante que Jacob est vieux, catarrheux, obèse, glabre, et qu'il achète au poids de l'or une vierge qui cède, sans amour et sans volonté, à l'autorité paternelle? Dites, entre le souteneur et le père qui vend la main de sa fille, quelle est la différence? Il y a la distance d'un sacrement, c'est-à-dire rien. Tous deux vendent une femme, l'un à terme, l'autre définitivement. Tous deux sont des alphonses, seulement les pères en question le sont avec privilège. Ce sont des alphonses patentés. Ils ont la marque et sont garantis par l'Etat. Les autres sont conspués. Où est donc la justice?

« Et telle est la sottise de notre monde bourgeois qu'on a étendu cette qualification injurieuse d'Alphonse à l'amant qui accepte de l'argent de sa maîtresse. Citez-moi quelque chose de plus drôle : Un homme reçoit d'une femme des faveurs qui se chiffrent dans un autre milieu et qui, souvent même, appartiennent à un mari. Or, cet homme refuserait avec indignation de donner la main à un pauvre diable entretenu par une maîtresse riche, belle et qui n'appartient à personne, elle. Et quand elle serait laide, cette maîtresse?

Je reprends mon raisonnement. En quoi l'amant qui reçoit de l'argent d'une femme, en échange de son corps, est-il plus vil que l'employé de l'État qui touche des appointements, rémunérant l'emploi de son intelligence? Ils en dépensent bien peu, d'intelligence, les employés de l'État, mais prenez tout autre exemple, il ne sera pas moins juste.

» On veut l'égalité parfaite de l'homme et de la femme. On fait des tas de pièces glorifiant les folies inspirées par l'amour d'un homme, même d'un vieillard, pour une femme. Pourquoi la réciproque n'est-elle pas vraie?

» Les chroniqueurs ont inventé pour l'amant payé cette amère ironie : Être aimé pour soi-même. Mais cela ne vaut-il pas d'être aimé pour son argent?

» Comment se marie-t-on, je vous prie? Cent fois pour une n'épouse-t-on pas la dot? Le mariage de convenance pécuniaire n'est-il pas votre idéal, en tant que vous ayez un idéal, ô bourgeois! Où est la différence, encore? Le mari est un souteneur légal, alors.

» Et puisqu'aussi bien, je suis en train de prendre des exemples dans l'histoire, où a-t-on vu que les jeunes Grecs qui acceptaient les cadeaux de Laïs fussent déshonorés? La majeure partie des grands seigneurs français, ceux qui nous ont gardé les saines traditions de l'honneur national, n'ont-ils pas été entretenus par leurs maitresses ? Richelieu le roué, le gentilhomme par excellence, après s'être ruiné pour les siennes, ne les ruinait-il pas pour lui avec la même désinvolture ? Et la plupart de nos grands écrivains avaient-ils ces sots scrupules, la Fontaine avec Mlle de la Sablière, Rousseau avec Mme de Warens et tant d'autres ?

» Alphonses, alors, tous alphonses !

» Ou bien, s'il y a une limite, où est-elle ? Dites-moi, de grâce, ce qu'un amant a le droit, sans déchoir, d'accepter de sa maîtresse ! Dites-le-moi, ô bourgeois graves, sans quoi je penserai que vous êtes de simples farceurs et que, comme moi, au fond, vous honorez et respectez l'*entretenu*, cette force sociale ! »

Houdart s'était animé par degrés. Ses yeux noirs brillants, étranges avec leur manque de fixité, lançaient des éclairs. Parti d'abord avec l'intention de se venger de la sortie de Léon Blanche, il s'était emballé, en vrai Méridional, au son de sa propre voix. L'embarras général avait un peu disparu devant cet enthousiasme et cette chaleur. La gaffe volontaire du poète était en partie réparée. De temps à autre, des exclamations rieusement indignées, des protestations partaient, sans l'interrompre. Il se rassit et, redevenant souriant, dit, avec les façons d'un comédien annonçant les auteurs après une première représentation :

— Et maintenant, si vous voulez bien, mettons que tout ceci soit un paradoxe.

Il y eut un silence embarrassant. Juste à ce moment, Boumol, qui était demeuré en bas, en tête-à-tête avec la bouteille, remonta. Il était très gris et pris d'un besoin d'expansion extraordinaire. Ayant oublié les recommandations d'Estourbiac, il avisa Fidé, assis à l'autre extrémité de la salle, et s'écria presque à haute voix :

— C'est égal, mon vieux prince Ko-Ko, on est rudement mieux ici que dans la clairière du parc de Maisons... Te rappelles-tu, hein ?

Tout le monde entendit. Ce fut une révélation. Maintes fois, on avait parlé, dans le salon de Flora, des aventures du prince. Mais on était à mille lieues de penser que ce fût lui, ce petit jeune homme si tranquille. Delannée, indigné, interpella Houdart :

— Vous vous êtes fichu de moi !

Flora, très surprise, posa précipitamment son grand verre, pour la quatrième fois rempli de grog :

— Comment ? c'est vous... monsieur... prince... Pourquoi cet Estourbiac ne m'a-t-il pas prévenue ?

Personne n'écoutait plus Toquaire qui continuait à frapper les touches avec rage. Fidé, très ennuyé de la sortie de Boumol, répondit un moment aux questions. Puis il se leva. Il priait de l'excuser, mais il était forcé de partir... un rendez-vous... urgent... il remerciait... conserverait bon souvenir...

— Attends-moi, mon vieux Ko-Ko, je t'accompagne, disait Boumol.

On les reconduisit jusqu'en bas. A la porte de la rue, Paul Dondel les rattrapa. Rapidement, il serra la main du prince. Très heureux de le connaître, il profitait de l'occasion pour lui faire hommage d'un petit volume de vers. C'était le troisième, mais il enverrait les deux autres. Puis il se tourna vers Boumol.

— Aïe!... qu'est-ce que vous faites!... laissez-donc mon mouchoir, sacrebleu! cria celui-ci... Il est rasant, ce monsieur!

Il tirait de sa poche deux petits dizains de sonnets que venait d'y introduire Dondel.

Il était environ onze heures du soir. Fidé débarrassé de Boumol, s'ennuyait à la pensée de rentrer seul dans son appartement. Que diable devenait donc Estourbiac? Bah! sans doute quelque histoire de femme...

— Si j'allais retrouver Juliette à l'Opéra?

Il monta dans un fiacre. Mais vainement il parcourut le couloir des loges et interrogea l'ouvreuse. La jeune femme n'était pas venue. Si par hasard elle se trouvait malade? Il se fit conduire avenue de Villiers, au petit hôtel. Il avait les clefs, pour la nuit. En pénétrant dans le vestibule, ordinairement éclairé, mais obscur ce soir-là, il heurta violemment un objet placé en travers et qui tomba avec un bruit retentissant. Justement il n'avait pas d'allumettes. Il pensa que ce bruit amènerait la bonne et attendit un instant. Personne ne vint, seulement, il sembla à Fidé qu'en haut, dans la chambre de Juliette, quelque chose de bizarre se passait ; il avait cru percevoir un cri d'effroi. Il monta à tâtons et ouvrit les portes avec difficulté. Au milieu du salon, Juliette, demi nue, livide, une lumière à la main, se tenait debout. Elle poussa un léger cri en le voyant et lui sauta au cou. Dans le mouvement, la lumière s'éteignit.

— Mon Dieu? qu'y a-t-il? s'écria Fidé.

— Rien, mon ami, rien.

La voix de la jeune femme tremblait. Ne pensant pas qu'il dut venir ce soir, elle avait entendu un bruit et s'était levée, effrayée. Maintenant, elle n'avait plus peur. Lentement, elle rallumait la bougie rose. Le prince, inquiètement, la questionnait. Elle le rassura. Elle n'était pas allée à l'Opéra parce qu'elle se sentait indisposée... Oh! rien de grave, une migraine... Elle allait se recoucher. Elle priait même Fidé de la laisser reposer seule, cette nuit. Il la reconduisit dans la chambre à coucher, l'embrassant pour la rassurer, lui expliquant pourquoi il était venu, inquiet de ne pas la voir au théâtre... Le bruit avait été causé par un objet qu'il avait heurté, dans le vestibule...

— Sans doute un des panneaux du boudoir en réparation, que ces imbéciles de tapissiers auront posé là le soir en partant, dit-elle.

Au bout d'un moment, tranquillisé, le prince se leva et voulut partir. Juliette sonna sa femme de chambre, pour qu'elle l'éclairât. C'était bien, en effet, contre un panneau que s'était heurté Fidé en entrant. Dès qu'elle entendit le bruit de la porte extérieure qui se refermait, Juliette sauta à bas de son lit et courut ouvrir le cabinet de toilette. Estourbiac apparut, très pâle, vêtu seulement d'un pantalon.

— Viens, mon chéri, dit-elle, il est parti définitivement... Tu vois que j'ai eu raison de faire mettre cette planche. J'ai été pincée une fois... Sans cela nous étions surpris... et tu sais qu'il n'est pas commode...

XVI

LES DERNIERS LOUIS

En s'éveillant, un matin, le vicomte Henri de Valterre constata qu'il lui restait pour toute fortune juste cinquante mille francs, et il se sentit plein de mépris pour l'humanité. Il se leva, s'assit devant le tiroir du secrétaire qui contenait les derniers vestiges de sa splendeur passée et, méditativement, rêva dans la clarté douce tamisée par les vitraux.

La funèbre échéance qu'il s'était assignée approchait. Quelques jours encore et il serait complètement ruiné. Alors, que ferait-il? Un instant il eut devant les yeux la vision lugubre de ces décavés de la Grande Vie qui, incapables de gagner leur existence en travaillant, trop lâches pour trancher le nœud gordien du suicide, se font parasites et subsistent misérablement en utilisant leurs anciennes relations, accueillis par les uns, repoussés par les autres, méprisés par tous, payant d'humiliations amèrement sanglantes les louis raccrochés à droite et à gauche. Il se rappela des princes échoués devant la police correctionnelle, des barons faméliques, des comtes pensionnaires des tripots. Raffermi alors dans sa résolution, Valterre se jura à lui-même d'éviter cette chute finale. Mourir? Un peu plus tôt, un peu plus tard, qu'importe après tout? L'important est de ne point survivre à une fortune disparue, à des plaisirs devenus impossibles.

Comme il aboutissait à cette conclusion mélancolique, François, le valet de chambre, lui remit une carte. Il lut :

Louis Defermont,

Carrossier,

Avenue d'Eylau.

Un gros homme, vêtu avec une recherche exagérée, entra délibérément. Il portait sur sa physionomie l'empreinte de résolutions énergiques prises par avance. Valterre étonné se leva, fit un pas :

— Monsieur.
— Louis Defermont ; voyez sur la carte.
— J'ai bien lu, mais j'ignore...

— Ah! oui, je vais vous dire...

Il souriait d'un air entendu. Le vicomte, pour couper court, interrompit :

— Que désirez-vous ?

— Je désire être payé, dit l'autre assez brutalement.

— Mais... monsieur, je ne vous connais pas, et je me demande...

— Laissez-moi expliquer... Ce n'est pas vous qui me devez, c'est Madame de Barrol.

— Ah! c'est madame...

— Parfaitement... Il y a plus d'un an qu'on remet de jour en jour le règlement... J'ai vu madame la comtesse ce matin. Elle m'a adressé à vous. Voilà pourquoi je suis venu. Vous comprenez, je suis las d'attendre.

— Très bien, répondit le vicomte.

Il cherchait la clef de son secrétaire.

— Oui, continua l'autre insolemment, on est exigeant quand il s'agit de la livraison des marchandises, mais pour le paiement, c'est autre chose... Lorsqu'on veut rouler carrosse...

— François ! appela froidement Valterre.

Et quand le valet de chambre fut entré, il continua :

— Mettez monsieur à la porte. Vous le paierez dans l'antichambre.

Le carrossier devint rouge de colère. Mais l'espoir de recouvrer sa créance l'empêcha de résister. Il sortit en roulant des yeux irrités. Valterre lui fit remettre l'argent, puis il retomba dans sa méditation.

Cet incident ne l'avertissait-il pas qu'il fallait se hâter ? Certes, c'était la première fois qu'un fournisseur se permettait de lui réclamer le montant de sa facture avec une pareille insolence. Mais cela se renouvellerait d'un moment à l'autre, et sa ruine, encore ignorée, serait connue de tous. Alors les trente mille francs, épave du passé, disparaîtraient ainsi qu'une paille dans un gouffre insondable, et le désastre se précipiterait. Or, cette somme, si faible qu'elle fût, lui offrait une dernière chance de salut. Il pouvait la risquer au jeu, gagner une fortune peut-être et recommencer ensuite, avec de nouvelles forces, la terrible lutte pour la vie. Sinon, il serait toujours temps de faire comme *la Moule*. Du moins, il aurait lutté jusqu'au bout...

Se hâter ? Et pourquoi pas le jour même ?... Ainsi, il éviterait de prolonger une incertitude cruelle. Justement, il y avait des courses à Auteuil. S'il tentait la chance, là d'abord, puis le soir au Young-Club, il résoudrait en vingt-quatre heures le problème de sa destinée.

Souriant amèrement du sombre sourire de Werther, il tira du meuble où étaient enfermés ses louis un mignon revolver dont il remplaça les cartouches et fit jouer les ressorts, qui résonnèrent avec un bruit d'acier. Puis il regarda l'heure et d'autres pensées l'assiégèrent. Ce matin-là, Madame de Lunel devait venir. Il ferma le secrétaire machinalement, songeant à des femmes...

Dans son existence, semée d'amours passagères, deux affections avaient survécu à la possession des femmes aimées, et le sacrifice de ces affections était l'unique chose qui pût lui causer un regret, lorsqu'il pensait à la mort. La vicomtesse de Lunel, une véritable grande dame, jusqu'alors insoupçonnée, n'avait répondu qu'après de longs mois de cour discrète aux désirs de Valterre. Unie à un mari jaloux, fort épris d'elle, elle était obligée, afin de se rendre chez le vicomte, d'inventer des combinaisons extravagantes dont l'attrait, pour son esprit aventureux, constituait les trois quarts au moins de son amour. Très intelligente, très fine, elle soupçonnait depuis longtemps, pourtant sans certitude absolue, la liaison de Valterre avec Madame de Barrol. Marguerite, elle, ne cherchait point tant de complications. Le vicomte lui plaisait et, lorsqu'elle se trouva libre, elle devint tout de suite sa maîtresse, prenant juste assez de précautions pour ne pas afficher ses sentiments dans la société sévère qu'elle fréquentait. Au contraire de Madame de Lunel, elle était tendre, simple, bonne, quoique un peu étourdie, et malgré son ton persifleur, croyait très volontiers que Valterre l'aimait uniquement.

Or, songeant à ses maîtresses charmantes, le vicomte, décidé à mourir, se sentait envahi par un involontaire regret. Il n'hésitait pas, non; mais il se demandait, au cas où la veine le favoriserait et lui rendrait une partie de sa fortune, s'il ne serait pas plus sage d'inaugurer une nouvelle existence, moins déséquilibrée, dont Marguerite ou Madame de Lunel deviendrait le centre attrayant. Dégoûté de la Grande Vie, il rêvait à des mois et des mois d'amour reposé, une manière d'idylle... Mais quoi! il savait fort bien que cet échafaudage de projets était un songe, un amusement de l'esprit, et qu'une heure de déveine pouvait l'effacer comme disparaît un mirage... N'importe, sa pensée s'acharnait à concevoir cet avenir impossible... Pourquoi même fonder tous ces châteaux en Espagne, sur l'espoir d'un gain hasardeux, et jouer sa vie sur une carte? Il était ruiné, oui; mais cet accident arrive à tant d'autres qui ne se tuent pas! Pourquoi se punirait-il lui-même d'avoir manqué sa destinée? Par un faux point d'honneur, pour que les cerveaux fêlés du cercle, les têtes creuses du Bois pensassent après:

— C'était un crâne!

Mais n'y a-t-il donc que ces gens-là sur terre? Avec les relations qu'il avait conservées, il pouvait encore se créer une existence en travaillant, ou seulement en faisant semblant de travailler, dans la diplomatie, par exemple. Serait-il tant à plaindre? Cela, pour bien d'autres, constituerait le bonheur. Est-il mieux de recommencer courageusement la lutte ou de s'y soustraire par la mort?

Eh bien! non, ce n'était pas par vanité de gommeux qu'il se condamnait lui-même, mais par dégoût, par découragement, parce qu'aucun lien assez fort ne le retenait sur terre. Sincèrement, froidement, il ne croyait pas laisser après lui des regrets. Ah! sans cela... Mais en fin de compte, peut-être se trompait-il. L'idée lui vint d'éprouver l'amour de ses maîtresses...

Madame de Lunel entrait sans se faire annoncer. Valterre lui prit les mains vivement, l'embrassa, et tandis qu'elle relevait sa voilette, il la pria de s'asseoir.

— Non, dit-elle, je n'ai pas le temps. Je n'ai pas voulu manquer à ma parole, c'est pourquoi je suis venue. Mais je suis très pressée... Je vends des fleurs à la Kermesse ce soir, et j'ai un mal!... Croiriez-vous que mon chapeau n'est pas prêt!... C'est bien ennuyeux, ces fêtes, et pourtant on ne peut pas refuser... Mais qu'avez-vous donc? Vous ne semblez pas d'une gaîté folle... Si j'avais su trouver cet accueil...

— Pardonnez-moi, répondit le vicomte. Je

viens d'apprendre une terrible nouvelle. Un de mes amis, ruiné, s'est fait sauter la cervelle.

— Ah! il a eu tort.

— Oui, cela s'est passé dans des circonstances particulièrement tristes... Il était entré dans les ambassades pour vivre. Mais une grande dame qu'il aimait l'a abandonné... C'est ce qui l'a désespéré.

— Dam! vous m'avouerez... On ne peut guère aimer un employé... Mais ce n'était pas une raison pour se tuer... Il y a, m'a-t-on dit, des bourgeoises très bien avec lesquelles il eut pu se consoler...

— Ah! voilà, il n'aimait pas les bourgeoises.

— Alors, pourquoi s'est-il ruiné? dit en riant la jeune femme.

Elle tendit à Valterre son gant pour qu'il rattachât le bouton.

— Vous êtes d'une logique effrayante, conclut le vicomte. Mais parlons de choses plus gaies... Vous allez aux courses.

— Oui.

— On vous y verra?

— Oh! je ferai à peine une apparition. Vous comprenez, avec cette maudite fête, je suis horriblement tenue. Vous viendrez ce soir m'acheter des fleurs ?

— Je n'y manquerai pas.

— D'ailleurs, il y aura Marguerite, reprit-elle

avec un sourire demi-moqueur, demi-hautain. Elle vend du lait. C'est une fort belle laitière... Elle semble née pour cela.

— Vous êtes très méchante, ce matin.

— Non... énervée... Aussi, je me sauve...

Il l'embrassa encore longuement, et elle s'envola sans bruit.

L'expérience commençait bien, vraiment. Si maintenant il lui demeurait encore un doute, c'est sûrement qu'il possédait une belle dose d'optimisme... Il marcha. Au bout de l'hôtel, dans un boudoir toujours fermé, était un portrait de Madame de Barrol, par Dillon. Longtemps, il le regarda. Le beau visage ovale de Marguerite, saillant du cadre, lui souriait. Il lui sembla que la comtesse l'appelait. A cette heure, la paresseuse ne devait pas être sortie. S'il allait la voir? Vite, il se décida et fit atteler sa voiture.

La comtesse habitait, sur le boulevard Beauséjour, un véritable nid de jolie parisienne, un petit hôtel enfoui sous des lierres qui laissaient voir seulement l'encadrement fouillé des baies. Un perron monumental montait au premier, allongeant ses rampes ornées de balustres et de vases polychromes en faïence de l'Inde. Des fenêtres du salon, par dessus les rails du chemin de fer de ceinture où les locomotives passaient en sifflant, se voyaient la file des hôtels et les verdures du

Bois rayées par les troncs des grands arbres du Ranelagh. La chambre à coucher de Marguerite occupait toute l'aile droite. Elle était dans une note sombre : des murs couverts de tapisseries modernes en couleurs pâlies, un immense lit à colonnes et, dans tous les coins, des consoles, des meubles délicats, inutiles, disparaissant sous les bibelots d'ivoire, les dessins japonais, les ciselures antiques. La comtesse collectionnait, non par goût, mais par mode. Vers la gauche, deux portes-fenêtres faisaient une trouée lumineuse et donnaient de plain pied sur la serre, adaptée pour se découvrir et se transformer en terrasse aux jours chauds de l'été. Cette serre était la passion de Marguerite. Elle passait la moitié de ses journées parmi ses feuillages immobiles, dans son atmosphère capiteuse. Dès l'entrée, on voyait un fouillis, une profusion de verdures, par dessus lesquelles retombaient les palmes des lataniers et montaient droit vers le vitrage les troncs élancés des diplogottis et des quercus. Il y avait encore, mêlant leurs feuilles, des ficus métalliques, des cycas semblables à des fougères gigantesques, avec un tronc de palmier, un dracæna de Madagascar dont les tiges serpentines s'entortillaient sous les folioles lancéolées. Et dans toute cette verdure, sous les vanilles grimpantes, entre les feuilles en velours rayé des calathea, des begonias et des rhododendrons fleurissaient tendrement. A gauche, était une autre serre circulaire, plus petite, à température élevée. Là, autour d'un bassin où nageaient des poissons multicolores, les plantes aquatiques poussaient dans l'air attiédi, laissant pendre leurs feuilles, comme énervées par cette chaleur. Des tornelias étalaient leurs feuilles découpées sur le fouillis inextricable des racines et, par endroits les corolles délicates des lœlia et des anthurium plaquaient des taches vives rutilantes. Au milieu du bassin, sous les traînées de quisquelis, un jet d'eau jaillissait et dans tous les coins des rochers factices, de mignonnes fougères dentelées blottissaient peureusement leur verdure délicate.

Marguerite, adorable dans son peignoir rose, vint joyeusement à la rencontre de Valterre :

— Quelle surprise ! Comme c'est aimable à vous.

Et gaiement, elle se mit à babiller, passant d'un sujet à l'autre, sans transition, parlant de ses robes, de sa couturière, du Théâtre-Français, puis des fleurs de la vérandah, dont elle inclinait la corolle pour les faire admirer. Valterre, distrait, répondait par monosyllabes.

... Non, décidément, pas plus que Madame de Lunel, Marguerite ne pouvait demeurer sa maîtresse lorsqu'il se trouverait ruiné. Avec sa frivolité gamine, son insouciance, ses goûts de luxe, c'est à peine si sa fortune, pourtant considérable, lui suffisait, et deux fois même, elle l'avait délibérément compromise. Faire de Marguerite sa femme ? C'était accepter une lourde responsabilité, et d'ailleurs, on l'accuserait de conclure un marché... Autrefois, cela eût été possible encore. Aujourd'hui, il n'y fallait pas songer. Assurément, quelle que fût l'affection de la comtesse pour lui, elle ne pourrait ni ne voudrait, peut-être, changer sa manière de vivre. Alors, à quoi leur mariage servirait-il ? A causer leur chute commune.

Sa résolution était prise. Pourtant, par curiosité, il voulut tenter l'épreuve qui avait si mal réussi avec Madame de Lunel. De nouveau, il conta son histoire de suicide :

— Le pauvre garçon ! dit la comtesse le visage apitoyé... aussi, pourquoi se désespérer... Sa maîtresse ne valait vraiment pas qu'on se tuât...

Puis, passant à d'autres idées, elle continua :

— Mais je vais être horriblement en retard. Vous savez que je suis laitière ce soir à la Kermesse... J'aurai votre visite ?

— Assurément.

— Bien sûr... J'y compte, vous savez.

Valterre reprit :

— Pourtant, que vouliez-vous qu'elle fît, sa

maîtresse ? Partager sa fortune avec lui... Au cas même où il eût accepté, cela n'eut pas suffi... à moins qu'elle ne se résignât à aller à pied.

— Oh! non... Je n'en demanderais pas tant. Dans ce cas-là, on s'enfuit ensemble; on va au bout du monde... à Batignolles... On emporte ses diamants...

— Et après ! Lorsque les diamants sont fondus?

— Dam ! après, il est toujours temps de se tuer ensemble.

En lançant cette conclusion résolue, Marguerite cueillit une rose et la tendit au vicomte. Elle avait l'air le plus indifférent du monde, comme si elle eut parlé de la Chine... Elle se baissa encore pour prendre un camélia... Par l'échancrure de la robe de chambre apparaissait le satin mat de sa carnation ravissante. Une tristesse aiguë serra le cœur de Valterre.

— Mais, reprit la jeune femme, tout cela n'est pas gai... Je veux vous montrer mon costume... Regardez...

Elle indiquait, étalée sur une chaise longue, une robe rustique, en drap bleu-marine, barrée de broderies bretonnes rouges et jaunes, coupant les plissés en satin de la jupe. Par dessus, un immense chapeau Reynolds, en grosse paille de même teinte que la robe, étalait le rouge vif d'une plume frisée.

— Hein ? Comment le trouvez-vous ?

Il s'extasia. Franchement, c'était délicieux. Alors, elle continua :

— Elle est assez bien, n'est-ce pas ? Il est dommage que ce soit horriblement cher. Ces couturières me ruinent... C'est égal, je pense que ce costume fera bon effet... Je sais bien quelqu'un qui ragera... surtout si j'ai une grosse recette... Je compte sur vous... Vous m'amènerez vos amis, n'est-ce pas ?

Il promit solennellement.

— L'an dernier, lors des *Incendiés d'Amsterdam*, c'est Berthe qui a eu tout le succès en vendant des mirlitons... avec sa toilette Directoire... C'était hardi, mais aussi, il faut dire que les autres... Ah ! à propos, je vous ai adressé mon carrossier... J'ai horreur de ces gens-là... Ils sont d'un commun ! Vous réglerez cette bagatelle, n'est-ce pas ? Vous me le direz ensuite...

Le vicomte s'inclina et prit congé. Il ne voulait pas abuser plus longtemps... Il la laissait à sa toilette.

— Oui, c'est cela... partez... j'oublierais la Kermesse... Pourtant, monsieur, je devrais être très sévère, très grondeuse... Il court des bruits... On m'a assuré que Mme de Lunel vous voyait d'un trop bon œil.

— Quelle idée ! Qui a pu vous dire cette folie ?

— Ce n'est pas M. de Lunel... Mais faites attention, Henri, je suis jalouse...

— Vraiment ?

— Horriblement, dit Marguerite en souriant d'un air tranquille.

— Tant que cela !... Pourtant, je ne songe pas à vous trahir, je vous assure...

— Bien vrai ?

— Vous n'en douterez plus demain, répondit rapidement Valterre.

. . . .

Le temps étant très beau, la foule affluait vers l'hippodrome d'Auteuil, où devait être couru le grand Steeple-Chase de la Ville de Paris. Incessamment, la file des voitures de maîtres, des fiacres, des breaks et des mail-coaches déversait devant les tourniquets les promeneurs, qui se précipitaient par peur d'arriver en retard.

La lutte promettait d'être intéressante. Les Anglais, régulièrement battus depuis longtemps, devaient prendre cette fois leur revanche. Des paris énormes s'engageaient. Sur la pelouse grouillait une fourmilière humaine, houleuse, bruyante, où perçaient les appels criards des bookmakers, beuglant sans relâche. Les tribunes disparaissaient sous un gigantesque tapis vivant, auquel les coiffures, les habits sombres des hommes et les toilettes claires des femmes donnaient l'aspect bariolé d'un vaste châle des Indes, mobile et changeant.

Valterre chercha le major Hatt qui lui fournissait parfois de bonnes indications. Tandis qu'il traversait le pesage, salué par des exclamations et des poignées de main, il cueillait au vol les pronostics. Il ne comptait pas jouer dans le grand steeple : c'était trop hasardeux ; les chevaux, nombreux, couraient sérieusement, pour gagner. En consultant le programme, Valterre remarqua le second engagement où figuraient, à côté de sept ou huit poulains notoirement médiocres, deux bêtes fort estimées, appartenant au major. Il prit l'avis de plusieurs sportsmen. Tous pensaient que cette course était entièrement à la disposition de Hatt, dont l'écurie, très mal représentée dans les courses plates, remportait au contraire de constants succès sur les hippodromes de courses d'obstacles. Il gagnerait comme il lui plairait.

Un instant après, Valterre rencontra le major. Il le questionna. Le gros homme, très affairé, causait avec son entraîneur. Il répondit, rapidement :

— Cette course paraît à peu près sûre. Aucun des autres poulains n'est de la force de mon premier cheval, *Tunis*... Quant au second, *Boulet*, il devra lutter contre *Gargouille*, au haras de la Flandrie. Je pense qu'il le battra, mais ce n'est pas absolument certain... Du reste, *Boulet* est à huit. Vous voulez jouer sur eux ?

— Oui.

— Alors, je vous conseille de prendre *Tunis* gagnant et *Boulet* placé. Vous avez de grandes chances de ramasser une jolie somme. Mais dépêchez-vous, si vous voulez trouver *Tunis* à deux.

— J'y vais... Merci...

— Au revoir... je vous retrouverai tout à l'heure.

Valterre fit une fois encore le tour du pesage. Tout ce qu'il entendit répéter à droite et à gauche confirma l'opinion du major Hatt. A la cote, *Tunis* était à deux, *Gargouille* à six, *Boulet* à huit, tous les autres à douze et au-dessus. Le vicomte mit cinq cents louis sur *Tunis* gagnant, et deux cent cinquante sur *Boulet* placé. Si les prévisions du sportsman se réalisaient, il empocherait ainsi la jolie somme de trente-cinq mille francs. Il ne put se défendre, en payant le bookmaker, de ressentir une certaine émotion. C'était la moitié de ce qui lui restait, qu'il risquait ainsi, délibérément. Mais bah ! de l'avis unanime, il jouait à peu près à coup sûr, et le pis qui pouvait lui arriver, c'était de ne rien gagner.

Déjà la première course était terminée, et, sur la pelouse, la foule, dispersée pour suivre les péripéties, refluait vers les bookmakers qui recommençaient leur concert de vociférations, hurlant avec un accent anglais :

— Voyez la cô-ote !... voyez la cô-ote !...

Un à un, les numéros des chevaux courants étaient affichés aux poteaux, avec les noms des jockeys qui les montaient. Tout auprès, on se pressait, on se poussait pour voir. Autour des petites poules, les mains fiévreuses se tendaient frénétiquement vers les numéros. La cloche retentit. Tous les regards se tournèrent vers la piste, où *Tunis* faisait son entrée, accompagné des exclamations admiratives des connaisseurs.

— Quelle belle forme !

— Il est superbe !

— Et c'est Shandy qui le monte, Shandy l'invincible.

— Il gagnera comme il voudra...

Le succès probable de l'écurie Hatt s'affirmait de plus en plus. D'ailleurs, les journaux, unanimement, avaient été dithyrambiques. Les feuilles spéciales s'extasiaient sur la monte de Shandy, la gloire du turf, un artiste incomparable, d'un style absolument correct et irréprochable.

Les chevaux se mirent en ligne, tant bien que mal. La foule se précipitait. Les femmes, en toilettes voyantes, grimpaient sur leurs voitures et braquaient des lorgnettes pour distinguer la ligne de casaques de soie dont les couleurs claires barraient d'un trait éclatant le feuillage vert sombre du Bois. Au signal du starter, abaissant son drapeau, ils partirent au galop. Puis, on vit les jockeys scier la bouche de leurs montures, les retenir à grand'peine. Le départ était mauvais. La troisième fois seulement, il réussit.

Dès que la première barrière eut été franchie, on vit un cheval lancé à toute vitesse, prendre rapidement les devants, précédant de plusieurs longueurs le lot de poulains qui suivait, faisant trembler la terre sous les chocs des pieds. Il allait d'un train d'enfer, gagnant du terrain à chaque pas. Le vent, s'engouffrant dans la casaque violet-clair du jockey, la gonflait comme un ballon. Une exclamation intense, répétée par plusieurs milliers de voix, s'élevait de la foule enthousiasmée, délirante, pareille à une vaste assemblée de fous :

— *Tunis !... Tunis* tout seul !

Valterre, rassuré, sentait une joie involontaire l'envahir, comme s'il eût joué pour la première fois. Mais, s'étant retourné, il aperçut le major Hatt qui, tout pâle, murmurait :

— Qu'a donc Shandy ?... Il est fou, je crois... Il va éreinter le cheval en allant de ce train-là...

Une colère anxieuse se peignait sur son visage. Justement, les poulains passaient devant l'enceinte. Il se précipita, hurlant :

— Ménagez ! ménagez !

sans que le jockey eût l'air de l'apercevoir. Le trajet était long : six mille mètres. Il était impossible que le cheval pût résister longtemps à une pareille allure. Le major Hatt avait raison : la tactique de Shandy devenait incompréhensible. Dès le premier tour, *Tunis,* essoufflé, fut obligé de ralentir son galop. Les autres poulains, sagement ménagés, regagnaient du terrain insensiblement. Maintenant, *Boulet* menait le train derrière son compagnon d'écurie, suivi de près par *Gargouille*. A la distance, après le dernier tournant, il n'y avait plus aucun doute : *Tunis* était battu. Le jockey de *Gargouille* porta son cheval au poteau d'un élan désespéré, malgré les efforts du favori, qui, semblant reprendre des forces nouvelles, s'allongeait sous la cravache de Shandy, faisant des bonds démesurés, automatiques. *Boulet* arrivait troisième, battu d'une longueur.

Une bordée d'injures accueillit Shandy à sa rentrée au pesage. Le public de la pelouse, plus violent encore dans l'expression de sa colère, lui lançait des mottes de terre et des cailloux, l'accusant de s'être laissé battre exprès. Le cordon d'agents avait toutes les peines du monde à le protéger. Le major Hatt était hors de lui. Sa grosse face rougeaude prenait des tons cramoisis, ses yeux brillaient fiévreusement. Il s'élança vers Shandy et lui dit à demi-voix entre les dents, se maîtrisant un peu, par peur du scandale :—

— Vous êtes une canaille !... Vous me payerez cela... Vous avez parié sur *Gargouille !*

Le jockey, couvert de sueur, piteux, épuisé par sa course furibonde, roulait de gros yeux hébétés. Pourtant, Valterre l'entendit répondre au major, d'une voix haletante, un peu ironique :

— Pas plus que vous n'avez joué sur *Boulet.*

Le vicomte perdait quinze mille francs.

. . . .

Le Palais de l'Industrie avait été aménagé pour la grande Kermesse des *Inondés de Carpentras.* On comptait sur un immense succès. En attendant, les frais s'élevaient à quatre-vingt mille francs. Il est vrai que l'installation était splendide : Dans la nef centrale, transformée en jardin, avec des bosquets, des arbres, des parterres de fleurs, l'eau jaillissait partout et répandait la fraîcheur. Çà et là plantées au hasard, réservant à l'œil des surprises renouvelées, s'élevaient les baraques foraines : un cirque miniature, des carrousels, des loteries, des massacres d'innocents, des tirs aux pigeons. Sur le devant, les boutiques tenues par les dames organisatrices formaient une rue, et mêlaient aux verdures le rouge des velours et les étincellements des crépines d'or.

Ce soir là, c'était l'ouverture de la fête, qui devait durer trois jours. Le prix d'entrée fixé à un louis, empêchait que le public de cette première fut trop mélangé. Aussi la Kermesse, dans certains coins, avait-elle l'aspect d'une réunion intime.

Valterre arriva un peu tard. Partout, les lumières allumées faisaient resplendir les boules de verre, éparpillant des milliers de rayons sous les ombres des feuillages. Le Palais retentissait des détonations de carabines et des appels qui tranchaient sur l'harmonie des musiques entendues de loin formant une sorte d'accompagnement avec les sons criards des cuivres en parade devant le cirque et les sautillantes rengaines de l'orgue des carrousels. Sur une voiture toute dorée, des acteurs costumés en charlatans vendaient des crayons et débitaient des boniments. Plusieurs actrices connues, exerçant des métiers baroques, poursuivaient la même chasse aux louis, sans oublier néanmoins leurs propres affaires. L'une d'elles, costumée en facteur, vendait à des prix fabuleux des lettres-horoscopes, dans lesquelles, parfois, on trouvait sa photographie et les jeunes gens, allumés par le décolleté de son costume, se pressaient autour d'elle, mettant aux enchères un baiser, proposant d'acheter des tas de choses. Sur une baraque en toile, une immense affiche en lettres bleues s'étalait :

KOLA-MILLA, *la Femme-Torpille.*

Et, pour un louis, on était admis à contempler

la blonde Claire Rosalt, la chanteuse d'opérette, très court-vêtue d'un maillot collant, qui laissait voir ses formes entièrement. Sous prétexte de secousses électriques, on se permettait de fortes privautés et les louis pleuvaient. *Monsieur* Rosalt, le mari de Claire, veillait à la batterie électrique — et tenait la caisse. Tout à coup, dans un renfoncement, Valterre s'entendit appeler. C'était Cora, costumée en magicienne, avec un grand bonnet pointu.

— Vous savez, je ne vous en veux pas, dit-elle. Vous avez tué Pavergi, mais il y a encore d'autres Roumains sur la terre... Que faites-vous du fameux prince Ko-Ko?

— Rien, et vous?

— Oh! il y a longtemps que j'ai perdu le désir d'en faire quelque chose... J'étais folle, autrefois... Je le laisse à sa mère noble qui le mène bon train, paraît-il... Entrez, je vais vous dire la bonne aventure.

— Volontiers.

Le vicomte apprit, moyennant deux louis — le grand jeu — qu'une femme blonde l'aimait follement, mais que des raisons fort graves l'empêchaient de le faire savoir... que du reste tout, dans les cartes, disait « bonheur » pour Valterre... Avant peu, il hériterait d'un oncle d'Amérique...

— Voilà un oncle qui fera bien de se dépêcher, dit le jeune homme.

Il songeait mélancoliquement aux quinze mille francs qui lui restaient, après sa déconfiture des courses. Impatiemment il consulta sa montre. L'heure du baccarat sérieux, au cercle, n'était pas encore sonnée. Il entra dans la grande rue de la Kermesse. Toutes les dames organisatrices étaient à leur poste, dans les boutiques, étalant de splendides costumes qui juraient avec les misérables bibelots qu'elles vendaient : des écrans japonais, des toupies, des cigares. Beaucoup avaient devant elles des monceaux de fleurs. L'une minaudait derrière un comptoir de marchand de vin et débitait des canons de malaga, de sa main blanche effilée où brillaient de gros diamants. Mme de Lomérie tenait un éventaire de chinoiseries. Elle avait beaucoup de succès avec sa robe de satin mousse dorée, miroitant comme des élytres d'insecte et laissant voir, par un coin relevé sur le genou, les magnifiques broderies de point de Venise gris-cendré qui ornaient la jupe. Les plumes bleu de ciel de son chapeau Directoire remplissaient la boutique. Auprès d'elle, Levrault, vêtu à la dernière mode, très gommeux, coquetait et payait fort cher les gracieusetés de la jeune femme. Valterre fit un détour pour l'éviter. Machinalement, il regardait les toilettes, où étaient employés avec un art merveilleux les velours, les satins, les peluches, les plissés et les dentelles. Des filets d'or rayaient toutes les robes et c'était sur les chapeaux un luxe, une prodigalité de plumes rares. Certes, l'or qui avait payé ces riches habillements aurait largement suffi à l'œuvre de bienfaisance. Brusquement, le vicomte se trouva nez à nez avec Sosthène Poix.

— Avez-vous secouru beaucoup d'inondés? demanda le chroniqueur en lui serrant la main.

— Mais... suffisamment...

— Et moi, beaucoup trop. Je me sauve, ces sinistrés me ruinent... Ah! à propos, Mme de Barrol m'a demandé si je vous avais rencontré. Elle est là-bas, au bout de la rue...

— Bien... Où allez-vous?

— Au Young-Club.

— Alors attendez-moi. Nous partirons ensemble... Je veux seulement saluer Mme de Lunel et la comtesse de Barrol...

Ils marchèrent côte à côte...

— Avez-vous vu Levrault? reprit Sosthène Poix.

— Oui.

— Vous savez qu'il n'est plus avec Léa?... Oh! il va bien... Il en est à son second héritage...

— L'argent va vite, dit lugubrement Valterre.

Il songeait à son incroyable déveine. Désormais, son existence dépendait d'une carte retournée. Tout à l'heure, au cercle, son sort allait se décider irrémédiablement. Il n'éprouvait rien autre chose, d'ailleurs, qu'une impatience. La vie le dégoûtait, l'attente le fatiguait. Il voulait en finir. D'abord, il avait hésité à venir à cette fête, en quittant le champ de courses. Puis, ne sachant que faire, machinalement, il s'était décidé...

Sosthène et Valterre parvinrent à l'extrémité de la grande rue. Presque en même temps ils aperçurent Marguerite de Barrol et Mme de Lunel. La jolie comtesse, toute gracieuse dans son costume de laitière, distribuait des tasses de lait et des sourires, s'amusant franchement d'être ainsi transformée, jouant au naturel son rôle de fermière adorable. La marquise, en face, trônait dédaigneusement entre deux autres jeunes femmes, grande dame jusqu'au bout des ongles avec son air royal, en dépit du commerce de fleurs et de bouquets. Vêtue d'une toilette harmonieusement sévère, satin loutre et peluche, chapeau Rembrandt encadrant fièrement son hautain visage, elle adressait à peine aux gens qu'elle connaissait un léger signe et remerciait les autres avec une raideur pleine de morgue. On lisait dans ses regards un souverain mépris pour cette pitoyable comédie de la charité.

Marguerite appela joyeusement Valterre :
— Vicomte !

Il s'approcha, salua gravement. Sosthène l'imita. Justement la laiterie n'était pas entourée en ce moment. La jeune femme offrit une tasse. Valterre la prit, trempa ses lèvres dans le lait :

— Pour les pauvres inondés !

Il sourit, et, cherchant dans sa poche, laissa tomber quelques louis dans l'aumônière que lui tendait la comtesse. Marguerite commençait à babiller. Du coin de l'œil, le vicomte aperçut Mme de Lunel qui les surveillait. Il s'inclina galamment.

— Tiens ! dit-il, madame de Lunel... Il faut que j'aille la saluer.

Il s'éloigna. Marguerite lui lança un regard empreint de malicieuse colère et tendit avec une moue légère, une tasse à Sosthène Poix :

— Pour les pauvres inondés de Carpentras, mon bon monsieur !

— J'en aurais besoin, moi, d'être inondé, répondit le journaliste moitié gouaillant, moitié sérieusement. Je suis complétement à sec.

Il prit pourtant la tasse et jeta dans la bourse de soie des pièces qui tombèrent avec un bruit argentin.

Mme de Lunel attendit, avant de parler, que le vicomte l'eût saluée. Un sourire ironique plissait sa lèvre, pleine de morgue :

— Vous vous rangez, vicomte, dit-elle. Je vous félicite de votre goût extraordinaire pour le lait.

C'est une passion... Je vous croyais plutôt amateur de champagne.

— Oh ! une passion...

— Le fait est que c'est un peu fade...

— Soit, interrompit Valterre, je deviens pastoral... sylvestre, même. J'adore la belle nature... Aussi vous demanderai-je un bouquet...

— Choisissez.

Il prit, au hasard, une jolie touffe de roses blanches.

— Pas celui-ci, s'écria la marquise, railleusement. Au prix où est le lait, cela vous ruinerait.

Il sourit amèrement et, sans mot dire, jeta sur le plateau une poignée de louis.

— Est-ce assez ?

La vicomtesse, rougissant un peu, s'inclina.

Valterre échangea encore avec elle quelques mots. Puis montrant Sosthène Poix qui l'attendait à la laiterie, il prit congé.

De la façon dont les choses marchaient, il ne pourrait tenir longtemps. Les quinze mille francs étaient déjà fortement écornés. Ces femmes, indifférentes à sa ruine, pour la satisfaction d'un caprice vaniteux, lui enlevaient à chaque coup une parcelle de son existence.

Marguerite n'avait pas perdu le vicomte de vue. Au moment où il prenait le bras de Sosthène Poix, elle le rappela, écartant du geste Levrault, Gontran de Maubourg et deux autres jeunes gens qui s'empressaient autour d'elle.

— Monsieur de Valterre, dit-elle, ces messieurs m'ont défiée de faire une vente aux enchères... J'accepte... Voulez-vous y prendre part ?

Et ajoutant d'un ton délibéré :

— La fin justifie les moyens.

Elle trempa ses lèvres roses dans une tasse. A peine avait-elle achevé de parler, que le jeune Gontran de Maubourg criait :

— Cent louis !

L'invitation était directe. Valterre ne pouvait véritablement s'excuser. Pourtant, il s'agissait de sacrifier ses dernières chances de salut. Il entrevit dans une vision rapide, la mort venant à lui sous la forme d'une jolie femme qui lui tendait, avec un sourire, une tasse de lait... Son hésitation dura une seconde, puis il eut un geste signifiant :

— Qu'importe ?

Et, négligemment, il cria :

— Cent cinquante !

Marguerite avait obtenu ce qu'elle désirait ; ne voulant pas pousser plus loin cette folie, elle lança un regard de triomphe du côté de Mme de Lunel et dit, avant qu'un autre pût surenchérir :

— Adjugé !

Le vicomte but la tasse.

— Ce lait est délicieux, quoique un peu cher peut-être.

Il prit le bras du journaliste et s'éloigna en adressant au groupe un salut de grand seigneur.

— Fichtre ! s'écria Sosthène Poix lorsqu'ils se furent éloignés. Vous allez bien, vous... On voit que cela vous coûte peu.

— Ça ne me coûte que la vie, murmura Valterre.

Sosthène ne comprit pas. Le vicomte reprit :

— Si nous partions pour le Young-Club ?

— Je ne demande pas mieux. J'ai crânement besoin de me refaire...

Au cercle, la partie était engagée. Partisane, très beau, très digne, tenait la banque et faisait danser une sarabande inconnue aux écus de feu M. Trognon. Estourbiac, reçu depuis peu, donnait des poignées de main à tout le monde et pontait ferme, criant de temps à autre qu'il avait gagné vingt mille francs avec *Gargouille.*

Le vicomte et Sosthène Poix jouèrent sur le même tableau. Tandis que le journaliste hasardait seulement quelques plaques, pour tâter la veine, Valterre, d'un coup, jetait cinq louis sur le tapis, résolu à doubler toujours en cas de perte de façon à gagner peu, mais sûrement. Il connaissait cette tactique, suivie par la plupart des joueurs, pour lesquels le baccarat est une profession. Le tableau sur lequel pontait Estourbiac gagnait effroyablement. Au contraire, la banque passa six fois de suite contre Valterre et Sosthène Poix. Le vicomte perdait plus de six mille francs. La razzia opérée par Marguerite et Mme de Lunel l'empêcha de doubler une fois encore la mise précédente. Il jeta sur le tapis seulement vingt-cinq louis. Il gagna. Immédiatement la pensée lui vint que sans l'avidité de ses maîtresses, il eût pu se refaire. Ainsi, indirectement, elles seraient les causes de sa mort. Cette idée lui procura une sorte d'intime et douloureuse satisfaction. Désormais, il ne pouvait plus suivre sa tactique. Il joua d'inspiration et, une heure après, il avait tout perdu.

— Je suis à sec, dit-il. Je vais vous faire mes adieux...

On le regarda d'un air étonné. Comment! Il reculait. Pour si peu, cinq cents louis, une misère! Lui, le joueur impassible, le viveur étonnant! Partait-il en voyage?

— Oui, en voyage.

Il pouvait s'adresser au gérant, emprunter. On ne lui eût certes pas refusé. Il n'y songea pas une minute. Sa résolution était irrévocablement prise. Comme il redemandait sa canne, dans l'antichambre, Sosthène Poix, totalement décavé, le rejoignit :

— Cet animal d'Estourbiac gagne des sommes

folles, grommelait le chroniqueur. C'est toujours comme ça...

Le vicomte souriait.

— Vous êtes heureux, vous, d'avoir ce tempérament, reprit Sosthène. Moi, ça m'ennuie de perdre.

Ils montèrent dans la voiture de Valterre.

— Voulez-vous que nous fassions un tour avant de rentrer ? demanda celui-ci. Le temps est superbe et j'ai envie de prendre l'air.

— Volontiers, répondit Sosthène, assez étonné.

Par la lumière des becs de gaz et le bruit de la foule glissant sur les deux trottoirs, ils allaient réfléchissant, ennuyés, bercés par le mouvement de la voiture. Une même mélancolie les avait pris, mêlée d'un involontaire attendrissement. A la hauteur de la Madeleine, ils rencontrèrent Otto Wiener et Manieri, qui les saluèrent bruyamment en levant leur chapeau. Sosthène, presque aussitôt, parla, semblant donner la conclusion d'un raisonnement longtemps débattu dans son esprit :

— La vie est une fichue institution... Il y en a qui croient à la morale. Or, la morale, la voici : Otto Wiener et Manieri, qui sont des artistes honnêtes, crèvent de faim, ou bien sont obligés, pour vivre de faire des machines commerciales... Estourbiac qui est un coquin sans talent, roule sur l'or... Il arrivera... Il y aurait moyen de se consoler si notre époque ne voyait que le triomphe de la canaillerie... J'admire les bandits intelligents. Mais ce n'est pas ça du tout... La bêtise plane, énorme, toute puissante. Le génie est une tare ; le talent, un défaut. Pour vivre, il faut en faire abstraction et imiter les autres... J'aurais pu être un grand écrivain, créer des choses... Je suis un chroniqueur, un tripoteur de banalités idiotes... Je porte en moi la tristesse d'œuvres nébuleusement conçues et jamais exécutées. Je m'embête et l'humanité me dégoûte... Il n'y a qu'une chose qui soit vraie, c'est l'argent... Il y a des moments où l'on assassinerait plusieurs banquiers...

— Vous chroniquez, mon cher, dit Valterre. L'argent n'est rien qu'une douleur de plus lorsqu'on l'a dépensé — ce qui est inévitable. Quand l'humanité vous embête ou qu'on s'embête dans l'humanité... on la quitte...

— Comment ?

— On se tue.

— Oui, conclut Sosthène, j'y ai pensé. Mais ce n'est pas moderne ça. C'était le vieux jeu. Ça ne se fait plus.

XVII

Si Fracasse pouvait.

— Mais enfin, cela ne dépend pas de ma volonté, dit le prince impatienté. Il y a huit jours que je sillonne Paris pour vous faire entrer dans ce malheureux théâtre. Ce n'est pas ma faute si je ne réussis point.

— Pas votre faute, pas votre faute !

— Assurément.

— Mon cher, répliqua Juliette avec une pointe d'aigreur, on vient à bout de tout lorsqu'on veut. Ne dirait-on pas que je vous demande d'accrocher la lune avec vos dents...

Et après une minute de silence, elle ajouta :

— Ah ! si Fracasse pouvait !

— Eh bien, dites-lui d'essayer à votre Fracasse, reprit le prince avec humeur.

Elle se leva :

— Vous savez bien qu'il est plein de bonne volonté, seulement il faut de l'argent pour les démarches et pour payer la réclame. Je vous l'ai dit cent fois. Mais vous ne feriez pas le plus léger sacrifice pour me venir en aide.

Il haussa les épaules et sortit en fermant violemment la porte.

En effet, ce n'était pas la première fois que Juliette rappelait que Fracasse ne pouvait rien obtenir sans argent. Mais le prince commençait à éprouver des difficultés pour en trouver. Depuis quelques mois, ils menaient une existence échevelée, compliquée de soupers, de voitures, de rapides voyages, de folies de toutes sortes. Les billets de banque, à l'hôtel de l'avenue de Villiers, dansaient une sarabande échevelée et s'évanouissaient miraculeusement. Les envois de Taïko-Naga, de plus en plus fréquents et considérables, pourtant, paraissaient comme de menues gouttes d'eau dans l'océan des dépenses et réussissaient à peine à boucher quelques-uns des innombrables trous creusés d'avance. Le vieillard annonçait qu'il lui devenait de plus en plus difficile d'emprunter sur ses propriétés, déjà fortement grevées et diminuées de valeur par des ventes partielles successives. A Paris, Taïko-Fidé était couvert de dettes. Comme on connaissait son train de vie et qu'il payait jusqu'alors très exactement, il n'avait pas eu de peine à trouver du crédit. Mais les créanciers, ajournés d'échéance en échéance commençaient à s'inquiéter. A l'Ambassade, on adressa à diverses reprises des remontrances au jeune homme. Il n'en tint aucun compte. Ses compatriotes jadis si aimables, lui faisaient maintenant froide mine, inquiets de ses emprunts répétés.

En même temps, Juliette qui, jusqu'alors s'était montrée très modérée dans ses dépenses, adressant même quelquefois de sages reproches à son amant, et se faisant prier pour accepter des cadeaux, devenait exigeante. A chaque instant, elle demandait des sommes nouvelles dont on ne retrouvait plus de trace. Entre ses mains, l'or fondait merveilleusement et elle était de jour en jour plus âpre dans ses requêtes. Autrefois, les bijoux ne la tentaient pas, elle dissuadait Fidé d'en acheter. Maintenant elle avait envie, continuellement, de parures nouvelles qui disparaissaient aussitôt qu'elle les avait portées deux ou trois fois. Un jour, le prince reconnut avec étonnement dans la même vitrine, un collier acheté la semaine précédente et que, justement, Juliette ne portait plus. La jeune femme, pâlissant un peu, dit qu'elle l'avait donné à réparer. Le bijou disparut de la montre, mais Fidé ne le revit plus et n'osa en reparler. Ce qu'il y avait de pire dans cette situation, c'est que le prince se sentait de plus en plus amoureux. C'était une passion folle, éperdue, qui lui rendait insupportable les heures passées loin d'elle. S'il prenait parfois au dehors des résolutions viriles, se décidant à remettre un peu d'ordre dans ses affaires, ses projets s'effaçaient vite devant les sourires de Juliette. Alors, de désespoir, il se lançait tête perdue en de nouvelles folies cherchant à s'étourdir, fuyant ses propres réflexions, s'acharnant à ne plus penser à l'avenir. Dans ces moments, renaissait la Juliette d'autrefois, bonne, douce, aimante. Il se perdait avec elle en des voluptés, des enivrements infinis qui l'abattaient et l'étourdissaient. Mais ces instants étaient rares. Bientôt recommençaient les demandes d'argent auxquelles il ne pouvait toujours satisfaire. Juliette irritée, méchante, le torturait par sa froideur attirante. Puis la jalousie, une jalousie sombre, féroce d'Oriental, tenaillait le cœur de Fidé avec d'autant plus de violence que les convenances l'obligeaient de la dissimuler. Parfois, la jeune femme se permettait certaines privautés avec ses amis, des familiarités qu'autorisaient les mœurs des viveurs, mais qui le pénétraient d'une amertume furieuse. Alors, il avait peine à s'empêcher de s'élancer sur ces rivaux inconscients. Se souvenant d'une courte période de cabotinage au théâtre des Gobelins, n'avait-elle pas eu la pensée de débuter sur la grande scène du Vaudeville, prétendant posséder un talent de comédienne remarquable. Il faut le dire, la fatuité servait seulement de prétexte à ce nouveau désir. Depuis quelque temps la maîtresse d'Estourbiac, prise d'une sorte de regain de débauche, Juliette désirait se soustraire à la surveillance inquiète du prince et il lui avait paru commode d'entrer au théâtre. Estourbiac, abusant de ce caprice canaille, ne se gênait pas avec elle, d'autant qu'il commençait à *en avoir par dessus la tête*. Prise d'une rage fougueuse, elle se cramponnait à cet amant de cœur, oubliant presque sa sagesse calculatrice, allant jusqu'à offrir de l'argent, avouant qu'elle possédait des rentes solides. Le journaliste un peu épouvanté refusa. Pourtant une malechance momentanée l'avait réduit à la situation de reporter théâtral au *Forban*, journal de coulisse et de finance, où il écrivait sous le pseudonyme de *Fracasse*. C'est alors que Juliette conçut l'idée baroque de lui faire remettre par Fidé cette somme qu'il refusait de sa main, sous le prétexte de favoriser son entrée au Vaudeville. Elle inventa tout un roman. Il fallait solder le dédit d'une comédienne qu'elle remplacerait, et s'assurer l'appui de quelques personnalités influentes, mais très avides. Enfin, le directeur du *Forban*, petit journal de chantage qui justifiait bien son titre, exigeait qu'on le payât pour laisser insérer une réclame indispensable en faveur de Juliette...

Instruite par son premier échec, elle n'aborda pas de front la question et laissa deviner son plan à Estourbiac, qui jugea prudent de s'en tenir aux réponses évasives.

L'idée de voir entrer sa maîtresse au théâtre ne souriait point à Fidé : jaloux déjà des amis avec lesquels elle soupait en sa présence, il ne pouvait s'habituer à la pensée qu'elle mènerait la vie lâchée des coulisses, que ses camarades et, qui sait ? peut-être d'autres, pourraient la contempler là, demi nue, que chaque soir enfin, une salle entière recueillerait ses paroles, ses larmes et ses sourires. Il trouvait rares les moments où elle lui appartenait, à lui seul : que serait-ce donc alors ?

Contre l'ordinaire, il laissa longtemps Juliette lancer des allusions répétées à son désir de monter sur les planches. C'était la première fois qu'il ne courait pas avec empressement au-devant de ses caprices. Lasse de tergiverser, elle exposa un jour clairement son idée. Ils eurent une explication assez vive, puis, comme toujours, Fidé céda. Il promit de faire des démarches. Par exemple, il ne déploya qu'une médiocre activité. C'est alors que progressivement, avec une prudence de chatte, Juliette hasarda le nom d'Estourbiac, répétant tenacement cette phrase obsédante :

— Si Fracasse pouvait !

Fidé, toujours ombrageux, ne pensait pas qu'il fut nécessaire de s'adresser à Fracasse et, d'ailleurs, il n'avait pas assez fait de tentatives pour désespérer. Fatigué d'entendre comme un refrain cette exclamation agaçante, il s'occupa pourtant sérieusement de faire entrer Juliette au Vaudeville. Mais tous ses efforts échouèrent. Après une audition, le directeur avait refusé net. Juliette persista plus que jamais dans sa résolution. Elle l'avait bien dit, on ne pouvait rien faire sans Fracasse. Assurément, le prince en semant l'or, arriverait au même résultat, mais pourquoi ne pas suivre l'idée de Juliette ? Cette façon de procéder serait plus rapide, moins coûteuse et plus sûre.

— Ah ! si Fracasse pouvait !

Mais il n'avait pas d'argent, Fracasse, et il n'y avait pas à dire, il en fallait. Beaucoup moins que le prince n'en eut dépensé à sa place, cependant...

Irrité de cette persistance qui prenait des allures de scie, Fidé alla trouver Estourbiac et lui demanda carrément combien il faudrait pour arriver au but. Le journaliste, après avoir réfléchi un instant, répondit : *Vingt mille francs.* Du reste, il avait l'air de rendre un service et de consentir à se charger d'une corvée désagréable. Il engagea le Japonais à s'occuper lui-même de l'affaire. Quelque insoucieux qu'il fût en matière d'argent, le prince trouva la demande un peu raide. Justement, il venait de recevoir la lettre décourageante de Taïko-Naga.

Comment faire ?

. . . .

Cela devenait décidément insupportable. Il valait mieux en finir et donner tout de suite de l'argent ; il n'y aurait plus moyen de vivre face à face avec les récriminations constantes de la jeune femme. Mais, voilà l'ennui !... Pourrait-il réunir ces vingt mille francs ? Il se trouvait très à sec en ce moment et la somme était trop importante pour qu'il pût la demander à un ami. D'ailleurs il faudrait la rendre à bref délai, et ce n'était que compliquer la difficulté.

Il pensa à Valterre et repoussa bien vite cette idée. Après leur dernière et lointaine entrevue, il serait peu digne d'avoir recours à lui, justement à propos de Juliette. Enfin, un viveur de ses amis, plein d'expérience, lui indiqua un gentleman qui avait la spécialité de faire des avances aux riches étrangers dans l'embarras. Cet Harpagon gommeux possédait des méthodes particulières pour rentrer dans ses fonds. Le prince eut ses vingt mille francs dans les quarante-huit heures, après avoir pris l'engagement d'en rembourser cinquante mille à la fin de l'année. Il fit en même temps à Taïko-Naga un appel désespéré.

Juliette entra au Vaudeville.

Fidé avait raison de craindre que la nouvelle situation de sa maîtresse ne l'empêchât de la voir souvent. Aussitôt après son admission, commença la série interminable des répétitions. Maintenant elle ne demeurait auprès de lui qu'à de rares intervalles. Elle ne quittait plus les planches et pourtant, chose bizarre, on ne la voyait jamais paraître dans aucune pièce.

— Je jouerai dans *Bigard père et fils*, disait-elle.

Mais *Bigard père et fils* ne venaient jamais. Les amis du prince prétendaient que c'était lui qui était joué. On risquait, même en sa présence, des allusions. Un jour, au cercle, Levrault le croyant parti, tandis qu'il fumait un cigare à la fenêtre, derrière une portière, dit à haute voix que les répétitions de Juliette se passaient dans la chambre à coucher d'Estourbiac. Fidé fut frappé au cœur. Il entrevit vaguement toute une horrible et lâche machination. Le soir, il hasarda quelques observations, pourtant avec des ménagements. Elle répondit vertement que, s'il n'avait pas confiance en elle, il était libre de la quitter.

C'est qu'elle connaissait à peu près la situation du prince et n'espérait plus en tirer grand chose. L'affection qu'elle avait attisée, entretenue par calcul, lui devenait odieuse, en raison de l'hypocrisie même qu'elle dépensait. Une haine féroce contre sa victime lui était venue et elle rêvait nébuleusement à quelque atroce trahison, quelque grande humiliation finale qui la vengerait de tous ses mensonges...

Taïko-Fidé entra dans une colère effrayante, à laquelle succéda, comme toujours, une effusion. Prenant Juliette dans ses bras, il lui rappela leur amour commun, les misères de l'existence boulevardière, ses tortures, sa jalousie, et lui proposa de partir pour le Japon, où ils vivraient paisiblement, riches, heureux, dans une situation enviée.

— Tu as donc les moyens de faire le voyage? dit-elle.

Non, il était à bout de ressources, mais il trouverait ce qu'il fallait.

— Il serait indispensable de payer auparavant nos dettes criardes. C'est au moins cent mille francs en tout, reprit Juliette.

Il considéra cette phrase comme une acceptation, et la remercia tendrement, disant qu'il allait chercher, tout de suite, la couvrant de caresses et de baisers. Elle le laissait dire, pensant qu'il pourrait peut-être dénicher encore cent mille francs et qu'il serait toujours temps de refuser après. Fidé écrivit à son père pour lui annoncer son prochain départ et retourna chez l'usurier. Mais, dans l'intervalle, celui-ci avait eu vent de quelques propos qui mettaient en doute la solvabilité du prince et quoique, par ses informations particulières, il connût la situation du jeune homme au Japon, il craignit que les dettes ne dépassassent le capital et il refusa galamment, excipant de mille impossibilités. Fidé passa ainsi la journée en démarches infructueuses. Juliette lut sur son visage son insuccès et se montra glaciale. Le lendemain, le malheureux se remit à chercher. Un nouvel écœurement lui vint, au cercle. Il remarqua que les membres du Young-Club commençaient à lui faire froide mine. On savait sa ruine. En outre certains bruits, partis d'on ne sait où, lui attribuaient des actes frisant la malhonnêteté. On racontait des histoires de fournisseurs trompés avec habileté. Levrault, à fond de cale pour le moment, retournait le fer dans la plaie en rapportant au prince ces rumeurs, provenant, disait-il, de Cora et d'Estourbiac maintenant remis ensemble. La mort dans l'âme, pressentant par avance la colère méprisante de sa maîtresse, Fidé se décida à recourir à l'amitié de Valterre. Il se fit conduire à l'hôtel de la rue de Berry. Comme il arrivait, le vieux François, tête nue, les cheveux gris au vent, descendait l'escalier. Il avait entendu un coup de feu dans le cabinet de son maître et il venait d'enfoncer la porte : le vicomte de Valterre, ayant mangé totalement la cinquième part de sa fortune, selon la parole qu'il s'était donnée à lui-même, s'était fait sauter la cervelle. Il gisait inanimé, sur un canapé où François l'avait couché. Auprès du corps, une forme humaine agenouillée semblait prier, secouée par des sanglots convulsifs. C'était Marguerite de Barrol, venue par hasard, prise d'un caprice. La douleur de la jolie comtesse en apprenant l'événement funèbre avait été terrible et, terrassée, véritablement désespérée, elle pleurait, rêvant aux paroles étranges de Valterre la veille, comprenant enfin.

Presque en même temps que Fidé, Mme de Lunel, gravissait l'escalier. Elle arrivait furieuse de la conduite du vicomte, à la Kermesse, prête à lui faire d'amers reproches. Les cris de François la terrifièrent. Après une courte hésitation, elle continua de monter et, brusquement, elle se trouva auprès de Marguerite, devant le cadavre. Un instant, elles se regardèrent, indécises, puis, la marquise, reprenant son sangfroid et voulant sauver la situation, dit :

— Je passais par hasard... j'ai vu le valet de chambre se précipiter...

Et sans attendre la réponse, elle se retira très contrariée de la présence du prince. Marguerite demeura, cherchant à arrêter ses pleurs. Elle attendit la venue d'un médecin et aida Fidé à placer le corps sur le lit, rappelée un peu à elle-même par la sortie de Mme de Lunel, trop sincère cependant pour sacrifier sa douleur à la prudence. Puis elle sortit avec le prince, et lui serra tristement la main sur les marches du vestibule, en mordant son mouchoir pour ne pas crier.

Étourdi, sous ce nouveau coup, sentant briser encore cette dernière branche de salut, Fidé s'enfuit, pris de la tentation d'en finir, lui aussi. Toute la journée, il erra dans Paris, essayant de remettre un peu de calme dans ses idées. A la fin, sur le soir, il se retrouva devant l'hôtel de Juliette. Machinalement il entra. Au bruit de la sonnette, la jeune femme vint au-devant de lui. Elle l'interrogea. Il lui dit brièvement ses insuccès et la mort de Valterre. Elle eut un ricanement bruyant :

— Alors, mon petit, tu peux aller te faire pendre ailleurs.

Puis, voyant Fidé hébété, elle ajouta :

— Ou plutôt, non, viens que je te présente mon nouvel amant.

Et, ouvrant la porte de sa chambre à coucher, elle montra Estourbiac tranquillement assis sur un fauteuil, superbement habillé, crevant la joie des succès de la veille.

....

Fidé marchait depuis deux heures, la tête perdue, songeant à mourir. Une fièvre intense l'agitait. De temps à autre, de la main il comprimait ses tempes où l'artère battait prête à éclater. Ses pensées dansaient dans son cerveau une ronde fantastique, se mêlant, se heurtant, chantant une musique désespérée. Ainsi tout était fini. Il se retrouvait après quatre années sur le pavé de Paris, ruiné, écœuré, trahi, le cœur torturé. C'était là le but vers lequel il se dirigeait avec une persévérance opiniâtre, depuis son premier voyage à Yokohama. Oh! les douces années de la jeunesse, les séduisants souvenirs, pleins de fleurs, de soleil, de teintes vives et d'existence paisible dans la vallée de Mionoska! Quoi! il était né parmi les puissants de la terre et tout un avenir heureux et facile s'ouvrait devant lui, ménagé par les soins paternels du noble samouraï. Et tout cela avait été repoussé, sacrifié, détruit. Pareil à l'Ève biblique, la curiosité l'avait perdu. Il était parti pour l'Europe tentante, plein de foi en lui-même, avec l'amour de choses nouvelles et la conviction d'un retour proche. Aujourd'hui la désillusion l'écrasait et il ne demeurait rien des joies du passé. Son père était ruiné; il se trouvait, lui, sans ressources, avec le sentiment d'une existence manquée. Qu'allait-il devenir maintenant? Attendre dans la misère, la souffrance et les humiliations, puis retourner là-bas pour être un objet de risée, pour entendre son vieux père lui reprocher son sot et criminel entêtement? Encore, cela c'était peu. Mais vivre loin de Juliette avec cet amour furieux au cœur, penser à toute heure du jour qu'elle serait dans les bras d'un autre, et, qui sait? se moquerait peut-être de sa sauvage passion! Mieux valait mourir, décidément. De cette façon, il liquiderait d'un seul coup ses fautes, ses regrets, ses passions, la terrible faillite de sa vie manquée. La mort est toujours une excuse. Valterre lui avait donné souvent de bons conseils. Aujourd'hui, il lui donnait un meilleur exemple. Il se tuerait. Peut-être alors le regretterait-elle?... Jusqu'à la fin, la pensée de cette femme le poursuivait.

Dès que sa résolution fut bien prise, Fidé se sentit plus calme. Sa fièvre diminua, et fit place à une mélancolie où le sentiment d'une infortune complète, intense, lui apportait une sorte de satisfaction douloureuse. En un moment repassèrent devant son esprit, comme les personnages d'une féerie, la silhouette des gens qu'il avait connus et aimés. D'abord le vieux Taïko-Naga, avec sa sereine et majestueuse figure encadrée dans les jardins de Mionoska. Puis l'officier Durand, les camarades de la traversée, ceux du quartier Latin, la petite Cora, si gentille dans les premiers temps, Valterre, Solange de Maubourg, enfin Juliette... Toute amertume disparaissant devant la certitude qu'il avait de mettre fin à ses souffrances, Fidé considérait cette suite d'événements avec une sorte d'ennui, trouvant que l'existence est émaillée de bien peu de joies et qu'en somme il est plus sage de ne pas être. *Not to be.*

Il entra chez un armurier, acheta un stylet italien à lame triangulaire acérée. Il fit ployer l'acier pour s'assurer de sa solidité et mit ensuite froidement l'arme dans sa poche. Un seul désir subsistait dans son âme endolorie, prête à la mort, le besoin de confier à un être humain le secret de sa désespérance. Valterre parti, la pensée de revoir ses amis de la Grande Vie lui donnait des haut-le-cœur. Machinalement il traversa les ponts. C'était le soir. Une pluie fine, monotone attristait la rue et salissait les trottoirs déserts. Dans les brasseries un bruit persistant, un tapage de voix féminines vibrait. La grande noce des étudiants et des bohèmes se perpétuait, toujours la même, malgré le changement des personnages devenus bourgeois respectables ou grues cotées. Taïko-Fidé pensa aux vadrouilles de jadis, à ses amis les Tristapattes. Il entra. C'était bien là ce qu'il avait connu autrefois : la pareille gaîté ordurière, bête et soulographique, les mêmes femmes avilies, les mêmes clients ivres, la grande symphonie de la bêtise qui ne se respecte pas encore. Mais pas un visage ne rappelait un souvenir au Japonais. Tout passe, tout change. Il sortit, entra dans une autre brasserie. Enfin, à la *Haute-Meuse*, il rencontra Boumol qui pérorait au milieu d'un groupe d'inconnus imberbes. Le bohème ouvrit les bras, se précipita vers lui. En même temps, le grand Vaissel, l'étudiant en droit entrait, l'air tout effaré. Sans s'étonner de la présence du prince, il commença à raconter qu'il se battait en duel, le lendemain :

« Oui, voilà comment c'est arrivé... chez Flora,
» il y a huit jours : Baderre était délégué pour
» la fête de Victor Hugo... il voulait que je sois
» commissaire. J'ai refusé. Il a insisté. Je lui ai
» dit :

— « Victor Hugo est un génie, mais il m'em-
» bête.

» Baderre a voulu insister encore. Je me suis
» échauffé. Alors il m'a accusé d'impuissance,
» ajoutant que nous étions tous comme cela,
» que nous bavions sur les grands hommes. J'ai
» répondu :

— « Vous élargissez le débat. Je ne veux pas
» accepter, parce que le génie m'embête. J'ad-
» mets le talent. Là-dessus tout le monde est
» d'accord. Pour le génie, personne ne peut s'en-
» tendre. D'ailleurs, Victor Hugo tient de la place.
» Il m'embête.

» Là-dessus, nous nous disputons. Je lui
» flanque une gifle. Il gueule furieux :

— « Monsieur ! ces choses se continuent dès
» l'aube.

» Nous nous séparons, et le lendemain il
» m'envoie ses témoins. Comme il était le giflé,
» il choisit l'épée. Alors, tu comprends, pour me
» rattraper, je demande à fixer l'heure... On dis-
» cute longtemps là-dessus. Baderre voulait que
» le duel ait lieu le matin, parce que, le soir, il a
» ses plaisirs. J'ai refusé.

— « Monsieur Baderre a ses plaisirs, ai-je ré-
» pliqué. Moi j'ai mon travail et je ne suis pas
» disposé à le sacrifier. N'est-ce pas juste ?

» Enfin, ça s'est arrangé. Puis, il y a eu d'au-
» tres zizanies, qui ont duré jusqu'à ce soir. Ba-
» derre connaissait un jardin, à Meudon... où il
» y a : *Propriété à louer*... Je l'ai vu, ce jardin... Il
» était trop petit. J'en ai proposé un autre plus
» grand... Vous saisissez... plus de place pour
» rompre... C'est pour l'un comme pour l'autre.

» Les témoins ont compris. Ils ont voté pour
» la plus grande étendue.

» Maintenant, c'est décidé pour demain matin !
» Seulement, tu entends, je prends mes précau-
» tions. Je me suis fait préparer un cordial. C'est
» un mélange d'alcool pour combattre le froid, et
» d'ammoniaque pour empêcher l'alcool de
» m'enivrer... J'irai en voiture, avec un manchon.
» Il faut avoir les mains libres... car si le sang se
» coagulait... Ce paquet — il montrait un papier
» ficelé qu'il portait sous son bras — ce sont des
» bottes dont j'ai fait enlever les talons afin de

» ne pas glisser. Un accident est si vite arrivé, sur
» le terrain. »

Tout en parlant, il tenait de la main gauche un bouton du paletot de Boumol et le secouait vigoureusement.

— Fais donc attention, dit l'autre, effrayé.

— Je crois que j'ai des chances, reprit le grand Vaissel philosophiquement.

Il recommença l'énumération de ses préparatifs et conclut :

— Ce qui m'ennuie, c'est d'ôter mon vêtement. Je suis enrhumé...

Il s'aperçut tout à coup que le temps fuyait ; il avala son bock et se sauva,

— A la bonne heure, dit Boumol, quand il fut parti, voilà un duel comme je les comprends. Eh bien, comment ça va-t-il, mon vieux Ko-ko ? Il y a un siècle que je ne t'ai vu.

Le bohème était très heureux de retrouver son ami. Ils dînèrent ensemble et burent beaucoup. Le prince, pris du désir étrangement humain de laisser après lui la trace de ses souffrances, raconta longuement son histoire, taisant toutefois la conclusion qu'il se proposait de lui donner. A diverses reprises, sous le coup de l'émotion et sous l'influence des vins capiteux, Boumol s'indigna, résumant son opinion par ces mots :

— Les femmes, ça ne vaut pas ça !...

Il faisait claquer son ongle contre les dents.

Attendri à la pensée que son ami était ruiné, il lui offrit de partager sa chambre où couchait déjà une femme et le grand Vaissel. On se gênerait...

Fidé sourit tristement. A minuit, il quitta Boumol et revint lentement vers l'avenue de Villiers, serrant dans sa poche la clef du petit hôtel, qu'il avait conservée. Il pénétra sans peine, gravit l'escalier et arriva jusqu'à la chambre de Juliette. La porte était fermée à l'intérieur. Un silence de mort régnait dans l'appartement. Sans hésitation, Fidé tira de sa gaîne mignonne le stylet et, choisissant la place entre les côtes, avec sa main gauche, d'un mouvement violent, il enfonça la lame jusqu'à la garde, sans pousser un cri. Le corps inerte fléchit et s'allongea sur le paillasson.

L'appartement était vide. Juliette villégiaturait à Trouville avec Estourbiac.

On ne découvrit le corps que trois jours après.

XVIII

HARA-KIRI

La résignation mélancolique du Samouraï Taïko-Naga de plus en plus se changeait en misanthropie farouche. Depuis le départ de Fidé, il vivait à Mionoska, dans la retraite, dur aux autres et sévère pour lui-même. Les premiers temps, son existence assombrie avait encore de rares éclaircies, lorsqu'arrivaient les lettres de l'enfant. Mais, aux descriptions étonnées, empreintes de l'admiration des merveilles occidentales, avaient succédé les demandes d'argent incessantes. Sur ce point, le vieillard n'hésitait pas. Il envoyait toujours, sans compter, aliénant ses propriétés, terminant uniformément ses messages par une adjuration de retourner au Japon. Enfin, la nouvelle tant attendue arriva. L'enfant allait revenir ; même dans une enthousiaste évocation d'où ressortait une haine contre les Occidentaux, une fatigue de la vie civilisée, il parlait en termes attendris des lointains souvenirs, de Mionoska et du vieux Fousi-Yama.

Jamais, depuis son départ, Fidé n'avait exprimé de pareils sentiments. Le vieillard le bénit et lui fit préparer une réception solennelle. Il revêtit le costume national, aux soieries brillantes, et ceignant son sabre le plus riche, orné de ciselures délicates, il partit pour le port d'arrivée.

Depuis vingt-quatre heures, il se promenait fiévreusement sur le quai de Yokohama, exposant son visage bronzé au souffle âpre des brises, tandis qu'à ses pieds les vagues clapotantes mouraient sur la jetée, exhalant une senteur saline et déposant une écume blanche. Deux jours auparavant, on avait signalé le paquebot. Le Samouraï était venu, et depuis, sans relâche, il interrogeait l'horizon de ses regards anxieux, demeurant là des heures entières, agité d'un tremblement fébrile, remettant de minute en minute un repos indispensable. Pour la centième fois, il relisait la lettre de Fidé.

Enfin, sur l'étendue houleuse des flots, dans le lointain, un point noir venait d'apparaître, et les gens s'assemblaient sur le quai. La tache sombre entrevue grossissait d'instant en instant, et tout-à-coup, doublant la pointe escarpée de la presqu'île, étalait par le travers les flancs élancés d'un navire surmonté d'une traînée parallèle de fumée noirâtre qui, tourbillonnant en arrière, semblait fuir avec rapidité. Le paquebot devenait plus distinct. Déjà on pouvait reconnaître l'énorme tuyau de la chaudière, puis, sur le pont, l'équipage et les passagers, agitant des mouchoirs blancs. Après quelques manœuvres, le monstre atterrissait au quai, grondant des mugissements d'appel. Entre les curieux assemblés sur le rivage et les nouveaux venus s'échangeaient des saluts et des exclamations. Une passerelle, jetée sur un pont de bateaux, servait au débarquement.

Taïko-Naga, au premier rang, regardait, le cœur serré par une angoisse effrayante. A chaque nouveau passager qui apparaissait, montrant une figure inconnue, une douleur poignante, vive comme un coup de pointe dans les chairs, le secouait et faisait battre violemment ses artères. Fidé ne descendait pas. Pourtant le vieillard s'obstinait, cherchant à voir au travers des hublots, espérant toujours. Un incident peut-être retenait des voyageurs dans l'entrepont...

Lorsqu'enfin le vieillard fut bien convaincu que son fils n'était pas sur le paquebot, il se retira, sombre, attristé, pensant toutefois qu'une lettre lui apprendrait la cause du retard. Mais à la poste, aucun paquet ne portait son adresse. Il réfléchit alors, se dit que le message pouvait être joint aux dépêches de l'Etat, et il repartit en norimon pour

Yedo. — Le fonctionnaire auquel le Samouraï s'adressa ne le connaissait point. A la première question qui lui fut posée, il répondit :

— Taïko-Fidé? Justement nous venons d'apprendre la nouvelle de sa mort.

. . . . '. . . . .

Le Samouraï retourna à Mionoska. Une résolution immuable s'était emparée de lui. Fidèle à la coutume de ses pères, il voulait faire hara-kiri, afin que ses amis vengeassent sur les Todjins envahisseurs, l'asservissement du Japon et la mort de Fidé. Il employa les derniers jours qu'il s'accordait à visiter les propriétés que lui avaient transmises les Samouraïs ses ancêtres, et qui maintenant se trouvaient vendues par la faute de l'héritier de la race.

D'abord, monté dans son norimon, il parcourut les campagnes éloignées, où les collines verdoyantes, piquées de la tache sombre des chaumières, les rizières étagées, formaient des paysages charmants dont la vue amie lui causait à cette heure solennelle, un nouvel attendrissement.

Il revint lentement, et longuement s'arrêta pour contempler le coucher du soleil derrière le Fousi-Yama, que ses derniers rayons entouraient d'une mer de feu. Du fond de la vallée, allongeant ses perspectives brunissantes, montaient des vapeurs d'un gris-clair qui flottaient sous les nuages rouges, tandis que la montagne sacrée semblait ceinte d'un manteau de pourpre et lançait de tous côtés des rayons comme un ostensoir.

La nuit tombait. Il rentra au siro, l'âme pleine d'une mélancolie un peu apaisée. Le lendemain, il visita les jardins environnants et les canaux où Fidé aimait tant à siffler les carpes apprivoisées et les canards familiers.

De nouvelles douleurs lui furent réservées dans les appartements où toutes choses rappelaient l'enfant mort : les jouets inutiles, chers souvenirs de jadis, amoncelés dans les coins, les porcelaines d'Owari, à grands ramages bleus, qu'il avait rapportées lui-même d'un voyage à Nagoya, les laques finement dorées où s'allongeaient des oiseaux aux longues pattes, les bronzes ciselés à froid, représentant des monstres ouvrant leurs gueules hideuses, les caricatures étranges créées par l'art national, les bonzes aux ventres énormes et les métamorphoses de Bouddha. Tout cela éveillait dans l'esprit blessé du vieillard d'amers ressouvenirs qui ravivaient sa douleur et rappelaient sa colère.

Il prévint ses amis de son intention terrible. L'un d'eux, ému de pitié, avertit le mikado qui, réprouvant la coutume barbare, chargea un de ses fidèles d'empêcher Taïko-Naga de mettre son fatal dessein à exécution. Mais le vieux Samouraï avait deviné la mission de l'envoyé du mikado. A son insu, il convoqua, pour un jour fixé, ses parents et ses amis à Mionoska. Puis, la veille de la date funèbre, il annonça son départ et quitta le siro. Le surveillant partit en toute hâte afin de prendre les devants.

Taïko-Naga revint par un chemin détourné. Déjà, la plupart des gens qu'il avait convoqués étaient arrivés, entre autres le samouraï Taïra-Koura, vieil ami et cousin du père de Fidé, qui partageait sa haine pour les idées nouvelles et devait lui servir de second. Au fond du jardin, dans le yashki, une estrade avait été dressée et, tout autour, de riches tapis et des nattes couvraient le sol. Les Kéraï firent ranger les assistants en cercle.

Sur l'estrade, Taïko-Naga, en grand uniforme, se tenait à genoux au milieu d'un tapis brodé. De grosses larmes coulaient lentement contre son visage amaigri par la douleur. Devant lui, sur un petit tabouret, son sabre d'apparat, court et acéré, se trouvait à portée de la main, enveloppé d'un papier qui laissait paraître la pointe luisante et tranchante comme un rasoir. Un silence de mort régnait dans l'assemblée. Le vieillard parla d'une voix vibrante :

— « Les Todjins sont venus dans notre pays, où nous vivions tranquilles et heureux.

» Ils nous ont apporté leurs passions et leurs vices.

» Ils ont tout bouleversé chez nous, nous ont appauvris et rendus misérables.

» Les plus respectables distinctions sont perdues. Nous sommes abreuvés d'outrages.

» Il est temps que ces choses finissent.

» Il faut que les Samouraïs se vengent.

» C'est pourquoi je fais hara-kiri.

» Mort aux Todjins !

» Ils ont pris mon fils bien-aimé, Fidé, l'ont emmené dans leur pays maudit et là, me l'ont tué !

» Jamais les Samouraïs de Mionoska n'ont supporté l'injure sans en tirer une vengeance éclatante !

» C'est pourquoi je fais hara-kiri !

» Vous tous, mes parents, mes amis, mes serviteurs, je vous exhorte à la vengeance.

» Si un seul d'entre vous recule et manque à sa mission sacrée, qu'il soit à jamais maudit !

» Que ses enfants le méprisent !

» Que Bouddha le punisse !

» Je veux que ma mort soit le signal de l'extermination des Todjins !

» Mort ! mort ! mort ! »

D'un geste brusque il saisit le waki-zashi et se fit de droite à gauche une légère blessure au-dessous du nombril, en inclinant la tête pour recevoir le coup fatal.

Taïra-Koura, placé derrière, un grand sabre nu

à la main, le brandit et, d'un seul coup, trancha la tête de son ami pour mettre fin à ses souffrances et l'empêcher de défaillir. Puis, montrant à tous le visage décoloré, il cria :

— Vengeance !

. . . .

Cinq jours plus tard, un incendie formidable éclatait dans un faubourg de Yedo et, rapidement, gagnait la ville entière, dévorant les légères cases de bambous. Les pompiers accouraient avec leur casque de laine et leur corps matelassé, poussant des cris pour écarter la foule, portant leur étendard, fait d'une boule brillante ornée de banderoles de papier. Intrépidement, ils s'élançaient au milieu des flammes, projetant l'eau, ne lâchant pied devant le fléau implacable que lorsque les banderoles, en brûlant, témoignaient de l'impossibilité absolue de tenir plus longtemps. L'incendie gagnait, gagnait. Une terrible rumeur faite des cris des fuyards et du pétillement des bambous enflammés, s'entendait au loin. Les habitants, effrayés, se sauvaient après avoir enfoui dans le Kura incombustible ce qu'ils ne pouvaient emporter. On les voyait courir vers les canaux préservateurs, hissant au bout d'un bâton leurs objets les plus précieux. Les efforts des hommes étaient vains. La cité entière brûlait, des flammes rouges montaient par spirales vers le ciel, se perdant en des tourbillons de fumée.

Une lueur intense se projetait au loin. Il fallait attendre que l'incendie s'éteignît de lui-même.

Le lendemain, par une fatalité inexplicable, le feu éclatait à Yokohama, sur plusieurs points à la fois. La lutte, cette fois, fut plus sérieuse. Toutes les pompes des équipages fonctionnaient, de concert avec les corps nationaux. On s'efforçait surtout de préserver les bâtiments de pierre du gouvernement et de la cité européenne. Mais le fléau, une fois encore, demeurait vainqueur. Bientôt les édifices s'écroulaient dans un épouvantable fracas et, à la place qu'ils occupaient, s'élevaient, avec une force nouvelle, des torrents de poussière, de flamme et de fumée.

Dans les rues embrasées, au milieu des bambous fumants et de l'air irrespirable, un vieillard en costume de Samouraï, courait, impassible, brandissant un grand sabre de combat. Il se dirigeait vers le quartier européen. Arrivé auprès du port, là où se réfugiaient les habitants terrorisés, courant à perdre haleine, ses yeux brillèrent d'un éclat infernal et, poussant des cris sauvages qui se perdaient dans l'horrible rumeur de l'incendie, il s'élança à la rencontre des fuyards. Sous sa lame meurtrière, maniée avec rage, les hommes, les femmes tombaient, atteints mortellement et, dans ce carnage, il semblait retrouver toujours des ardeurs nouvelles, hurlant d'une voix farouche :

— Mort aux Todjins !

Autour de lui, les cadavres étaient amoncelés. Un matelot français, revenant au port, l'aperçut, et, parant un coup qui lui était destiné, abattit le vieillard d'un coup d'anspect. Il tomba. C'était Taïra-Koura qui accomplissait l'œuvre de vengeance léguée par son ami, le vieux Taïko-Naga.

Ainsi finit la race fameuse des Samouraïs de Mionoska.

FIN

TABLE DES CHAPITRES

		Pages
I.	Grand voyage	1
II.	Une vadrouille	24
III.	Cora, perle	48
IV.	Chez Baratte	83
V.	Juliette Saurel	112
VI.	Le journaliste Estourbiac	131
VII.	L'idée de Boumol	155
VIII.	Duel	174
IX.	L'Œuvre des Banlieues	194
X.	Rue de Lille	218
XI.	Solange de Maubourg	238
XII.	Les trucs de Monsieur Bocage	261
XIII.	Illuminations	285
XIV.	Une crémaillère	306
XV.	Le salon de Flora	326
XVI.	Les derniers louis	367
XVII.	Si Fracasse pouvait	400
XVIII.	Hara-kiri	420

PUBLICATIONS

DE LA

LIBRAIRIE

PAUL OLLENDORFF

PARIS
PAUL OLLENDORFF, ÉDITEUR
28 bis, rue de Richelieu, 28 bis
ET
25, rue Montpensier, 25
—
1882

DIVISIONS DU CATALOGUE

I. Étude des langues étrangères.................. 3
II. Littérature anglaise........................ 12
III. Littérature française....................... 13
IV. Publications dramatiques.................... 15
V. Romans, biographies, voyages................ 30
VI. Ouvrages à l'usage de la jeunesse........... 33
VII. Poésies.................................... 34
VIII. Publications artistiques................... 35
IX. Divers..................................... 36
X. - Guides de voyage Baedeker................. 37
XI. Table par ordre alphabétique des noms d'auteurs et des titres des ouvrages.......... 39

LIBRAIRIE PAUL OLLENDORFF

28 bis, RUE DE RICHELIEU ET RUE MONTPENSIER, 25
A PARIS

FÉVRIER 1882

I
ÉTUDE
DES LANGUES ÉTRANGÈRES

NOUVELLE MÉTHODE
POUR APPRENDRE A PARLER, A LIRE ET A ÉCRIRE
UNE LANGUE EN SIX MOIS

PAR

LE DOCTEUR H.-G. OLLENDORFF

L'étude des langues vivantes occupe maintenant une place importante dans l'enseignement. — En publiant sa Méthode, le docteur Ollendorff a devancé les réformes accomplies dans cette étude. Une langue vivante ne s'apprend plus comme une langue morte. Il est nécessaire que les livres mis entre les mains des élèves répondent au but qu'on se propose et qui est d'arriver le plus rapidement possible à lire, à écrire et à parler une langue étrangère. Toutes les Méthodes essayées jusqu'à présent pour l'enseignement des langues laissaient quelque chose à désirer ; les unes enseignaient à lire une langue, mais elles n'enseignaient point à l'écrire ; les autres enseignaient à la lire et à l'écrire, mais non pas à la parler. Or, des trois objets que doit se proposer toute méthode, ce dernier est assurément l'essentiel Grâce à une longue expérience de l'enseignement et à de constantes méditations, l'auteur a pu atteindre ce triple but. L'élève commence à parler dès la première leçon, et, à mesure qu'il avance, il est, par la marche même de la méthode, forcé de mettre à profit tout ce qu'il a vu dans chacune des leçons précédentes.

La différence fondamentale qui distingue cette méthode de toutes celles qui ont été usitées jusqu'à ce jour, c'est qu'elle enseigne à écrire et à parler par l'analyse graduée des règles grammaticales, tandis que les autres n'enseignent qu'une stérile nomenclature et procèdent par morceaux détachés où les principes ne se rencontrent qu'au hasard, sans jamais former un système qui se grave dans la mémoire ; la Méthode du docteur Ollendorff est à la fois théorique et pratique.

L'auteur a, d'ailleurs, résumé son plan dans les quelques lignes qu'il a placées au commencement de son ouvrage : « Mon système, dit-il, est fondé sur ce principe, que chaque question contient presque complètement la réponse qu'on doit ou qu'on veut y faire. La légère différence entre la question et la réponse est toujours expliquée dans la leçon immédiatement avant la question. L'élève n'éprouve donc pas la moindre difficulté soit à répondre, soit à s'adresser de semblables questions à lui-même. Cette parité entre la question et la réponse a un autre avantage : quand le maître énonce la première, il frappe l'oreille de l'élève, qui, naturellement, a plus de facilité à reproduire les sons par ses propres organes. Ce principe est évident, il ne faut qu'ouvrir le livre pour se convaincre qu'il y domine. Le maître et l'élève ne perdent pas de temps : l'un lit la leçon, l'autre le suit avec ses réponses ; l'un corrige, l'autre assiste en répondant. Tous deux parlent sans cesse. Enfin, durant tout le cours du volume, les questions suivent une marche progressive, c'est-à-dire de la phrase la plus simple de toutes à la période tout entière ; chaque leçon se rattache à la précédente par un mot dont l'élève sent déjà d'avance le besoin, voit la place, et désire la possession, ce qui ajoute encore un vif intérêt à l'étude. Du reste, la phrase se développe sous les trois formes, interrogative, négative et positive, de telle sorte que l'élève ne fait sans cesse que reprendre le principe premier d'où il est parti, en y adaptant toujours des mots et des principes nouveaux, jusqu'à ce qu'il arrive à la connaissance parfaite de la langue qu'il étudie. »

Le succès qu'obtient partout la Méthode Ollendorff est la meilleure garantie de sa supériorité sur les imitations qui en ont été tentées. La Méthode d'allemand, la première publiée, a déjà eu *vingt-quatre* éditions, la Méthode d'anglais en a eu *dix-neuf*.

Outre les avantages considérables accordés aux établissements d'instruction, la division de la Méthode d'allemand en deux parties ; celle des Méthodes d'anglais, d'espagnol et d'italien en cinq livraisons, facilite beaucoup l'acquisition de ces ouvrages.

A la *Librairie*, rue Richelieu, n° 28 *bis*, on peut indiquer des professeurs enseignant d'après la *Méthode Ollendorff*.

LISTE, PAR NATIONS, DES MÉTHODES PUBLIÉES

A l'usage des Français.

	Broché.	Relié.
MÉTHODE D'ALLEMAND, 24ᵉ édition, 2 vol. in-18...................	10 fr. »	12 fr. »
Chaque volume se vend séparément.	5 »	6 »
Clef de la Méthode d'allemand, nouvelle édition, 1 vol. in-8............	3 »	3 75

	Broché.	Relié.
Introduction à la Méthode d'allemand, ou Déclinaison allemande déterminée, accompagnée d'un Traité sur le genre des substantifs. Nouv. éd., 1 vol. in-8.	» »	2 fr. »
MÉTHODE D'ANGLAIS, 19ᵉ édit., 1 vol. in-8	10 fr. »	11 »
Le même ouvrage divisé en cinq livraisons à	2 »	» »
Clef de la Méthode d'anglais, nouvelle édition, 1 vol. in-8	3 »	3 75
MÉTHODE D'ESPAGNOL, 8ᵉ éd., 1 vol. in-8	10 »	11 »
Le même ouvrage divisé en cinq livraisons à	2 »	» »
Clef de la Méthode d'espagnol, nouv. édit., 1 vol. in-8	3 »	3 75
MÉTHODE D'ITALIEN, 10ᵉ édit., 1 vol. in-8	10 »	11 »
Le même ouvrage divisé en cinq livraisons à	2 »	» »
Clef de la Méthode d'italien, nouvelle édition, 1 vol. in-8	3 »	3 75
MÉTHODE DE LATIN, 3ᵉ édit., 1 vol. in-8	10 »	11 »
Clef de la Méthode de latin, nouv. édit., 1 vol. in-8	3 »	3 75
Introduction à la Méthode de latin, ou Déclinaison latine déterminée, accompagnée d'un Traité sur le genre des substantifs. 1 vol. in-8	2 »	» »
MÉTHODE DE PORTUGAIS. 1 vol. in-8	10 »	11 »
Clef de la Méthode de portugais, 1 vol. in-8	3 »	3 75
MÉTHODE DE RUSSE, 1 vol. in-8	10 »	11 »
Clef de la Méthode de russe, 1 vol. in-8	3 »	3 75

A l'usage des Espagnols.

	Broché.	Relié.
METODO DE FRANCÉS, nueva edic., 1 vol. in-8....................	10 fr. »	11 fr. »
Clave del Método de francés, nueva edic., 1 vol. in-8....................	3 »	3 75
METODO DE INGLES, nueva edic., 1 vol. in-8....................	10 »	11 »
Clave del Método de inglés, nueva edic., 1 vol. in-8....................	3 »	3 75
METODO DE ITALIANO, nueva edic., 1 vol. in-8....................	10 »	11 »
Clave del Método de italiano, nueva edic., 1 vol. in-8....................	3 »	3 75
METODO DE LATIN, nueva edic., 1 vol. in-8....................	10 »	11 »
Clave del Método de latín, nueva edic., 1 vol. in-8....................	3 »	3 75

A l'usage des Italiens.

METODO DI FRANCESE, nuova ediz., 1 vol. in-8....................	10	
Chiave del Método di francese, nuova ediz., 1 vol. in-8....................	3 »	
METODO D'INGLESE, nuova ediz., 1 vol. in-8....................	10	
Chiave del Metodo d'inglese, nuova ediz., 1 vol. in-8....................	3 »	

A l'usage des Anglais

| **FRENCH METHOD**, new edition, 1 vol. in-8, toile.................... | | 10 fr. |
| Key to the french Method, new edit., 1 vol. in-8, toile.................... | | 5 |

	Broché.	Relié.
FRENCH METHOD, *class. ed.*, new edit., 1 vol. in-16, toile..................	9 fr.	»
Key to the french Method, *class. ed.*, new edit., 1 vol. in-16, toile...........	4	»
GERMAN METHOD, new edit., 1 vol. in-16, toile............................	9	»
Key to the german Method, new edit., 1 vol. in-16, toile.....................	4	»
ITALIAN METHOD, new edit., 1 vol. in-16, toile............................	9	»
Key to the italian Method, new edit., 1 vol. in-16, toile.....................	4	»
SPANISH METHOD, new edit., 1 vol. in-8, toile.............................	16	»
Key to the spanish Method, new edit., 1 vol. in-16, toile.....................	4	»
Introductory book to the german Method, new edit., 1 vol. in-12, toile.....	2	»
Introductory book to the latin Method, new edit., 1 vol. in-12, toile........	2	»
THE CHINESE MANDARIN LANGUAGE AFTER OLLENDORFF'S METHOD, by Charles Rudy, in three volumes. *The first part is published*, 1 vol. in-8............................	20 fr.	»

A l'usage des Allemands.

METHODE FÜR DAS ENGLISCHE, 6. Auflage, 1 vol. in-8, toile............	5	»
Schlüssel dazu, 4. Auflage, 1 vol. in-8, cart..................................	2	»
METHODE FÜR DAS FRANZÖSISCHE, 9. Auflage, 1 vol. in-8, toile...........	5	»
Schlüssel dazu, 6. Auflage, 1 vol. in-8, cart..................................	2	»

	Broché.	Relié.
METHODE FÜR DAS ITALIENISCHE, 3. Auflage, 1 vol. in-8, toile............		6 fr. »
Schlüssel dazu, 2. Auflage, 1 vol. in-8, cart................................		2 »
METHODE FÜR DAS SPANISCHE, 2. Auflage, 1 vol. in-8, toile...........		6 »
Schlüssel dazu, 1 vol. in-8, cart.......		2 »

A l'usage des Russes.

MÉTHODE DE FRANÇAIS, nouv. édit., 1 vol. in-8, toile.....................		6 »
Clef de cette Méthode, 1 vol. in-8, cart.		2 »

LECTURES LATINES

Faisant suite à la Méthode Ollendorff appliquée au latin

NOUVEAUX MORCEAUX CHOISIS

DE

POÈTES ET DE PROSATEURS LATINS

Suivis d'une Table chronologique et raisonnée des auteurs

RECUEILLIS ET ANNOTÉS

Par VICTOR DERÉLY

Ancien élève de l'École normale supérieure

Un volume in-8.................... 8 fr.

NOUVELLE COLLECTION
DE
MANUELS PRATIQUES DE CORRESPONDANCE
CONTENANT DES
LETTRES FAMILIÈRES & COMMERCIALES
AVEC
DES NOTES ET UN DICTIONNAIRE DES TERMES DE COMMERCE

Publiée sous la direction de

J.-B. MELZI

Et honorée d'une Médaille d'or.

La **Méthode Ollendorff**, comme nous l'avons indiqué plus haut, réalise le double but que doivent se proposer le maître et l'élève dans l'étude des langues étrangères : *enseigner et apprendre vite et bien*.

Cependant, la connaissance d'une langue ne peut se borner à la conversation, à la lecture des auteurs ; il ne suffit pas non plus d'écrire correctement et de surmonter les difficultés de la grammaire, il faut encore pouvoir reproduire sa pensée et lui donner les formes les plus multiples.

Pour arriver à ce résultat, il est un exercice que l'on ne saurait trop mettre en pratique, et dont l'utilité est démontrée par l'expérience. Nous voulons parler de l'exercice épistolaire. La correspondance étant, pour ainsi dire, une conversation écrite, il est évident qu'elle est, à côté de la conversation elle-même, le meilleur moyen d'acquérir la pratique d'une langue. Pénétrés de cette idée et cédant au désir de nombreux élèves, nous avons voulu réunir des lettres composées pour l'étude de la correspondance.

Nous avons cherché à varier le plus possible les sujets, à donner les expressions qu'autorisent les meilleurs auteurs, enfin à présenter graduellement les difficultés qui caractérisent toute langue.

Le choix des sujets traités constitue une des parties les plus intéressantes de notre travail. Il est facile de s'en convaincre en examinant, à la table de chaque manuel, la division que nous avons adoptée : peu d'ouvrages de ce genre présentent des exercices aussi variés et aussi pratiques. Nous avons voulu ne laisser de côté aucun des faits ordinaires de la vie, qui nécessitent l'envoi d'une lettre ; chaque sujet est traité brièvement et d'une manière générale, de sorte que quelques changements, faciles à effectuer, suffisent pour approprier le modèle au cas particulier auquel on veut l'appliquer. Nous nous sommes efforcés de faciliter, par de nombreuses notes, le travail du lecteur.

Chaque fois qu'il s'est rencontré une expression ne pouvant être traduite par un équivalent, nous avons tenu à en fournir l'explication la plus étendue.

Nous avons donné aussi la véritable signification de tout mot qui pourrait être traduit de différentes façons et nous l'avons donnée avec les synonymes et les homonymes ainsi que tous les éclaircissements nécessaires à la bonne interprétation de ce mot, bien convaincus que rien ne doit être négligé pour éviter tout contre-sens et toute obscurité.

La contre-partie de chaque manuel, publié en plusieurs langues, offre à l'élève ce grand avantage de lui permettre de vérifier, sans professeur, si les lettres qu'il a traduites sont rendues fidèlement et correctement.

A chaque manuel de correspondance nous avons joint, comme complément, un vocabulaire qui présente, en quelques pages, un répertoire assez complet des expressions et des termes que l'usage a consacrés dans les transactions commerciales, et dont l'explication n'est pas toujours donnée, même dans les meilleurs dictionnaires.

Tel est le plan de cette collection, à laquelle nous avons donné tous nos soins, et dont l'utilité ne saurait être contestée.

LISTE, PAR NATIONS, DES MANUELS PUBLIÉS

A l'usage des Français.

MANUEL PRATIQUE de Correspondance anglaise, 1 vol. in-18 jésus........................... 2 fr. 50

MANUEL PRATIQUE de Correspondance allemande, 1 vol. in-18 jésus........................ 2   50

MANUEL PRATIQUE de Correspondance espagnole, 1 vol. in-18 jésus......................... 2   50

MANUEL PRATIQUE de Correspondance italienne, 1 vol. in-18 jésus.......................... 2   50

A l'usage des Espagnols.

MANUAL PRÁCTICO de Correspondencia francesa, 1 vol. in-18 jésus........................... 2   50

MANUAL PRÁCTICO de Correspondencia inglesa, 1 vol. in-18 jésus............................ 2   50

MANUAL PRÁCTICO de Correspondencia alemana, 1 vol. in-18 jésus........................... 2   50

MANUAL PRÁCTICO de Correspondencia italiana, 1 vol. in-18 jésus........................... 2   50

A l'usage des Italiens.

MANUALE PRATICO di Corrispondenza francese, 1 vol. in-18 jésus................ 2 fr. »
MANUALE PRATICO di Corrispondenza inglese, 1 vol. in-18 jésus................. 2   »
MANUALE PRATICO di Corrispondenza tedesca, 1 vol. in-18 jésus................ 2   »
MANUALE PRATICO di Corrispondenza spagnuola, 1 vol. in-18 jésus.............. 2   »

A l'usage des Anglais.

PRACTICAL HANDBOOK of French Correspondence, 1 vol. in-18 jésus............... 2 50
PRACTICAL HANDBOOK of German Correspondence, 1 vol. in-18 jésus.............. 2 50
PRACTICAL HANDBOOK of Spanish Correspondence, 1 vol. in-18 jésus............. 2 50
PRACTICAL HANDBOOK of Italian Correspondence, 1 vol. in-18 jésus............. 2 50

A l'usage des Allemands.

PRAKTISCHES HANDBUCH der französischen Korrespondenz, 1 vol. in-18 jésus...... 2 50
PRAKTISCHES HANDBUCH der englischen Korrespondenz, 1 vol. in-18 jésus........ 2 50
PRAKTISCHES HANDBUCH der italienischen Korrespondenz, 1 vol. in-18 jésus..... 2 50
PRAKTISCHES HANDBUCH der spanischen Korrespondenz, 1 vol. in-18 jésus........ 2 50

ANGLO-AMERICAN METHOD, dictionnaire de prononciation française à l'usage des Anglais, par J. DE FALLON, 1 fort vol. in-8, toile........ 10 fr. »

CAHIERS D'ÉCRITURE ALLEMANDE, par Mlle A. HARRIES. Nos 1 à 6, six cahiers.......... 1 80

Chaque cahier se vend séparément............ » 30

ANTHOLOGIE, par F. MOUSSON. Textes classiques français, italiens, allemands et anglais, 1 beau vol. in-4. Sur papier fort............ 10 »

Sur papier ordinaire............................ 8 »

LEHRE VOM ACCENT DER DEUTSCHEN SPRACHE. Zum erstenmal vollständig behandelt und für Fremde bearbeitet von Dr HERMANN HUSS, 1 vol. in-8............................ 2 50

Cet ouvrage est un traité complet de l'accentuation allemande à l'usage des étrangers. C'est le complément nécessaire de toute grammaire allemande.

LES CONTES DE FÉES DE PERRAULT, traduits en arabe usuel, avec le texte français en regard.

Barbe-Bleue, trois livraisons à 1 franc........ 3 »

Le Petit Chaperon rouge, une livraison........ 1 50

II
LITTÉRATURE ANGLAISE

ASHER'S COLLECTION
OF
ENGLISH AUTHORS
BRITISH AND AMERICAN
COPYRIGHT EDITION

Chaque volume in-16, imprimé en gros caractères. **2 fr.**

Dans cette collection paraissent successivement les meilleures et les plus nouvelles productions de la littérature anglaise et américaine. Nous signalerons particulièrement les ouvrages importants de STANLEY : How I found Livingstone (3 vol.), Trough the Dark Continent (4 vol. et 2 grandes cartes), ainsi que : Good bye, Sweetheart! (2 vol.), par RHODA BROUGHTON ; Middlemarch (4 vol.), par GEORGES ELIOT, etc., etc.

ASHER'S CONTINENTAL LIBRARY
OF
FAVOURITE MODERN AUTHORS

Collection des meilleurs romans anglais et américains

Chaque volume in-16.................. 1 fr. 25

A côté de la *Collection Asher* à 2 fr. le volume, dans laquelle continueront à paraître les ouvrages de Bibliothèque comme ceux de Stanley, nous avons fondé, sous le titre de *Asher's Continental Library*, une nouvelle collection non moins intéressante et par les noms des auteurs et par le bon marché, où paraîtront successivement les romans nouveaux les plus remarquables.

N.-B. — Pour la liste complète et détaillée des volumes publiés jusqu'à ce jour dans les deux collections, consulter le catalogue spécial.

III
LITTÉRATURE FRANÇAISE

L'ART D'ÉCRIRE enseigné par les grands maîtres, par Charles Gidel, proviseur du lycée Louis-le-Grand, 1 vol. in-18 jésus........................... 3 fr.
    Relié demi-chagrin, tranches dorées.......... 5 fr.

LE MOT ET LA CHOSE, par Francisque Sarcey, un élégant volume grand in-18. 3ᵉ édition................ 3 fr. 50
    Il a été tiré de cet ouvrage 25 exempl. de luxe sur papier de Hollande, à............................ 8 fr.

NOUVEAU COURS PRATIQUE DE LANGUE FRANÇAISE. Lexicologie, par A. Profillet (de Mussy), 1 vol. in-18.. 2 fr. 50

LA PRONONCIATION FRANÇAISE ET LA DICTION, à l'usage des Écoles, des Gens du monde et des Étrangers, par A. Cauvet, nouvelle édition, 1 vol. in-18... 2 fr. 50

L'ART DE BIEN DIRE, par H. Dupont-Vernon, de la Comédie-Française. Troisième édition, in-8.......... 1 fr.

PRINCIPES DE DICTION, par H. Dupont-Vernon, de la Comédie-Française. 1 vol. in-18................. 2 fr.

L'ART ET LE COMÉDIEN, par Coquelin aîné, de la Comédie-Française. Un joli volume in-16, imprimé sur papier vergé de Hollande.................................... 2 fr.

MOLIÈRE ET LE MISANTHROPE, par C. Coquelin, de la Comédie-Française. Un joli volume in-16, imprimé sur papier vergé de Hollande..................... 2 fr.

UN POÈTE DU FOYER: Eugène Manuel, par C. Coquelin, de la Comédie-Française. Un joli volume in-16... 2 fr.

Il a été tiré de ces trois ouvrages de Coquelin 15 exempl. sur papier de Chine, à............................ 5 fr.

MOLIÈRE ET BOSSUET, réponse à Louis Veuillot, par Henri de Lapommeraye, 2ᵉ édit. 1 vol. in-18 jésus.. 2 fr.

UN RÉFORMATEUR DE LA POÉSIE FRANÇAISE: Malherbe, par L. Bassot, 1 vol. in-16............. 1 fr.

DICTIONNAIRE DU JARGON PARISIEN. L'argot ancien et l'argot moderne, par Lucien Rigaud. 1 vol. in-16. Épuisé.

DICTIONNAIRE DES LIEUX COMMUNS, par Lucien Rigaud. 1 fort volume grand in-18............. 6 fr.

DICTIONNAIRE D'ARGOT MODERNE, par Lucien Rigaud, 1 fort vol. grand in-18........................ 5 fr.

Il a été tiré de ces deux derniers ouvrages 50 exempl. de luxe sur papier de Hollande à 12 fr., et 15 sur papier de Chine à 15 fr.

LA TRAGÉDIE DU DOCTEUR FAUST, de Goethe, en vers français, par A. de Riedmatten. 1 vol. in-18....... 2 fr.

DEUX ÉPÉES BRISÉES (Bertrand-Robert), par Ernest Legouvé, de l'Académie française. In-8............ 1 fr.

SERMON prononcé par le Révérend Père Esprit de Tinchebray, capucin, dans l'église des Dames religieuses de Haute-Bruyère, le 21 juillet 1694, fête de sainte Madeleine, réédité avec préface, par A. Chassant. In-16, sur beau papier de fil................................. 2 fr.

Quelques exemplaires sur papier de Chine .... 5 fr.

IV
PUBLICATIONS DRAMATIQUES

THÉATRE DE CAMPAGNE

RECUEIL PÉRIODIQUE DE COMÉDIES DE SALON
PAR LES MEILLEURS AUTEURS DRAMATIQUES CONTEMPORAINS

Deux volumes par an :
l'un au mois de mai, l'autre au mois d'octobre.

L'éclatant succès que le **Théâtre de Campagne** a obtenu dès son apparition, prouve que nous avons eu raison d'entreprendre cette publication, que le public réclamait depuis longtemps.

Voici comment M. E. Legouvé s'exprime au sujet du **Théâtre de Campagne**, dans la préface qu'il a bien voulu mettre en tête du premier volume de cette collection : « A peine l'automne, les chasses et les vacances ont-ils rempli les châteaux et les villas, que le premier mot qui sort de toutes ces bouches de jeunes gens et de jeunes femmes, est celui-ci :

Si nous jouions la comédie! Soudain voilà les imaginations en éveil. On fait appel à tous les souvenirs, on énumère tous les répertoires; on passe du Théâtre-Français au théâtre du Palais-Royal; on écrit à Paris! On fait venir une cargaison de chez Michel Lévy! La caisse arrive! on l'ouvre! on lit! Mais à mesure qu'on lit, l'embarras commence. Quelle pièce choisir? L'une est trop longue, l'autre a trop de personnages! En voilà une charmante, mais elle est trop triste! Prenons celle-ci! Non, elle est trop gaie! Puis la difficulté de la mise en scène! Puis la question du costume! Puis le souvenir toujours effrayant des acteurs qui ont créé ces rôles! Le temps s'écoule, les obstacles s'accumulent, les imaginations se refroidissent, et au bout de trois mois qu'a-t-on fait? On a cherché! Voilà ce qui m'a donné l'idée d'un Théâtre de Campagne, c'est-à-dire d'une suite de pièces courtes, faciles à monter, à la fois agréables et honnêtes, de façon que toutes les oreilles puissent les entendre, et que toutes aussi aient plaisir à les écouter. »

Tel est le but de ce recueil, auquel les noms des auteurs, qui ont bien voulu nous prêter leur concours, promettent, nous en sommes sûrs, la continuation de l'accueil favorable qu'il a reçu jusqu'à ce jour.

THÉATRE DE CAMPAGNE

(Première série, 10e édition)

AVEC

Une préface de M. Ernest Legouvé, de l'Académie française,

CONTENANT :

MA FILLE ET MON BIEN, comédie en deux tableaux (3 hommes, 2 femmes), par Ernest Legouvé.

PATUREL, comédie en un acte (2 hommes, 1 femme), par Henri Meilhac.

LE MONDE RENVERSÉ, comédie en un acte, en vers (1 homme, 1 femme), par Henri de Bornier.

LA SOUPIÈRE, comédie en un acte (2 hommes, 1 femme), par Ernest d'Hervilly.

AUTOUR D'UN BERCEAU, pièce en une scène (1 femme), par Ernest Legouvé.

LES PETITS CADEAUX, comédie en un acte (2 hommes, 1 femme), par Jacques Normand.

SILENCE DANS LES RANGS! comédie en un acte (2 hommes, 1 femme), par Ernest d'Hervilly.

LA FLEUR DE TLEMCEN, comédie en un acte, tirée des *Deux Héritages* de P. Mérimée (2 hommes, 3 femmes), par Ernest Legouvé.

AVANT LE BAL, comédie en un acte (1 homme, 1 femme), par Prosper Chazel.
UN SALON D'ATTENTE, comédie en un acte (4 hommes, 2 femmes), par Charles Edmond.

Un vol. in-18 jésus...........................	3 fr.	50
Relié demi-chagrin, tranches dorées..........	5	»
Quelques exemplaires sur papier vergé.......	10	»

THÉATRE DE CAMPAGNE
(Deuxième série, 8ᵉ édition)
CONTENANT :

LA LETTRE CHARGÉE, fantaisie en un acte (2 hommes, 2 femmes), par Eugène Labiche.
LES CRISES DE MONSEIGNEUR, comédie en un acte (5 hommes, 1 femme), par Gustave Droz.
LE MARI QUI DORT, comédie en un acte, en vers (2 hommes, 2 femmes), par Edmond Gondinet.
SA CANNE ET SON CHAPEAU, comédie en un acte (3 hommes, 2 femmes), par le comte W. Sollohub.
VENT D'OUEST, comédie en un acte (1 homme, 2 femmes), par Ernest d'Hervilly.
LA VIEILLE MAISON, comédie en un acte (2 hommes, 2 femmes), par André Theuriet.
UNE SÉRÉNADE, scène-proverbe avec chants et tableaux (2 femmes), par le comte W. Sollohub.
LES CONVICTIONS DE PAPA, comédie en un acte (3 hommes, 1 femme), par Edmond Gondinet.

Un vol. in-18 jésus...........................	3 fr.	50
Relié demi-chagrin, tranches dorées..........	5	»
Quelques exemplaires sur papier vergé.......	10	»

THÉATRE DE CAMPAGNE
(Troisième série, 5ᵉ édition)
CONTENANT :

LA GIFLE, comédie en un acte (3 hommes), par Abraham Dreyfus.

LA CAGE DU LION, comédie en un acte, en vers (2 hommes, 1 femme), par Henri de Bornier.
DE CALAIS A DOUVRES, monologue en vers (1 homme), par Ernest d'Hervilly.
A LA BAGUETTE, comédie en un acte (2 hommes, 1 femme), par Jacques Normand.
LE COUPÉ JAUNE, comédie en un acte (2 hommes, 2 femmes), par Henri Dupin.
GEORGES ET GEORGETTE, comédie en un acte (1 homme, 1 femme), par Emile Abraham.
O MON ADÉLAÏDE ! comédie en un acte (2 hommes, 1 femme), par Charles Narrey.
LES PRUNES, poésie par Alphonse Daudet.
LES REVANCHES DE L'ESCALIER, comédie en un acte, (1 homme, 1 femme), par Ernest d'Hervilly.
LA FORCE DES FEMMES, comédie en un acte (2 hommes, 2 femmes), par Henri Meilhac.

Un vol. in-18 jésus.................................. 3 fr. 50
Relié demi-chagrin, tranches dorées............ 5 »
Quelques exemplaires sur papier vergé....... 10 »

THÉATRE DE CAMPAGNE

(Quatrième série, 4ᵉ édition)

CONTENANT :

L'AMOUR DE L'ART, comédie en un acte (1 homme, 2 femmes), par Eugène Labiche.
ENTRE LA SOUPE ET LES LÈVRES, soliloque en vers (1 homme), par Ernest d'Hervilly.
VOLTE-FACE, comédie en un acte, en vers (2 hommes, 3 femmes), par Émile Guiard.
RETOUR DE BRUXELLES, comédie en deux tableaux (3 hommes, 4 femmes), par Eugène Verconsin.
LA CORBEILLE DE MARIAGE, comédie en un acte (1 homme, 2 femmes), par Georges de Létorière.
NOTRE CHER INSENSIBILISATEUR ! comédie en un acte (2 hommes, 1 femme), par Ernest d'Hervilly.

LE COLLIER D'OR, comédie en un acte, en vers (1 homme, 3 femmes), par Albert Millaud.
MARIE DUVAL, comédie en un acte (1 homme, 1 femme), par Adrien Decourcelle.
LES FRAISES, comédie en un acte (4 hommes, 1 femme), par André Theuriet.

Un vol. in-18 jésus.................................. 3 fr. 50
Relié demi-chagrin, tranches dorées............ 5 »
Quelques exemplaires sur papier vergé....... 10 »

THÉATRE DE CAMPAGNE
(Cinquième série, 4e édition)
CONTENANT :

HO! LE VERT! bouffonnerie en un acte (4 hommes, 1 femme), par Charles Narrey.
LA PART DU LION, comédie en un acte (1 homme, 3 femmes), par Adrien Decourcelle.
LE VALET DE CŒUR, comédie en un acte (9 hommes, 3 femmes), par E. de Najac et R. Bocage.
TOUT CHEMIN MÈNE A ROME, comédie en un acte (3 hommes, 2 femmes), par André Raibaud.
LA MOUCHE, monologue en vers (1 homme), par Émile Guiard.
AUX ARRÊTS, comédie-vaudeville en un acte (1 homme, 1 femme), par J. de Rieux et E. d'Au.
LES DEUX SOUS-PRÉFETS DE X***, saynète en un acte (2 hommes), par Jules Guillemot.
LE CAP DE LA TRENTAINE, comédie en un acte (1 homme, 2 femmes), par Eugène Verconsin.
L'ANDALOUSE, comédie en un acte (2 hommes, 2 femmes), par Alfred Billet.
SCRUPULES, comédie en un acte (2 hommes, 2 femmes), par Ernest d'Hervilly.
LE CONFESSIONNAL, fantaisie en 1 acte (2 hommes, 1 femme), par Abraham Dreyfus.

Un vol. in-18 jésus.................................. 3 fr. 50
Relié demi-chagrin, tranches dorées............ 5 »
Quelques exemplaires sur papier vergé....... 10 »

THÉATRE DE CAMPAGNE

(Sixième série, 5ᵉ édition)

Avec une préface nouvelle de M. Ernest Legouvé

CONTENANT :

L'AGRÉMENT D'ÊTRE LAIDE, scène (2 femmes), par E. Legouvé.

UN CRANE SOUS UNE TEMPÊTE, saynète (1 homme, 1 femme), par Abraham Dreyfus.

UNE FEMME BIEN PLEURÉE, monologue en vers (1 homme), par Paul Delair.

COMME ON FAIT SON LIT, comédie en un acte (3 hommes, 2 femmes), par Paul Ferrier.

LE SERGENT, poésie (1 homme), par Paul Déroulède.

LE SECRET DE THÉODORE, saynète (2 femmes), par Eugène Verconsin.

L'HOMME AUX PIEDS RETOURNÉS, monologue (1 homme), par Charles Cros.

LES ENFANTS AVANT TOUT, comédie en 1 acte (3 hommes, 1 femme), par Ernest d'Hervilly.

L'EMBARRAS DU CHOIX, monologue (1 femme), par le comte W. Sollohub.

VÉNUS, comédie en un acte (1 homme, 2 femmes), par Henri Bocage.

VINGT MILLE FRANCS, monologue (1 femme), par Émile Desbeaux.

LES BOUQUETS, comédie en un acte (2 hommes, 2 femmes), par Eugène Ceillier.

LE SECRET D'UNE VAINCUE, monologue en vers (1 homme), par Ernest d'Hervilly.

UNE PLUIE DE BAISERS, comédie en un acte (1 homme, 2 femmes), par Alfred Séguin.

LA VISION DE CLAUDE, monologue en vers (1 homme), par Paul Delair.

LA PERLE FAUSSE, comédie en un acte (2 hommes, 2 femmes), par Emile Jouan.

L'HOMME PERDU, monologue (1 homme), par Charles Cros.
Un vol. in-18 jésus........................ 3 fr. 50
Relié demi-chagrin, tranches dorées.......... 5 »
Quelques exemplaires sur papier vergé....... 10 »

THÉATRE DE CAMPAGNE
(Septième série, 4e édition)
CONTENANT :

LA MATINÉE D'UNE ÉTOILE, saynète (1 homme, 2 femmes), par E. Legouvé.
L'AMI DE LA MAISON, monologue (1 homme), par Charles Cros.
LA SOURIS, comédie en un acte (1 homme, 1 femme), par A. Des Roseaux.
LE FOU RIRE, monologue en vers (1 femme), par Jacques Normand.
LA PART DE BUTIN, comédie en un acte (4 hommes, 3 femmes, 1 enfant), par G. de Létorière.
LE PREMIER PAS, monologue (1 femme), par le comte W. Sollohub.
ADÉLAIDE ET VERMOUTH, idylle militaire en un acte (1 homme, 1 femme), par E. Verconsin.
L'HOMME PROPRE, monologue (1 homme), par Ch. Cros.
LA MARQUISE DE CRAC, saynète en un acte (2 femmes), par Ernest d'Hervilly.
L'INVENTION DE MON GRAND-ONCLE L'ARCHEVÊQUE DE BÉZIERS, monologue (1 homme), par E. Desbeaux.
LA BÊTE NOIRE, comédie en un acte (2 hommes, 3 femmes), par E. Mendel et Cordier.
LE PENDU, monologue (1 homme), par Ch. Cros.
A L'ESSAI, comédie en un acte (1 homme, 2 femmes), par A. Cahen et G. Sujol.
LE FEU FOLLET, monologue (1 femme), par le comte W. Sollohub.
L'HEURE DE LA LIBERTÉ, saynète (1 homme, 2 femmes) par Jules Guillemot.

L'HOMME QUI A TROUVÉ, monologue (1 homme), par Ch. Cros.

MADAME LIMARAY? comédie en un acte (1 homme, 1 femme), par A. Ehrard.
Un vol. in-18 jésus.................................. 3 fr. 50
Relié demi-chagrin, tranches dorées............. 5 »
Quelques exemplaires sur papier vergé........ 10 »

THÉATRE DE CAMPAGNE
(Huitième série) — SOUS PRESSE

THÉATRE BIZARRE
UNE VOCATION — L'ATHLÈTE — UN MÉNAGE GREC
TRILOGIE FANTAISISTE EN VERS
Par R. PALEFROI
Un joli vol. in-16.................................. 4 fr.

A COTÉ DE LA RAMPE, comédies et saynètes, par Édouard Romberg. Un volume grand in-18... 3 fr. 50

NOUVEAUX PROVERBES, par Tom Bob, contenant : Le Page vénitien ; — Après la pluie le beau temps ; — Un bijou n'est jamais perdu. Un vol in-18....... 1 fr. 50

THÉATRE D'ADOLESCENTS
par Adolphe CARCASSONNE
Un vol. in-18 jésus.................................. 3 fr. 50
Relié richement, toile, tranches dorées......... 5 »

Cet ouvrage est spécialement recommandé pour les maisons d'éducation. On y trouvera un excellent choix de petites comédies faciles à jouer pour les jeunes gens et pour les jeunes filles, et à la fois morales et amusantes.

LES FOLIES QUATRELLES
Théâtre des Petits Enfants. — N° 1. *Les Derniers jours de l'institution Pompéi*. Album in-4o imprimé en couleur. Texte de Quatrelles, illustrations de Sapeck et Quatrelles, couverture illustrée par Grasset.................. 4 fr.

PIÈCES DE THÉATRE

A LA RETRAITE, comédie en cinq actes, en vers, par E. Cousté. In-18 .... 2 fr.

A L'ESSAI, comédie en un acte, par A. Cahen et G. Sujol, représentée à Paris, sur le Théâtre des Fantaisies-Parisiennes, le 19 mars 1880. In-18 .... 1 fr. 50

BABEL-REVUE, Revue de l'année 1878, en quatre actes et onze tableaux, précédée de l'**Esprit en Bouteilles**, prologue en deux tableaux, par Paul Burani et Édouard Philippe, représentée pour la première fois à Paris, sur le théâtre de l'Athénée-Comique, le 10 janvier 1879. In-18.... 1 fr.

BIBELOT (le), comédie en un acte, par Ernest d'Hervilly, représentée pour la première fois à Paris sur le théâtre du Palais-Royal, le 13 avril 1877. In-18............. 1 fr. 50

BILLET DE LOGEMENT (le), opéra-comique en 3 actes, par Paul Burani et Maxime Boucheron, musique de Léon Vasseur, représenté pour la 1re fois à Paris, sur le théâtre des Fantaisies-Parisiennes, le 15 novembre 1879. In-18. 2 fr.

CABINET PIPERLIN (le), comédie-bouffe en 3 actes, par Hippolyte Raymond et Paul Burani, représentée pour la première fois à Paris sur le théâtre de l'Athénée-Comique, le 3 avril 1878. In-18 .... 2 fr.

COMÉDIE PARISIENNE (la), prologue d'ouverture en un acte et en vers libres, par P. Tillier et Em. Clerc. In-18 .... 1 fr. 50

CONVICTIONS DE PAPA (les), comédie en un acte, par Edmond Gondinet, représentée pour la première fois à Paris sur le théâtre du Palais-Royal, le 13 avril 1877. In-18 .... 1 fr. 50

COQ ET LA POULE (le), proverbe en un acte, mêlé de couplets, par Louis Bogey................... 1 fr. 50

DROIT DU SEIGNEUR (le), opéra-comique en trois actes, par Paul Burani et Maxime Boucheron, musique de Léon Vasseur, représenté pour la première fois à Paris, sur le théâtre des Fantaisies-Parisiennes, le 13 décembre 1878. In-18 .... 2 fr.

D'UN SIÈCLE A L'AUTRE, comédie-à-propos en un acte et en vers, par Jules Salmson et Alphonse Scheler, représentée pour la première fois à Genève, sur le Nouveau-Théâtre, le 4 octobre 1879. In-18............ 1 fr. 50

ÉCRIVASSIERS (les), comédie en trois actes, en vers, par E. Dalmont.................................... **2 fr.**

ETATS-UNIS EN 1871 (les), drame historique en quatre actes, en prose, par le baron d'Espiard de Colonge. In-8.. **2 fr.**

FILS DE CORALIE (le), comédie en 4 actes, en prose, par Albert Delpit, représentée pour la première fois à Paris, sur le théâtre du Gymnase-Dramatique, le 16 janvier 1880. In-18... **2 fr.**

FILS DE CORNEILLE (le), à-propos en vers, par Paul Delair, représenté pour la première fois à Paris, sur le Théâtre-Français, le 6 juin 1881. In-18.................... **1 fr.**

GARIN, drame en cinq actes, en vers, par Paul Delair, représenté pour la première fois à Paris, sur le Théâtre-Français, le 8 juillet 1880. Grand in-8.......... **3 fr. 50**

GIFLE (la), comédie en un acte, par Abraham Dreyfus, représentée pour la première fois à Paris sur le théâtre du Palais-Royal, le 3 mai 1880. In-18................ **1 fr. 50**

JEAN DACIER, drame en 5 actes, en vers, par Charles Lomon, représenté pour la première fois à Paris, à la Comédie-Française, le 28 avril 1877. 1 vol. in-8 cavalier, 3ᵉ édition.. **3 fr. 50**

Quelques exemplaires sur papier de Hollande. **10 »**

LÉA, pièce en cinq actes, en prose, par Jean Malus, représentée pour la première fois à Paris, à la Comédie-Parisienne, le 9 septembre 1881. In-18................ **2 fr.**

LOUIS XI EN BELLE HUMEUR, comédie en 2 actes, en vers, par Auguste Robert. In-18................ **1 fr. 50**

MARQUIS DE KÉNILIS (le), drame en 5 actes, en vers, par Charles Lomon, représenté pour la première fois à Paris sur le théâtre national de l'Odéon, le 7 avril 1879. 1 vol. in-8 cavalier...................................... **3 fr. 50**

Quelques exemplaires sur papier de Hollande.... **10 fr.**

NÉGOCIANT ABSOLU (le), comédie en 3 actes, en vers, par E. Cousté. In-18............................ **1 fr. 50**

NOUVEAU-MONDE (le), drame en cinq actes, en prose, par le comte de Villiers de l'Isle-Adam, ouvrage couronné au concours institué en l'honneur du Centenaire de la proclamation de l'Indépendance des États-Unis, gr. in-8... **8 fr.**

PARAPLUIE (le), comédie en un acte, par Ernest d'Hervilly, représentée pour la première fois à Paris sur le théâtre national de l'Odéon, en avril 1880. In-18...... 1 fr. 50
PART DE BUTIN (la), comédie en un acte, par G. de Létorière, représentée pour la première fois à Paris, sur le théâtre du Gymnase, le 11 mars 1880. In-18..... 1 fr. 50
PATRIOTE (un), drame un 5 actes et 7 tableaux dont un prologue, par MM. Armand d'Artois et Maurice Gérard, représenté pour la première fois à Paris, sur le théâtre de la Gaîté, le 16 août 1881. Une brochure in-4°..... 75 cent.
PICCOLINE, comédie en un acte, en vers, par P. Manivet. In-18....................................... 1 fr.
RUPTURE (la), drame en trois actes, en prose, par E. Dalmont. In-18..................................... 2 fr.
SAPHO, scène en vers, par Armand Silvestre, dite au théâtre de la Gaîté, le 5 novembre 1881. In-18.......... 1 fr.
TROIS BOUGIES (les), comédie en un acte, par Louis Leroy et Henri Bocage, représentée pour la première fois à Paris, sur le théâtre du Vaudeville, le 12 novembre 1879. In-18....................................... 1 fr. 50
TRUCS DE TRUCK (les), vaudeville en un acte, par Saint-Agnan Choler, représenté pour la première fois à Paris, sur le théâtre du Palais-Royal, le 30 mai 1880. In-18.. 1 fr. 50
VOLTE-FACE, comédie en un acte, en vers, par Émile Guiard, représentée pour la première fois à Paris, à la Comédie-Française, le 12 octobre 1877. In-18...... 1 fr. 50
   Quelques exemplaires sur papier teinté..... 3 »
      —   — sur papier vergé de Hollande........ 5 »
      —   — sur papier de Chine..... 6 »

MONOLOGUES

BAVARDES (les), scène tirée du *Mercure Galant* de Boursault. In-18... 50 cent.
BIJOU PERDU (le), monologue en prose, par Ed. Philippe et Bridier. In-18................................. 1 fr.
BOUTON (le), monologue en vers, par Hixe, dit par De Roseaux. In-18...................................... 1 fr.

BRETELLES (les), monologue en vers, par V. Revel, dit par M. Armand Des Roseaux In-18.................. 1 fr.

CANARD (un), monologue en prose (avec illustrations de Boulanger), par G. Moynet, dit par Coquelin cadet, de la Comédie-Française. In-18..................... 1 fr. 50

C'EST LA FAUTE AU SILLERY, monologue en vers (avec illustrations d E. Klips), par A. Desmoulin, dit par Berthelier. In-18.......................... 1 fr. 50

Il a été tiré de chacun de ces deux monologues : 25 exempl de luxe sur papier Whatman à 4 francs ; 15 sur papier de Chine à 6 francs ; et 4 sur papier du Japon à 8 francs.)

DE LA PRUDENCE! monologue en prose, par A. Guillon et A. des R., dit par Des Roseaux. In-18............. 1 fr.

DÉMOCRITE (scène tirée de), de Regnard, arrangée par Coquelin aîné, de la Comédie-Française. In-18.. 0 fr. 50

ÉLECTION (l'), monologue en vers, par Julien Berr de Turique, dit par Coquelin cadet, de la Comédie-Française. In-18... 1 fr.

EN FAMILLE, monologue en prose (avec illustrations de A. Sapeck), par G. Moynet, dit par Coquelin cadet, de la Comédie-Française. In-18..................... 1 fr. 50

Il a été tiré 25 exempl. de luxe sur papier Whatman à 4 fr.; 15 sur papier de Chine à 6 fr.; 4 sur papier du Japon à 8 fr.)

HOMME A LA MER! (un), monologue en prose, par E. Morand, dit par Coquelin cadet, de la Comédie-Française. In-18... 1 fr.

JE VOUS AIME, monologue en vers, par de Launay, dit par Mlle Lincelle, du Vaudeville. In-18............... 1 fr.

LUNETTES DE MA GRAND'MÈRE (les), monologue en vers, par H. Matabon, dit par Mlle Reichemberg, de la Comédie-Française. In-18........................ 1 fr.

MADAME LA COLONELLE, monologue en prose, par Bridier et Ed. Philippe. In-18.................... 1 fr.

MARI (un), naïveté en vers, par V. Revel, dite par Mlle Maria Legault, du Vaudeville. In-18..................... 1 fr.

MINET, monologue en vers, par F. Beissier, dit par E. Bonheur. In-18.................................... 1 fr.

MOLIÈRE, stances par Charles Joliet, dites à la Comédie-Française par Mmes Sarah-Bernhardt et Lloyd, le 15 janvier 1879, à l'occasion du 257ᵉ anniversaire de la naissance de Molière. In-18............................ 0 fr. 50

MONOLOGUE MODERNE (le), par Coquelin cadet, de la Comédie-Française. In-16, avec illustr. de Loir Luigi. **2 fr.**
Il reste de ce monologue quelques exempl. de luxe sur papier teinté à 4 fr.; sur papier vergé de Hollande à 6 fr.; sur papier Whatman à 6 fr.; sur papier de Chine à 8 fr.; sur papier du Japon à 10 fr.)

MOUCHE (la), monologue en vers, par Émile Guiard, dit par Coquelin aîné, de la Comédie-Française, 11ᵉ édit. In-18. **1 fr.**

MOUCHOIR (le), monologue en vers, par G. Feydeau, dit par Galipaux. In-18............................ **1 fr.**

ODE A MOLIÈRE, à-propos en vers, par Antoine Cros, dit au théâtre de l'Odéon par M. Porel, le 15 janvier 1882, à l'occasion du 260ᵉ anniversaire de la naissance de Molière. In-18............................ **1 fr.**

ON DEMANDE UN MINISTRE ! monologue en prose, par Maurice Desvallières et Gaston Joria, dit par Mlle Thénard, de la Comédie-française. In-18............................ **1 fr.**

PARIS, monologue en prose, par E. Grenet-Dancourt, dit par Coquelin cadet, de la Comédie-Française. In-18.... **1 fr.**

PETIT-JEAN, par J. Truffier, à-propos en vers dit à la Comédie-Française par Coquelin aîné, le 21 décembre 1878, à l'occasion du 239ᵉ anniversaire de la naissance de Racine. In-18............................ **1 fr.**

PETITE RÉVOLTÉE (la), monologue en vers, par G. Feydeau, dit au Cercle des Castagnettes par Mlle O. d'Andor. In-18............................ **1 fr.**

PIANISTE (le), monologue en prose, par E. Morand, dit par Coquelin cadet, de la Comédie-Française. In-18... **1 fr.**

PRÉSENTATION (une), monologue par Mlle J. Thénard, de la Comédie-Française. In-18............................ **1 fr.**

ROBE DE PERCALINE (la), monologue en vers, par J. Berr de Turique, dit par Mlle Blanche Barretta, de la Comédie-Française. In-18............................ **1 fr.**

TIMBRE-POSTE (le), monologue en vers, par André Herman. In-18............................ **1 fr.**
Il a été tiré 100 exempl. sur papier de Hollande à 2 fr.)

VIN GAI (le), monologue en vers, par E. Delannoy, du Vaudeville. In-18............................ **1 fr.**

HISTOIRE DU THÉATRE

HISTOIRE UNIVERSELLE DU THÉATRE
Par ALPHONSE ROYER

Six forts volumes in-8............................... 45 fr.

L'histoire du théâtre, chez tous les peuples et dans tous les temps, c'est l'histoire des idées et des mœurs des nations, prise dans sa forme la plus vivante. Nul art n'exerce sur les esprits une aussi puissante influence que le théâtre. Il reflète la pensée dominante avec beaucoup plus de précision, et d'une manière plus saisissante et plus pittoresque que n'importe quelle institution religieuse ou civile, que n'importe quel traité de philosophie ou de morale. L'importance de l'œuvre entreprise par Alphonse Royer, et qui vient d'être heureusement menée à fin, n'échappera à personne ; nous n'avons pas besoin d'insister sur l'intérêt qu'offre cet ouvrage considérable, qui raconte les diverses évolutions du théâtre dans tous les pays, depuis l'antiquité jusqu'à nos jours.

Les tomes V et VI, qui embrassent la production dramatique européenne du XIXᵉ siècle, et qui forment à eux seuls un ouvrage complet, se vendent séparément. Ils ont pour titre :

HISTOIRE du théâtre contemporain en France et à l'étranger, depuis 1800 jusqu'à 1875, par Alphonse ROYER. 2 forts volumes in-8... 15 fr.

ALBUM DE LA COMÉDIE-FRANÇAISE
Par F. FEBVRE et T. JOHNSON
Avec une lettre autographe de **Alexandre Dumas fils**,
et un frontispice par **Sarah-Bernhardt**

Superbe publication de luxe dédiée à S. A. R. le Prince de Galles, et ornée de 26 eaux-fortes hors texte, dont 23 sont les portraits, avec autographes, des Sociétaires actuels de la Comédie-Française. 1 beau v. gr in-4 sur pap. teinté. 25 fr.
Relié toile riche, tranches dorées...................... 30 fr.
Quelques exemplaires sur papier de Hollande........ 50 fr.

Cette importante œuvre d'art est en quelque sorte l'histoire officielle de la Comédie-Française. On y trouvera les renseignements les plus complets sur l'organisation de notre première scène et la biographie détaillée de tous les sociétaires actuels. Ajoutons qu'outre l'intérêt qu'offre ce volume au point de vue de *l'histoire du théâtre*, il a encore, pour les amateurs l'attrait d'un chef-d'œuvre artistique et typographique.

LE MUSÉE
DE LA
COMÉDIE-FRANÇAISE
Par René DELORME

Ouvrage honoré d'une souscription du Ministère de l'Instruction publique et du Ministère des Beaux-Arts.
Un beau volume in-4 imprimé avec luxe sur papier vergé teinté-Japon et tiré à petit nombre.............. 10 fr.
Quelques exemplaires sur papier de Chine....... 20 fr.

DEUXIÈME CENTENAIRE DE LA FONDATION DE LA COMÉDIE-FRANÇAISE. — L'Impromptu de Versailles, le Bourgeois gentilhomme, précédés de la Maison de Molière, à-propos en vers, par F. Coppée, et d'une Etude-Préface, par M. Regnier, ancien sociétaire de la Comédie-Française. 1 vol. in-16, orné de deux portraits en pied de Molière, gravés par Damman.

Tirage :
500 exemplaires sur papier de Hollande........... 10 fr.
25 exemplaires sur papier de Chine............. 20 fr.
25 exemplaires sur papier Whatman............ 20 fr.

LA COMÉDIE FRANÇAISE A LONDRES
1871-1879

Journal inédit de E. GOT. | Journal de F. SARCEY.
Publiés avec une introduction par Georges d'HEYLLI, 1 volume in-16, sur papier vergé de Hollande...... 3 fr.
Quelques exemplaires sur papier de Chine........ 5 fr.

MÉMOIRES DE SAMSON, de la Comédie-Française. 1 vol. gr. in-18................................. 3 fr. 50

HISTOIRE DE RUY-BLAS, par Alexandre Hepp et Clément Clament. In-18........................ 1 fr. 50

LA QUESTION DE L'ODÉON. Lettre à son éditeur par *** (Paul Ferrier). In-18....................... 1 fr.

V

ROMANS, BIOGRAPHIES. VOYAGES

NOUVELLE COLLECTION

AMBO Gustave. — Un Voyage de noces, 1 vol. gr. in-18. 3 fr. 50

AIMARD Gustave. — Par Mer et par Terre :
 I. Le Corsaire, 1 volume grand in-18............ 3 fr.
 II. Le Bâtard, 1 volume grand in-18............ 3 fr.

BERTERA André. — L'Amoureuse de maître Wilhelm, avec une eau-forte de Buland, 1 vol. gr. in-18......... 3 fr. 50

BAUQUENNE (Alain). L'Écuyère, 1 vol. gr. in-18. 3 fr. 50

BOCAGE Henri. — Le Bel Armand, 1 vol. gr. in-18 3 fr. 50

BOTTEAU Anne-Marie (Mlle). — Recueil de notices historiques sur les femmes remarquables, depuis la création jusqu'à nos jours, 1 vol. in-8.................. 3 fr. 50

CHAMPSAUR Félicien. — Dinah-Samuel. 1 volume grand in-18... 3 fr. 50

CHARNACÉ Guy (de). — Une Parvenue, 1 vol. grand in-18 avec dessin original de Eugène Lacoste. 2ᵉ édit. 3 fr. 50

COUSTÉ E. — Le Château de Castelloubou, conte fantastique. 1 vol. grand in-18..................... 3 fr. 50

DELORME Amédée. — Mauroy, 1 vol. gr. in-18. 3 fr. 50

DELPIT Albert. — Le Fils de Coralie, 16ᵉ édition, 1 vol. grand in-18..................................... 3 fr. 50

DELPIT Albert. — Le Père de Martial, 13ᵉ édition, 1 vol. grand in-18..................................... 3 fr. 50

DEMESSE Henri. — Les Récits du Père Lalouette, avec illustrations de A. Bertrand, G. Bigot, H. Giacomelli, A. Lançon, M. Leloir, E. Morin, H. Pille, D. Vierge.
 Il n'a été tiré de ce vol. d'amateur, luxueusement imprimé, que 560 exemplaires numérotés à la presse : 10 sur papier du Japon à 25 fr., 15 sur papier de Chine à 20 fr., 25 sur pap. Whatman à 15 fr., 500 sur pap. teinté à 10 fr.

DENOY. — Mademoiselle Clarens, 1 vol. gr. in-18... 3 fr. 50

DUVAL Georges. — Artistes et Cabotins, 1 vol. in-16... 2 fr.
EPHEYRE Charles. — A la recherche du Bonheur, 1 vol. grand in-18.................................. 3 fr. 50
ESCHENAUER. — L'Espagne. 1 vol. gr. in-18.. 3 fr. 50
FISTIÉ Camille. — L'Amour au village, avec une préface de André Theuriet, 2° édition, 1 vol. grand in-18... 3 fr. 50
FIGURES D'ARTISTES. — Léontine Beaugrand, par Fourcaud, avec un portrait gravé à l'eau-forte par Eugène Abot, 1 vol. gr. in-16 carré. Il n'a été tiré de cet ouvrage que 500 exemplaires numérotés à la presse : 1 sur parchemin (n° 1), vendu ; 14 sur papier Japon (n° 2 à 15) à 20 fr. ; 35 sur pap. Chine (n° 16 à 50) à 15 fr. ; 50 sur pap. Whatman (n° 51 à 100) à 12 fr. ; 100 sur pap. vergé de Hollande (n° 101 à 200) à 8 fr. ; 300 sur pap. teinté (n° 201 à 500) à 5 fr.
FRÉDÉRICK LEMAITRE. — Souvenirs publiés par son fils, avec portrait, 2° édition, 1 vol. grand in-18...., 3 fr. 50
GARENNES Ernest. — Le Sergent Villajoux, nouvelle édit. 1 vol. grand in-18........................... 3 fr. 50
GAZEAU DE VAUTIBAULT. — Histoire des d'Orléans, d'après les documents et mémoires légitimistes et orléanistes. Tome Ier, grand in-18............... 4 fr.
GLATRON Georges. — Philippe Faucart, 1 volume grand in-18................................. 3 fr. 50
GOBIN. — A l'Atelier, 1 vol. in-18............. 3 fr. 50
HERMAN André. — Vallons de l'Helvétie. Impressions de voyage. Illustrations dans le texte. 1 vol. in-18.. 2 fr. 50
HERVILLY Ernest (d'). — Les Armes de la femme, avec dessins de P. Outin, 1 vol. grand in-18......... 3 fr. 50
JOKAÏ Maurice. — Les Fils de l'homme au cœur de pierre, traduit du hongrois par Antonine de Gérando Teleki, 1 vol. grand in-18................................. 3 fr. 50
LACROIX Paul (P.-L. Jacob, Bibliophile). — Madame de Krudener, ses lettres et ses ouvrages inédits, 3° édition. 1 vol. grand in-18............................... 3 fr. 50
LAVIGNE Ernest. — Le Roman d'une Nihiliste. 3° édition, 1 vol. grand in 18........................... 3 fr. 50
LÉTORIÈRE (le Vicomte Georges de). — Voyage autour des Parisiennes, avec vignette, 6° éd. 1 vol. gr. in-18. 3 fr. 50
LÉTORIÈRE (le Vicomte Georges de). — Amours et Amitiés parisiennes, 4° édit. 1 vol. grand in-18 avec couverture illustrée... 3 fr. 50

MARK TWAIN. — Esquisses américaines, traduction libre, par Émile Blémont, 1 joli volume in-16 .... 3 fr.
 (Il a été tiré de cet ouvrage 5 exemplaires de luxe sur papier de Hollande à 5 fr., et 5 sur pap. de Chine à 8 fr.)
MONCHANIN. — Dom Manuel, 1 vol. gr. in-18.. 3 fr. 50
OHNET Georges. — *Les Batailles de la vie.* — Serge Panine, 22e édition. 1 vol. grand in-18................ 3 fr. 50
 (Ouvrage couronné par l'Académie française.)
OHNET Georges. — *Les Batailles de la vie.* Le Maître de forges, 14e édition. 1 vol. gr. in-18............ 3 fr. 50
 (Il a été tiré 25 exemplaires de luxe sur papier vergé de Hollande à 8 fr.)
PONS A.-J. — Sainte-Beuve et ses Inconnues, avec une préface de Sainte-Beuve, 12e édit., 1 vol. gr. in-18 3 fr. 50
PONS A.-J. — Ernest Renan et les Origines du Christianisme, 2e édition. 1 vol. grand in-18.......... 3 fr. 50
 (Il a été tiré de cet ouvrage 25 exemplaires de luxe sur papier de Hollande à 8 fr.)
RATTAZZI (Mme). — La Belle Juive, 1 vol. gr. in-18. 3 fr. 50
ROGER G. — Le Carnet d'un ténor, avec une préface de Philippe Gille et un portrait de Roger, 5e édit. 1 vol. gr. in-18. 3 fr. 50
ROLLIN Maurice. — Éclats de rire, 1 vol. gr. in-18... 3 fr.
SAMSON de la Comédie-Française. — Mémoires. 1 vol. gr. in-18... 3 fr. 50
SARCEY. — Le Mot et la Chose. 1 vol. in-18..... 3 fr. 50
SILVESTRE Armand. — Les Farces de mon ami Jacques, 11e édition, 1 vol. gr. in-18, avec dessin original de Jean Béraud................................... 3 fr. 50
SILVESTRE Armand. — Les Malheurs du commandant Laripète, 9e édit. 1 vol. grand in-18, avec dessin original de Jean Béraud.................................... 3 fr. 50
SOSTA René. — La Maison de lierre, 1 vol. gr. in-18 3 fr. 50
STAPLEAUX Léopold. — Les Belles Millionnaires, 3e édit. 1 vol. grand in-18................................... 3 fr. 50
THEURIET André. — La Maison des deux Barbeaux. — Le Sang des Finoël. 4e édit. 1 vol. grand in-18. 3 fr. 50
THEURIET André. — Sauvageonne, 8e édit. 1 vol. gr. in-18. 3 fr. 50
 Il a été tiré de cet ouvrage 15 exempl. de luxe sur papier de Hollande à 8 fr.)

THEURIET André. — Les Mauvais Ménages, 1 vol. gr. in-18.. 3 fr. 50
VAST-RICOUARD. — Claire Aubertin. — Vices Parisiens, 9ᵉ édition, 1 vol. gr. in-18..................... 3 fr. 50
VAST-RICOUARD. — Séraphin et Cⁱᵉ, roman parisien, 12ᵉ éd. 1 vol. gr. in-18................................ 3 fr. 50
VAST-RICOUARD. — La Vieille Garde, 20ᵉ éd. 1 vol. gr. in-18, avec dessin original de Jean Béraud............ 3 fr. 50
VAST-RICOUARD. — La Jeune Garde. 1 vol. gr. in-18 avec dessin.. 3 fr. 50
VERNIER Paul. — La Chasse aux Nihilistes, 2ᵉ édit. 1 vol. gr. in-18.. 3 fr. 50
VILLEMOT Émile. — Les Bêtises du cœur, 8ᵉ édit. 1 vol. gr. in-18, avec dessin original de Loir Luigi..... 3 fr. 50
VOYAGE AU PAYS DES ROUBLES, par un militaire français, 3ᵉ édition, 1 vol. gr. in-18.................. 3 fr. 50
WARZIN Charles. — Un Drame dans la rue de l'Échiquier, 1 vol. gr. in-18.. 2 fr.
YATES Edmund. — Un Drame de la rue, traduction de Mme Judith Bernard-Derosne, 1 vol. gr. in-18.. 3 fr. 50

VI
OUVRAGES A L'USAGE DE LA JEUNESSE

CARCASSONNE Adolphe. — Théâtre d'adolescents, 1 vol. in-18 jésus.. 3 fr. 50
COQUELIN cadet. — Fariboles. Album in-4, avec illustration de Henri Pille. Relié toile riche, tranches dorées. 5 fr.
FOLIES-QUATRELLES (les). Théâtre des Petits-Enfants, N° 1. *Les Derniers jours de l'Institution Pompéi*. Album in-4° imprimé en couleur. Texte de Quatrelles, illustrations de Sapeck et Quatrelles, couverture illustrée par Grasset.. 4 fr.
NAJAC Raoul (de). — Contes à mon Perroquet, avec illustrations hors texte par Gaston Jourdain, 1 vol. in-18 jésus... 3 fr.
Relié toile riche, tranches dorées............................. 4 fr.
PERROT Emmanuel. — Ivo le fils du charpentier, ou une Vocation au village, scène de la Forêt-Noire. Traduction libre de l'allemand d'Auesbach, 1 vol. in-18 jésus.. 2 fr.

VII
POÉSIES

A.-B. — Lamartine. 1 vol. in-16.................. 1 fr.
BORNIER Henri (de). — Le Ruisseau et la Rivière, fable lue au Banquet des fêtes de Florian, à Sceaux, le 5 octobre 1879, suivie du toast à Victor Hugo, in-12......... 1 fr.
CABARET G. — Ariella, 1 vol. in-16............... 3 fr.
BRUYÈRE Paul. — Chansons de guerre. 1 vol. (sous presse).
CARCASSONNE Ad. — Pièces à dire, 1 vol. in-18. 3 fr. 50
CLERC Georges. — Mon Vide-Poche, 1 vol. in-16. 3 fr. 50
CORNIER A. — Myrtes et Roses. Poésies intimes, 1 vol. in-18 jésus.................................... 3 fr. 50
DELAIR Paul. — Les Contes d'à présent, avec une lettre de Coquelin aîné, de la Comédie-Française, sur la Poésie dite en public, et l'art de la dire ; 1 vol. gr. in-18. 3 fr. 50
(Il a été tiré de cet ouvrage 50 exempl. de luxe, sur papier de Hollande à 8 fr. ; et 10 sur papier de Chine à 12 fr.)
DELPIT Albert. — Les Dieux qu'on brise, 1 vol. gr. in-18 sur papier teinté................................ 3 fr. 50
FAVIN Émile. — La Comédie de l'amour, 1 vol. in-18 jésus, sur papier de Hollande..................... 3 fr.
Sur papier de Chine............................ 5 fr.
FAVIN Émile. — Le Roman de l'an passé. In-16. 0 fr. 50
FRANCE ! recueil de poésies patriotiques, par David, Guibert, Hervo, Mieusset, Tailhand. Un joli vol. in-16..... 1 fr.
GINISTY Paul. — Idylles parisiennes, 1 vol. in-18.... 2 fr.
GUIARD Émile. — Livingstone, poésie couronnée par l'Académie française, in-18.......................... 1 fr.
HAREL Paul. — Gousses d'Ail et Fleurs de Serpolet, 1 vol. in-18.. 3 fr.
HERVIEUX. — Les Déclassées. 1 vol. in-18....... 3 fr.
LABITTE Alphonse. — Les Sentimentales, 1 v. in-18 jés. 3 fr.
LARMANDIE Léonce (de). — Les Épaves, poésies Première série, 1 vol. in-18 jésus................. 2 fr.
LOMON Aristide. — Le roi Midas. — André. — Poésies diverses, 1 vol. in-18................................ 2 fr.

LOMON, Charles. — Rénovation, 1 vol. in-18........ 2 fr.
MONGIN Ch. et BOURGAUT, Louis. — Échos du cœur.
  1 vol. in-18.. 3 fr.
OCAMPO Armand-Manuel. — Les Chants d'avril. 1 vol.
  in-18.. 3 fr.
OUDEIS E.-D. — Brocards et Faufreluches dotées, 1 vol.
  gr. in-18.
  Tirage à petit nombre sur pap. vergé de Hollande. Prix 5 fr.
  Plus 10 exemplaires sur papier de Chine........ — 12
      10   —   —   vélin........... — 19
      10   —   —   teinté.......... — 10
POÉSIE DE LA SCIENCE (la), in-18.............. 1 fr.
SERMET Julien. La Muse moderne, 1 vol. in-16.... 1 fr.

VIII
PUBLICATIONS ARTISTIQUES

L'ART ET LES ARTISTES AU SALON DE 1880, par
  Maurice Du Seigneur, 1 vol. grand in-18 avec illustrations... 3 fr. 50
  (40 exempl. sur papier vergé de Hollande. Prix : 10 fr.)
L'ART ET LES ARTISTES AU SALON DE 1881, par
  Maurice Du Seigneur, 1 vol. grand in-18 avec illustrations... 3 fr. 50
  (40 exemplaires sur papier vergé de Hollande. 10 fr.)
DOUSSAULT, C. — La Vénus de Milo. Documents inédits,
  avec deux planches, in-8........................ 1 fr. 50
— La Statue de Diane, par Jean-Baptiste Pigalle, avec une
  photographie de la statue, in-8.................. 1 fr. 50
Les RÉCITS DU PÈRE LALOUETTE, voir p. 30 à *Demesse*.
AQUARELLES D'ÉDOUARD HILDEBRANDT. — Voyage
  autour du monde, complet en 34 planches réunies dans
  un superbe carton spécial........................ 420 fr.
L'Europe, 14 planches............................ 160 fr.
Aquarelles, seconde série, 5 pl. dans un riche carton. 90 fr.
  Chaque planche de ces trois ouvr. se vend 15 fr.; prises
  par six... 12 fr.
VOYAGES PITTORESQUES, par Eugène Kruger. — Ma-
  gnifique publication composée de six aquarelles..... 70 fr.
  Chaque planche se vend séparément.............. 15 fr.

IX
DIVERS

CONGRÈS EN MINIATURE (le), par un diplomate. — Les Préliminaires du Congrès. In-8.................. **1 fr. 50**

FAUCONNET (baron de). — Nice, Monaco et Menton. In-16... **1 fr. »**

GESSNER L. — Le Droit des neutres sur mer, 2ᵉ édition, 1 vol. in-8 cavalier................................ **10 fr.**

GUIDE CLAVIER. — Atlas de poche des voyageurs en chemin de fer, contenant 92 cartes des départements et une carte générale (France et Algérie), 1 vol. in-12.. **1 fr. »**

GUIDES GRAPHIQUES des voyageurs sur les chemins de fer français et étrangers. In-8..................... **1 fr. »**

MORIN Pierre. — L'Armée de l'Avenir. — Nouveau système de guerre. 2ᵉ édition, in-18................. **1 fr. »**

PETTENKOFER Max (de). — Rapports de la Commission allemande chargée de l'étude des épidémies cholériques. — Explosion cholérique dans un pénitencier. 1 vol. in-4, avec 8 planches..................................... **10 fr.**

RENOUARD Charles. — 1794-1878. Discours prononcés à la Cour de Cassation (1781-1787), précédés d'une notice sur sa vie, par Charles Richet. In-8 sur pap. de Hollande... **5 fr.**

RICHET Charles. — Les Poisons de l'intelligence, 1 vol. in-18... **2 fr.**

ROUTINE MILITAIRE (la). — 1 vol. in-18 jésus. **3 fr. »**

SCHLOSS P. — Le Guide de l'Arbitragiste, 1 volume cart. in-16... **10 fr.**

VADE-MECUM à l'usage des Agriculteurs, par Eugène Musatti et Ed. Vianne, avec de nombreuses illustrations. In-18 cartonné.. **0 fr. 90**

Ce Vade-Mecum est des plus utiles et des plus pratiques. Il est recommandé à tous ceux qui s'occupent d'agriculture. Les instituteurs feront bien de le mettre entre les mains de leurs élèves auxquels il inculquera les notions essentielles de la Science agricole.

WEILL Michel-A., grand Rabbin. — La Parole de Dieu ou la Chaire israélite ancienne et moderne. 1 vol. in-8.... **5 fr.**

PUBLICATIONS DE LA MAISON EBHARDT

L'ESPAGNE. 1 vol. relié	75 fr.	»
— broché	60	»
— par livraisons à	2	»
LE GLOBE TERRESTRE. 1ᵉʳ vol. relié	10	»
— 1ʳᵉ série brochée	5	»
— par livraisons à	0	50
AU POLE NORD. 1ᵉʳ vol. relié	11	»
— 1ʳᵉ série brochée	5	»
— par livraisons à	0	50
MONOGRAMMES, Initiales, Alphabets, etc. 1 vol.	1	»
LE TRÉSOR DES DAMES (I, II, III,) chaque livr.	4	»
ALBUM de COSTUMES de travestissement (I. II.) chaque livraison	4	»
TRAITÉ de la DENTELLE IRLANDAISE. 1 vol.	2	»
JOURNAL DE TAPISSERIE, 1880. Gde éd., rel.	10	»
— Petite éd.. rel.	7	»
— 1881. Gr. éd. chaq. livr.	0	75
— Pte éd. chaq. livr.	0	50

X
GUIDES DE VOYAGE BAEDEKER
DERNIÈRES ÉDITIONS
Éditions françaises

ALLEMAGNE	10 fr.	»
BELGIQUE ET HOLLANDE		25
ITALIE SEPTENTRIONALE et L'ILE de CORSE	7	50
ITALIE CENTRALE ET ROME	7	50
ITALIE MÉRIDIONALE, la SICILE, MALTE, etc.	8	75
LES BORDS DU RHIN	7	50
LONDRES, L'ANGLETERRE DU SUD, LE PAYS DE GALLES ET L'ÉCOSSE	7	50
GUIDE A PARIS	7	50
LA SUISSE	8	75
MANUEL DE CONVERSATION en quatre langues (français, allemand, anglais, italien)	3	75
PALESTINE ET SYRIE	20	»
LA BASSE-ÉGYPTE. En préparation.		

Éditions anglaises

BELGIUM AND HOLLAND	6 fr.	25
NORTHERN GERMANY	7	50
THE RHINE FROM ROTTERDAM TO CONSTANCE	7	50
SOUTHERN GERMANY AND AUSTRIA	7	50
THE EASTERN ALPS	7	50
NORTHERN ITALY AND CORSICA	7	50
CENTRAL ITALY AND ROME	7	50
SOUTHERN ITALY, SICILY, MALTA	8	75
LONDON AND ITS ENVIRONS	7	50
NORWAY AND SWEDEN	11	25
HANDBOOK FOR PARIS	7	50
SWITZERLAND	8	75
MANUAL OF CONVERSATION in four languages (english, french, german, italian)	3	75
PALESTINE AND SYRIA	25	»
LOWER EGYPT AND THE PENINSULA OF SINAÏ	18	75

Éditions allemandes

BELGIEN UND HOLLAND	6	25
MITTEL UND NORD-DEUTSCHLAND	8	75
SÜD-DEUTSCHLAND UND OESTERREICH	8	75
DIE RHEINLANDE	7	50
OBER-ITALIEN UND CORSICA	7	50
MITTEL-ITALIEN UND ROM	7	50
UNTER-ITALIEN, SICILIEN, MALTA, SARDINIEN UND TUNIS	8	75
LONDON, SÜD-ENGLAND, WALES UND SCHOTTLAND	7	50
PARIS UND UMGEBUNGEN	7	50
DIE SCHWEIZ	8	75
SCHWEDEN UND NORWEGEN	10	»
CONVERSATIONSBUCH in vier Sprachen	3	75
UNTER-ÆGYPTIEN UND DIE SINAÏHALBINSEL	20	»
PALÄSTINA UND SYRIEN	20	»
GRIECHENLAND.	En préparation.	

TABLE
PAR ORDRE ALPHABÉTIQUE
DES
NOMS D'AUTEURS ET DES TITRES DES OUVRAGES

A. B. Lamartine............ 34
Abraham (Emile). Georges et Georgette. (Théâtre de Campagne, IIIe série)......... 18
A côté de la rampe, par *Ed. Romberg*............ 22
Adélaïde et Vermouth, par *E. Verconsin*. (Th. de Camp., VIIe série)......... 21
A. des R. et A. Guillon. De la prudence!...... 26
Agrément d'être laide (l'), par *E. Legouvé*. (Théâtre de Campagne, VIe série)...... 20
Aimard (Gustave). Par Mer et par Terre............ 30
A la Baguette, par *Jacques Normand*. (Théâtre de Campagne, IIIe série)......... 18
A la recherche du bonheur, par *Charles Epheyre*...... 31
A la retraite, par *E. Cousté*. 23
A l'atelier, par *Gobin*...... 31
A l'essai, par *Cahen* et *Sujol*. Brochure............ 23
A l'essai, par *Cahen* et *Sujol*. (Théâtre de Camp. VIIe série) 21
Album de la Comédie-Française, par *F. Febvre* et *T. Johnson*............ 28
Ambo (Gustave). Un voyage de noces............ 30
Ami de la maison (l'), par *Ch. Cros*. (Th. de Camp., VIIe sér.) 21
Amour au village (l'), par *Camille Fistié*...... 31
Amour de l'art (l'), par *Eugène Labiche*. (Théâtre de Campagne, IVe série)...... 16
Amoureuse de maître Wilhem (l'), par *André Bertera*............ 30
Amours et Amitiés parisiennes, par *G. de Létorière* 31

Andalouse (l'), par *Alfred Billet*. (Théâtre de Campagne, V^e série)......... 19
Anglo-American method, par *J. de Fallon*............ 12
Anthologie, par *F. Mousson*. 12
Aquarelles d'*Edouard Hildebrandt*............ 35
Ariella, par *G. Cabaret*.... 34
Armée de l'avenir (l'), par *Pierre Morin*......... 36
Armes de la femme (les), par *Ernest d'Hervilly*..... 31
Art de bien dire (l'), par *H. Dupont-Vernon*........ 13
Art d'écrire (l'), enseigné par les grands maîtres, par *Ch. Gidel*............ 13
Art (l') et le Comédien, par *Coquelin aîné*...... 14
Art et les Artistes au Salon de 1880 (l'), par *Maurice du Seigneur*............ 35
Art et les Artistes au Salon de 1881 (l'), par *Maurice du Seigneur*............ 35
Artistes et Cabotins, par *Georges Duval*........ 31
Artois (Armand d') et Maurice Gérard. Un Patriote..... 25
Asher's Collection of English Authors............ 12
Asher's Continental Library.. 13
Au (d') E. et J. de Rieux. Aux arrêts. (Théâtre de Campagne, V^e série)......... 19
Autour d'un berceau, par *Ernest Legouvé*. (Théâtre de Campagne, Ire série)..... 16
Aux arrêts, par J. de Rieux et E. d'Au. (Théâtre de Campagne, V^e série)......... 31

Avant le bal, par *Prosper Chazel*. (Théâtre de Campagne, Ire série)... 17
Babel-Revue, par *Paul Burani* et *Edouard Philippe*... 23
Baedeker. Guides de voyages... 37
    Editions françaises... 37
    — anglaises... 38
    — allemandes... 38
Barbe-Bleue... 12
Bassot (L.). Un Réformateur de la poésie française... 14
Bâtard (le), par *Gustave Aimard*... 30
Bavardes (les), de *Boursault*. 25
Beissier (F.). Minet... 26
Bel Armand (le), par *Henri Bocage*... 30
Belle Juive (la), par Mme *Rattazzi*... 32
Belles Millionnaires (les), par *Léopold Stapleaux*... 32
Bernard Derosne (Mme Judith). Drame de la rue... 33
Berr de Turique (Julien). L'Election... 26
— La Robe de percaline... 27
Bertera (André). L'Amoureuse de Maître Wilhelm... 30
Bauquenne (Alain). L'Ecuyère 30
Bête noire (la), par *E. Mendel* et *Cordier*. (Th. de Camp., VIIe série)... 21
Bêtises du cœur (les), par *Emile Villemot*... 33
Bibelot (le), par *Ernest d'Hervilly*... 23
Bijou perdu (le), par *Ed. Philippe* et *Bridier*... 25
Billet (Alfred). L'Andalouse. (Théâtre de Campag., V^e série) 19
Billet de logement (le), par *Paul Burani* et *Maxime Boucheron*... 23
Blémont (Em.) Esquisses américaines de Mark Twain... 32
Bocage (Henri). Le bel Armand. 30
— Vénus. (Théâtre de Campagne, VIe série)... 20
Bocage (Henri) et Louis Leroy. Les trois bougies... 25

Bocage (H.) et E. de Najac. Le Valet de cœur. (Théâtre de Campagne, V^e série)... 19
Bogey (Louis). Le Coq et la Poule... 23
Bornier (Henri de). La Cage du Lion. (Théâtre de Campagne, IIIe série)... 18
— Le Monde renversé. (Th. de Campagne, Ire série). 16
— Le Ruisseau et la Rivière. 34
Botteau (Anne-Marie). Recueil de notices historiques sur les femmes remarquables... 30
Boucheron (Maxime) et Paul Burani. Le Billet de Logement... 23
— Le Droit du Seigneur... 23
Bouquets (les), par *Eugène Ceillier*. (Théâtre de Campagne, VIe série)... 20
Bourgaut (Louis) et Ch. Mongin. Echos du cœur... 35
Boursault. Les Bavardes... 25
Bouton (le), par *Hixe*... 26
Bretelles (les), par *V. Revel*. 25
Bridier et Ed. Philippe. Le Bijou perdu... 25
— Madame la Colonelle... 26
Brocards et Fanfreluches dotées, par *E.-D. Oudeis*. 35
Bruyère (Paul). Chansons de guerre... 34
Burani (Paul) et Maxime Boucheron. Le Billet de Logement... 23
— Le Droit du Seigneur... 23
Burani (Paul) et Edouard Philippe. Babel-Revue... 23
Burani (Paul) et Hippolyte Raymond. Le Cabinet Piperlin... 23
Cabaret (G.). Ariella... 34
Cabinet Piperlin (le), par *Hippolyte Raymond* et *Paul Burani*... 23
Cage du Lion (la), par *Henri de Bornier*. (Théâtre de Campagne, IIIe série)... 18
Cahen et Sujol. A l'essai. (Th. de Camp., VIIe série)... 21

Cahen et Sujol. A l'essai. Broch. 23
Cahiers d'écriture allemande, par *A. Harries*.......... 12
Canard (un), par *G. Moynet*.. 26
Cap de la Trentaine (le), par *Eugène Verconsin*. (Th. de Campagne, V• série)..... 19
Carcassonne (Adolphe). Pièces à dire.................. 34
— Théâtre d'adolescents. 22 et 33
Carnet d'un Ténor (le), par *G. Roger*.............. 32
Cauvet (A.). La prononciation française et la diction...... 13
Ceillier (Eug.). Les Bouquets. (Théâtre de Campagne, VI• série).................... 20
C'est la faute au Sillery, par *A. Desmoulin*........... 26
Champsaur (Félicien). Dinah Samuel................ 30
Chansons de guerre, par *Paul Bruyère*............ 34
Chants d'avril (les), par *A.-M. Ocampo*................ 35
Charnacé (Guy de). Une Parvenue................... 30
Chassant (A). Sermon prononcé par le père *Esprit de Tinchebray*............. 14
Chasse aux Nihilistes (la), par *Paul Vernier*.......... 33
Château de Castelloubou (le), par *E. Cousté*....... 30
Chazel (Prosper). Avant le Bal. (Théâtre de Campagne, I• série)..................... 17
Claire Aubertin, par *Vast-Ricouard*............. 33
Clament (Clément) et Alexandre Hepp. Histoire de Ruy-Blas................... 29
Clerc (Georges). Mon Vide-Poche................... 34
Clerc (Emile) et P. Tillier. La Comédie parisienne..... 23
Collection (*Asher's*) of English Authors.............. 12
Collier d'or (le), par *Albert Millaud*. (Théâtre de Campagne, IV• série)........ 19
Comédie de l'amour (la), par *Emile Favin*.......... 34
Comédie-Française (la) à Londres, par *Georges d'Heylli* 29
Comédie parisienne (la), par *P. Tillier* et *Em. Clerc*.... 23
Comme on fait son lit, par *Paul Ferrier*. (Théâtre de Campagne, VI• série)...... 20
Confessionnal (le), par *Abraham Dreyfus*. (Théâtre de Campagne, V• série)...... 19
Congrès en miniature (le), par un diplomate.......... 36
Contes à mon perroquet, par *Raoul de Najac*........ 33
Contes d'à-présent (les), par *Paul Delair*............ 34
Contes de fées de Perrault (les), traduits en arabe..... 12
Continental Library (Asher's).................. 13
Convictions de papa (les), par *E. Gondinet*. (Théâtre de Campagne, II• série)...... 17
Convictions de papa (les), par *E. Gondinet*. Brochure.. 23
Coq et la Poule (le), par *Louis Bogey*............ 23
Coquelin aîné. L'Art et le Comédien............... 14
— Molière et le Misanthrope. 14
— Scène tirée du Démocrite de Regnard.......... 26
— Un Poète du foyer : Eug. Manuel............... 14
Coquelin cadet. Fariboles.... 33
— Le Monologue moderne.. 27
Corbeille de Mariage (la), par *Georges de Létorière*. (Théâtre de Campagne, IV• série)..................... 18
Cordier et E. Mendel. La Bête noire. (Th. de Camp., VII• série).................. 21
Cornier (A.) Myrtes et Roses. 34
Correspondance (Manuels pratq. de), par *J.-B. Melzi*. 9-11
Corsaire (le), par *Gustave Aimard*................. 30

C stumes de travestisse-
ment (album de)........ 37
Coupé jaune (le), par *Henri
Dupin*, (Théâtre de Campa-
gne, III° série).......... 18
Cousté (E.). A la retraite..... 23
— Le Château de Castellou-
bou................... 30
— Le Négociant absolu..... 24
Crises de Monseigneur (les),
par *Gustave Droz*. (Théâtre
de Campagne, II° série)..... 17
Cros (Ant.). Ode à Molière... 27
Cros (Charles). L'Ami de la
maison. (Th. de Camp.,
VII° série).............. 21
— Le Pendu. (Th. de Camp.,
VII° série)............. 21
— L'Homme aux pieds re-
tournés (Th. de Campa-
gne, VI° série)......... 20
— L'Homme perdu. (Théâtre
de Campagne, VI° série). 21
— L'Homme propre. (Th.
de Camp. VII° série)... 21
— L'Homme qui a trouvé.
(Th. de Camp. VII° sér.) 22
Dalmont (Ed.). Les Ecrivas-
siers..................... 24
— La Rupture............. 25
Daudet (Alphonse). Les Pru-
nes. (Théâtre de Campagne,
III° série)............... 18
De Calais à Douvres, par
Ernest d'Hervilly. (Théâtre
de Campagne, III° série)..... 18
Déclassées (les), par *Hervieux*. 34
Decourcelle (A.). Marie Duval,
(Théâtre de Campagne,
IV° série).............. 19
— La part du lion. (Théâtre
de Campagne, V° série). 19
Delannoy (E.). Le Vin gai... 27
De la Prudence! par *A. Guil-
lon et A. des R.*......... 26
Delair (Paul). Les Contes d'à
présent................. 34
— Le Fils de Corneille.... 24
— Une femme bien pleurée.
(Théâtre de Campagne,
VI° série)............. 20

Delair (Paul). Garin........ 24
— La vision de Claude.
(Théâtre de Campagne,
VI° série)............. 20
Delorme (Amédée). Mauroy.. 30
Delorme (René). Le Musée de
la Comédie-Française....... 29
Delpit (Albert). Les Dieux qu'on
brise................... 34
— Le Fils de Coralie, comé-
die.................... 24
— Le Fils de Coralie, ro-
man................... 30
— Le Père de Martial.... 30
Demesse (Henri). Les Récits
du père Lalouette..... 30 et 35
Démocrite de Regnard (scène
tirée du), par *Coquelin* aîné. 26
Denoy. Mademoiselle Clarens. 30
Dentelle irlandaise (Traité
de la).................. 37
Derély (Victor). Nouveaux
morceaux choisis........ 8
Déroulède (Paul). Le Sergent.
(Th. de Camp., VI° sér.)... 20
Desbeaux (E.). L'Invention de
mon grand-oncle l'archevêque
de Béziers. (Th. de Camp.,
VII° série)............ 21
— 20,000 fr. (Théâtre de
Campagne, VI° série)... 20
Desmoulin (A.) C'est la faute
au Sillery............... 26
Des Roseaux (A.). La Souris
(Th. de Camp., VII° série).. 21
Desvallières (M.) et Gaton
Joria. On demande un Mi-
nistre.................. 27
Deux Epées brisées, par
Ernest Legouvé.......... 14
Deuxième centenaire de la
fondation de la Comédie-
Française.............. 29
Dictionnaire d'Argot mo-
derne, par *L. Rigaud*..... 14
Dictionnaire des Lieux
communs, par *L. Rigaud*.. 14
Dictionnaire du Jargon pa-
risien, par *Lucien Rigaud*. 14

Dieux qu'on brise (les), par Albert Delpit.......... 34
Dinah Samuel, par Félicien Champsaur............ 30
Discours prononcés à la Cour de Cassation, par Renouard................ 36
Dom Manuel, par A. Monchanin................ 32
Doussault (C.). La Vénus de Milo.................. 35
— La Statue de Diane, de Jean-Baptiste Pigalle.... 35
Dreyfus (Abraham). Le Confessionnal. (Théâtre de Campagne, V⁰ série)..... 19
— La Gifle. (Théâtre de Campagne, III⁰ série)... 17
— La Gifle. Brochure...... 24
— Un crâne sous une tempête. (Théâtre de Campagne, VI⁰ série)......... 20
Droit des neutres sur mer (le), par L. Gessner........ 36
Droit du Seigneur (le), par Paul Burani et Maxime Boucheron................ 23
Droz (Gustave). Les Crises de Monseigneur. (Théâtre de Campagne, II⁰ série)...... 17
D'un siècle à l'autre, par Jules Salmson et Alphonse Scheler............... 23
Dupin (Henri). Le Coupé jaune. (Théâtre de Campagne, III⁰ série)................ 18
Dupont-Vernon (H.). L'Art de bien dire......... 13
— Principes de diction..... 13
Du Seigneur (M.). L'Art et les Artistes au salon de 1880. 35
— L'Art et les Artistes au salon de 1881........ 35
Duval (Georges). Artistes et Cabotins............. 31
Ebhardt (publications de la maison)............. 37
Échos du cœur, par Ch. Mongin et Louis Bourgaut... 35
Éclats de rire, par M. Rollin. 32

Écrivassiers (les), par E. Dalmont................ 21
Écuyère (l'), par A. Bauguenne. 30
Edmond (Charles). Un salon d'attente. (Théâtre de Campagne, I⁰ série)........ 17
Ehrard (A.). Madame Limaray? (Th. de Camp., VII⁰ série)... 22
Élection (l'), par Julien Berr de Turique.............. 26
Embarras du choix (l') par le comte W. Sollohub. (Th. de Campagne, VI⁰ série)..... 20
En famille, par G. Moynet... 26
En an s avant tout (les), par Ernest d'Hervilly. (Théâtre de Campagne, VI⁰ série)..... 20
Entre la Soupe et les Lèvres, par Ernest d'Hervilly. (Théâtre de Camp., IV⁰ série). 18
Épaves (les), par Léonce de Larmandie............. 34
Epheyre (Charles). A la recherche du bonheur....... 31
Eschenauer. L'Espagne..... 31
Espagne (l'),(publication de la maison Ebhardt)........ 37
Espagne (l'), par Eschenauer. 31
Espiard de Colonge (le B. d'). Les États-Unis en 1871.. 24
Esquisses américaines, par Blémont................ 32
États-Unis en 1871 (les), par le B. d'Espiard de Colonge. 24
Fallon (J. de). Anglo-American Method........... 12
Farces de mon ami Jacques (les), par Armand Silvestre. 32
Fariboles, par Coquelin cadet. 33
Fauconnet (baron de). Nice, Monaco et Menton....... 36
Favin (Émile). La Comédie de l'Amour............. 34
— Le Roman de l'an passé. 34
Febvre (F.) et T. Johnson. Album de la Comédie-Française................ 23
Femme bien pleurée (Une), par Paul Delair. (Théâtre de Campagne, VI⁰ série)..... 20
Femmes remarquables (les) par Mlle Anne-Marie Binteau. 3

Ferrier (Paul), Comme on fait son lit. (Th. de Campagne, VI° série)........ 20
— La question de l'Odéon . 29
Feu follet (le), par le C. W. Sollohub. (Théâtre de Camp., VII° série)............... 21
Feydeau (G.). Le Mouchoir.. 27
— La Petite Révoltée...... 27
Figures d'artistes, Léontine Beaugrand, par *Fourcaud*... 31
Fils de Coralie (le), par *Albert Delpit*, roman......... 30
Fils de Coralie (le), par *Albert Delpit*, comédie....... 24
Fils de Corneille (le), par *Paul Delair*................ 24
Fils de l'homme au cœur de pierre (les), par *Maurice Jokai*................ 31
Fistié (Camille). L'Amour au village.............. 31
Fleur de Tlemcen (la), par *Ernest Legouvé*. (Théâtre de Campagne, I° série)....... 16
Folies-Quatrelles (les), par *Quatrelles*........... 22-23
Force des femmes (la), par *Henri Milhac*. (Théâtre de Campagne, III° série)..... 18
Fourcaud. Figures d'artistes, Léontine Beaugrand...... 31
Fou rire (le), par *Jacques Normand*. (Th. de Camp., VII° série.)............... 21
Fraises (les), par *André Theuriet*. (Théâtre de Campagne, IV° série)............ 19
France !................ 34
Frédérick Lemaître. Souvenirs publiés par son fils ;.... 31
Garennes (Ernest). Le sergent Villajoux.............. 31
Garin, par *P. Delair*......... 24
Gazeau de Vautibault. Histoire des d'Orléans...... 31
Georges et Georgette, par *Emile Abraham*. (Théâtre de Campagne, III° série)...... 18
Gérard (Maurice) et Armand d'Artois. Un Patriote...... 25

Gessner (L.). Le droit des neutres sur mer......... 36
Gidel (Ch.). L'Art d'écrire enseigné par les grands maîtres 13
Gifle (la), par *Abraham Dreyfus*. (Théâtre de Campagne, III° série)............. 17
Gifle (la), par *Abraham Dreyfus*. Brochure........... 24
Ginisty (Paul). Idylles parisiennes................ 34
Glatron (G.). Philippe Faucart 31
Globe terrestre (le)....... 37
Gobin. A l'atelier........... 31
Gondinet (E.). Les Convictions de papa. (Th. de Campagne, II° série).......... 17
— Les Convictions de papa. Brochure............. 23
— Le Mari qui dort. (Théâtre de Campag., II° série) 17
Got (E.). La Comédie-Française à Londres............. 29
Gousses d'ail et Fleurs de serpolet, par *P. Harel*..... 34
Grenet-Dancourt (E.). Paris. 27
Guiard (Emile). Livingstone.. 34
— La Mouche. (Théâtre de Campagne, V° série).... 19
— La Mouche. Brochure... 27
— Volte-face. Brochure.... 25
— Volte-face. (Théâtre de Campagne, IV° série)... 18
Guide Clavier............. 36
Guide de l'Arbitragiste, par *Paul Schloss*............ 36
Guides de voyage Baedeker............. 37-38
Guides graphiques........ 36
Guillemot (Jules). Les deux sous-préfets de X***. (Th. de Camp., V° série)... 19
— L'Heure de la liberté. (Théâtre de Campagne, VII° série)............. 21
Guillon (A.) et A. des R. De la Prudence !........... 26
Harel (Paul). Gousses d'ail et Fleurs de serpolet....... 34
Harries. Cahiers d'écriture allemande............. 12
Hepp (Alexandre) et Clément

Clament. Histoire de Ruy-Blas 29
Herman (A.). Le Timbre-poste. 27
— Vallons de l'Helvétie.... 31
Hervieux. Les Déclassées ... 34
Hervilly (Ernest d'). Les Armes de la femme....... 31
— Le Bibelot............ 32
— De Calais à Douvres (Th. de Campagne, III° série). 18
— Les Enfants avant tout. (Théâtre de Campagne, VI° série) 20
— Entre la Soupe et les Lèvres. (Théâtre de Campagne, IV° série)........ 18
— La Marquise de Crac. (Théâtre de Camp., VII° série).................. 21
— Notre cher Insensibilisateur ! (Théâtre de Campagne, IV° série)..... 18
— Le Parapluie............ 25
— Les Revanches de l'escalier. (Théâtre de Campagne, III° série)....... 18
— Scrupules. (Théâtre de Campagne, V° série) ... 19
— Le Secret d'une vaincue. (Théâtre de Campagne, VI° série).......... 20
— Silence dans les rangs! (Théâtre de Campagne, I° série)............ 16
— La Soupière (Théâtre de Campagne, I° série) 16
— Vent d'ouest (Théâtre de Campagne, II° série)... 17
Heure de la liberté (l'), par *J. Guillemot*. (Th. de Camp., VII° série)............ 21
Heylli (Georges d'). La Comédie-Française à Londres..... 29
Hildebrandt (Edouard). Aquarelles................... 35
Histoire de Ruy-Blas, par *Alexandre Hepp* et *Clément Clament*............... 29
Histoire des d'Orléans, par *Gazeau de Vautibault*...... 31
Histoire du Théâtre contemporain en France et à l'étranger, depuis 1800 jusqu'à 1875, par *A. Royer*. 2 vol.. 28
Histoire universelle du Théâtre, par *A. Royer*. 6 vol.... 28
Hixe. Le Bouton............. 26
Ho ! le Vert ! par *Charles Narrey*. (Théâtre de Campagne, V° série) 19
Homme à la mer (un), par *E. Morand*................ 26
Homme aux pieds retournés (l'), par *Charles Cros*. (Théâtre de Campagne, VI° série)............ 20
Homme perdu (l'), par *Charles Cros*. (Théâtre de Campagne, VI° série)........ 21
Homme propre (l'), par *Ch. Cros*. (Th. de Camp., VII° sér.) 21
Homme qui a trouvé (l'), par *Ch. Cros*. (Th. de Camp., VII° série)................. 22
Huss (D' Hermann). Lehre vom Accent der deutschen Sprache. 42
Idylles parisiennes, par *Paul Ginisty*................. 34
Invention de mon grand-oncle l'Archevêque de Béziers (l'), par *E. Desbeaux*. (Th. de Camp., VII° série)... 21
Ivo, le fils du charpentier, par *Emm. Perrot*........ 33
Jean Dacier, par *Charles Lomon*.................. 24
Jeune Garde (la), par *Vast-Ricouard* 33
Je vous aime, par *de Launay*. 26
Johnson (T.) et F. Febvre, Album de la Comédie-Française.................... 28
Jokaï (Maurice). Les fils de l'homme au cœur de pierre... 31
Joliet (Charles). Molière...... 26
Joria (G.) et M. Desvallières. On demande un Ministre.... 27
Jouan (Emile). La Perle fausse. (Théâtre de Campagne, VI° série)................. 20
Journal de Tapisserie 37
Krüger (Eugène). Voyages pittoresques................ 35

Labiche (Eugène) Amour de l'Art (l'). (Théâtre de Campagne, IV° série)... 18
— La Lettre chargée. (Théâtre de Camp., II° série). 17
Labitte (Alph.). Les Sentimentales... 34
Lacroix (Paul). Madame de Krudener... 31
Lamartine, par A. B... 34
Lapommeraye (Henri de). Molière et Bossuet... 14
Larmandie (Léonce de). Les Epaves... 34
Launay (de). Je vous aime... 26
Lavigne (Ernest). Le Roman d'une nihiliste... 31
Léa, par Jean Malus... 24
Lectures latines, par Victor Derély... 8
Legouvé (Ernest). Agrément d'être laide (l'). (Th. de Campagne, VI° série)... 20
— Autour d'un berceau. (Théâtre de Campagne, I° série)... 16
— Deux Épées brisées... 14
— La Fleur de Tlemcen. (Théâtre de Campagne, I° série)... 16
— Ma Fille et mon Bien. (Théâtre de Campagne, I° série)... 16
— Matinée d'une étoile (la). (Th. de Camp., VII° série). 21
Lehre vom accent... 12
Lemaître (Frédérick). Souvenirs, publiés par son fils... 34
Leroy (Louis) et Henri Bocage. Les trois Bougies... 25
Létorière (G. de). Amours et Amitiés parisiennes... 34
— La Corbeille de Mariage. (Théâtre de Campagne, IV° série)... 18
— La Part de butin. (Th. de Campagne, VII° sér.)... 21
— La Part de butin. Brochure... 23
— Voyage autour des Parisiennes... 31

Lettre chargée (la), par Eugène Labiche. (Théâtre de Campagne, II° série)... 17
Livingstone, par Emile Guiard... 34
Lomon (Aristide). Le roi Midas. André. Poésies diverses. 34
Lomon (Charles). Jean Dacier. 24
— Le Marquis de Kénilis... 24
— Rénovation... 35
Louis XI en belle humeur, par Auguste Robert... 24
Lunettes de ma grand'mère (les), par H. Malabon... 26
Madame de Krudener, par P. Lacroix... 31
Madame la Colonelle, par Bridier et Ed. Philippe... 26
Madame Limaray? par A. Ehrard. (Th. de Camp., VII° série)... 22
Mademoiselle Clarens, par Denoy... 30
Ma fille et mon Bien, par Ernest Legouvé (Théâtre de Campagne, I° série)... 16
Maison de Lierre (La), par René Sosta... 32
Maison des deux Barbeaux (la). Le Sang des Finoël, par André Theuriet... 32
Maître de forges (le), par G. Ohnet... 32
Malheurs du commandant Laribète (les), par Armand Silvestre... 32
Malus (Jean). Léa... 24
Manivet (Paul). Piccoline... 25
Manuels pratiques de correspondance, par J.-B. Melzi, 9-11
Mari (un), par V. Revel... 26
Marie Duval, par A. Décourcelle. (Théâtre de Campagne, IV° série)... 19
Mari qui dort (le), par Edmond Gondinet. (Théâtre de Campagne, II° série)... 17
Mark Twain (Esquisses américaines), par Em. Blémont. 32
Marquis de Kénilis (le), par Charles Lomon... 24

Marquise de Crao (la), par *E. d'Hervilly*. (Th. de Camp., VII° série).............. 12
Matabon (H.). Les Lunettes de ma grand'mère............. 26
Matinée d'une étoile (la), par *E. Legouvé*. (Th. de Camp., VII° série)............... 21
Mauroy, par *Amédée Delorme*. 30
Mauvais ménages (les), par *André Theuriet*............. 33
Meilhac (Henri). La Force des Femmes. (Théâtre de Campagne, III° série). 18
— Paturel. (Théâtre de Campagne, I™ série)....... 16
Melzi (J.-B.). Manuels pratiques de correspondance........ 9-11
Mémoires de Samson, de la Comédie-Française.... 29 et 32
Mendel (E.) et Cordier. La Bête noire. (Th. de Camp., VII° série)................... 21
Méthodes Ollendorff...... 3 8
Milland (Albert). Le Collier d'Or. (Th. de Camp., IV° sér. 19
Minet, par *F. Beissier*..... 26
Molière, par *Charles Joliet*... 26
Molière et Bossuet, par *H. de Lapommeraye*............. 14
Molière et le Misanthrope, par *Coquelin* aîné........ 14
Monchaum. Dom Manuel... 32
Monde renversé (le), par *Henri de Bornier*. (Théâtre de Campagne, I™ série)..... 16
Mongin (Ch.) et Bourgaat (Louis). Échos du cœur... 35
Monogrammes, Initiales, Alphabets............... 37
Monologue moderne (le), par *Coquelin* cadet......... 27
Mon Vide-poche, par *Georges Clerc*................... 34
Morand (E.). Un Homme à la mer................... 26
— Le Pianiste.......... 27
Morceaux choisis de poètes et de prosateurs latins, par *Victor Derély*........... 8
Morin (Pierre). L'Armée de l'avenir............... 36

Mot et la chose (le), par *Francisque Sarcey*........ 13.32
Mouche (la), par *Emile Guiard*. (Théâtre de Campagne, V° série)............. 19
Mouche (la), par *Emile Guiard*. Brochure....... 27
Mouchoir (le), par *G. Feydeau* 27
Mousson (F.). Anthologie... 12
Moynet (G.). En Famille.... 26
— Un Canard.......... 26
Musatti (Eugène) et Ed. Vianne, Vade-Mecum à l'usage des Agriculteurs...... 36
Muse moderne (la), par *Julien Sermet*............... 35
Musée de la Comédie-Française (le), par *René Delorme*................ 29
Myrtes et Roses, par *A. Cornier*.................... 34
Najac (Raoul de). Contes à mon perroquet............... 33
Najac (E. de) et H. Bocage. Le valet de cœur. (Théâtre de Campagne, V° série)...... 19
Narrey (Charles). Ho ! le Vert ! (Théâtre de Campagne, V° série)................. 19
— O mon Adélaïde ! (Théâtre de Campagne, III° série)................... 18
Négociant absolu (le), par *E. Cousté*............... 24
Nice, Monaco et Menton, par le baron de *Fauconnet*... 36
Normand (Jacques). A la Baguette! (Théâtre de Campagne, III° série)....... 18
— Le Fou rire. (Théâtre de campagne, VII° série)... 21
— Les Petits Cadeaux (Théâtre de Campagne, I™ série) 16
Notre cher Insensibilisateur ! par *Ernest d'Hervilly*. (Théâtre de Campagne, IV° série)................... 18
Nouveau cours pratique de langue française, par *A. Profillet* (de Mussy)..... 13
Nouveau monde (le), par le Cte *Villiers de l'Isle-Adam*.. 24

Nouveaux morceaux choisis de poètes et de prosateurs latins, par *Victor Derély*.... 8
Nouveaux Proverbes, par *Tom-Bob* 22
Ocampo (A.-M.). Les Chants d'avril 33
Ode à Molière, par *A. Cros*. 27
Ohnet (Georges). Serge Panine. 32
— Le Maître de forges 32
Ollendorff. Introduction à la méthode d'ALLEMAND à l'usage des *Anglais*................ 7
Ollendorff. Introduction à la méthode d'ALLEMAND à l'usage des *Français*............... 5
Ollendorff. Introduction à la méthode LATINE, à l'usage des *Anglais*,................ 7
Ollendorff. Introduction à la méthode LATINE, à l'usage des *Français*............... 5
Ollendorff. Méthode d'ALLEMAND à l'usage des *Anglais*. 7
Ollendorff. Méthode d'ALLEMAND à l'usage des *Français*. 4
Ollendorff. Méthode d'ANGLAIS à l'usage des *Allemands*..... 7
Ollendorff. Méthode d'ANGLAIS à l'usage des *Espagnols*..... 6
Ollendorff. Méthode d'ANGLAIS à l'usage des *Français*...... 5
Ollendorff. Méthode d'ANGLAIS à l'usage des *Italiens*........ 6
Ollendorff. Méthode de CHINOIS à l'usage des *Anglais*... 7
Ollendorff. Méthode d'ESPAGNOL à l'usage des *Allemands*. 8
Ollendorff. Méthode d'ESPAGNOL à l'usage des *Anglais*... 7
Ollendorff. Méthode d'ESPAGNOL à l'usage des *Français*. 5
Ollendorff. Méthode de FRANÇAIS à l'usage des *Allemands*. 7
Ollendorff. Méthode de FRANÇAIS à l'usage des *Anglais*.... 6
Ollendorff. Méthode de FRANÇAIS, édition classique, à l'usage des *Anglais*........... 7
Ollendorff. Méthode de FRANÇAIS à l'usage des *Espagnols*.. 6

Ollendorff. Méthode de FRANÇAIS à l'usage des *Italiens*.... 6
Ollendorff. Méthode de FRANÇAIS à l'usage des *Russes*..... 8
Ollendorff. Méthode d'ITALIEN à l'usage des *Allemands*..... 8
Ollendorff. Méthode d'ITALIEN à l'usage des *Anglais*...... 7
Ollendorff. Méthode d'ITALIEN à l'usage des *Espagnols*.... 6
Ollendorff. Méthode d'ITALIEN à l'usage des *Français*..... 5
Ollendorff. Méthode de LATIN à l'usage des *Français*...... 5
Ollendorff. Méthode de LATIN à l'usage des *Espagnols*..... 6
Ollendorff. Méthode de PORTUGAIS à l'usage des *Français*. 5
Ollendorff. Méthode de RUSSE à l'usage des *Français*...... 5
O mon Adélaïde! par *Charles Narrey*. (Théâtre de Campagne, III° série)......... 18
On demande un Ministre, par *M. Desvallières* et *G. Joria* 27
Oudeis (E.-D.). Brocards et Fanfreluches dotées...... 35
Paléfroi (R.). Théâtre bizarre. 22
Parapluie (le), par *Ernest d'Hervilly*.............. 25
Paris, par *E. Grenet-Dancourt*. 27
Par Mer et par Terre, par *Gustave Aimard*......... 30
Parole de Dieu (la), par *Michel-A. Weill*.......... 36
Part de butin (la), par *G. de Létorière*. (Th. de Camp., VII° série)............... 21
Part de butin (la), par *G. de Létorière*. Brochure...... 25
Part du Lion (la), par *Adrien Decourcelle*. (Théâtre de Campagne, V° série)......... 19
Parvenue (une), par *Guy de Charnacé*............. 30
P triote (un), par *Arm. d'Artois* et *Maurice Gérard*.... 25
Paturel, par *Henri Meilhac*. (Théâtre de Campagne, I° série).................. 19
Pays des Roubles (Voyage au).................. 33

Pendu (le), par *Ch. Cros*. (Th. de Camp., VII° série)...... 21
Père de Martial (le), par *Albert Delpit* 30
Perle fausse (la), par *E. Jouan*. (Théâtre de Camp., VI° série)................ 20
Perrot (Emm.). Ivo, le fils du charpentier................ 33
Petit Chaperon rouge (le). 12
Petits Cadeaux (les), par *Jacques Normand*. Théâtre de Campagne, 1° série)...... 16
Petite révoltée (la), par *G. Feydeau*.................. 27
Petit-Jean, par *J. Truffier* ... 27
Pettenkofer (Max de). Explosion cholérique........... 36
Philippe (Edouard) et Paul Burani. Babel-Revue....... 23
Philippe (Ed.) et Brelier. Le Bijou perdu 25
— Madame la Colonelle 26
Philippe Faucart, par *Georges Glatron*............... 31
Pianiste (le), par *E. Morand*. 27
Piccoline, par *P. Manivet* ... 25
Pièces à dire, par *Adolphe Carcassonne* 34
Pigalle (Jean-Baptiste). La statue de Diane, par *C. Doussault*. 35
Pluie de baisers (une), par *Alfred Séguin*. (Théâtre de Campagne, VI° série)..... 20
Poésie de la Science (la).. 35
Poète du foyer (un) : Eugène Manuel, par *Coquelin* aîné. 14
Poisons de l'intelligence (les), par *Charles Richet*.... 36
Pôle nord (au)............ 37
Pons (A.-J.). Ernest Renan et les origines du christianisme................. 32
— Sainte-Beuve et ses Inconnues................. 32
Premier pas (le), par le Cte *W. Sollohub*. (Th. de Camp., VII° série) 21
Présentation (une), par *J. Thénard*............... 27
Principes de diction, par *H. Dupont-Vernon* 13

Profillet (de Mussy). Nouveau cours pratique de langue française 13
Prononciation française et la diction (la), par *A. Cauvet* 13
Proverbes (Nouveaux), par *Tom-Bob*................ 22
Prunes (les), par *Alphonse Daudet*. (Théâtre de Campagne, III° série)............ 18
Quatrelles. Les Folies-Quatrelles 22.33
Question de l'Odéon (la)... 92
Raibaud (André). Tout chemin mène à Rome. (Théâtre de Campagne, V° série)...... 19
Rapports de la Commission allemande chargée de l'étude des épidémies cholériques.... 36
Rattazzi (M°°). La Belle Juive. 32
Raymond (Hippolyte) et Paul Burani. Le Cabinet Piperlin. 23
Récits du père Lalouette (les), par *H. Demesse*..... 30.35
Recueil de notices historiques sur les femmes remarquables, par Anne-Marie Botteau..... 30
Réformateur de la poésie française (un), par *L. Bassot* 14
Regnard, scène tirée de Démocrite, par *Coquelin* aîné.... 26
Renan et les origines du christianisme, par *A.-J. Pons*................... 32
Renouard (Charles). 1794-1878 Discours.................. 36
Rénovation, par *Charles Lomon*................... 35
Retour de Bruxelles, par *Eugène Verconsin*. (Théâtre de Campagne, IV° série)..... 18
Revanches de l'escalier (les), par *Ernest d'Hervilly*. (Théâtre de Campagne, III° série)................... 18
Revel (V.). Les Bretelles..... 25
— Un Mari................ 26
Richet (Charles). Les Poisons de l'intelligence........... 36
— Charles Renouard. 1794-1878.................. 36

Riedmatten (A. de). La Tragédie du docteur Faust 14
Rieux (J.) et E. d'Au. Aux Arrêts. (Théâtre de Campagne, V⁰ série) 19
Rigand (Lucien). Dictionnaire d'argot modern 14
— Dictionnaire du jargon parisien 14
— Dictionnaire des lieux communs 14
Robe de percaline (la), par J. Berr de Turique 27
Robert (Auguste). Louis XI en belle humeur 24
Roger (G.). Le Carnet d'un Ténor 32
Roi Midas (le), André etc., par Aristide Lomon 34
Rollin (Maurice). Eclats de rire. 32
Roman de l'an passé (le), par Emile Faein 34
Roman d'une Nihiliste (le), par Ernest Lavigne 31
Romberg (Edouard). A côté de la Rampe 22
Routine militaire (la) 36
Royer (Alphonse). Histoire du théâtre contemporain en France et à l'étranger, depuis 1800 jusqu'à 1875, 2 vol 28
— Histoire universelle du théâtre, 6 vol 28
Ruisseau et la Rivière (le), par Henri de Bornier 34
Rupture (la), par Ed. Dalmont 25
Sa canne et son chapeau, par le comte W. Sollohub. (Théâtre de Campagne, II⁰ série) 17
Saint-Agnan Choler. Les Trucs de Truck 25
Sainte-Beuve et ses Inconnues, par A. J. Pons 32
Salmson (Jules) et Alphonse Scheler. D'un siècle à l'autre 23
Salon d'attente (un), par Charles Edmond. (Théâtre de Campagne, I⁰ série) 17
Samson. Mémoires ..... 29 et 32

Sang de Finoël (le). La Maison des deux Barbeaux, par André Theuriet 32
Sapho, par Arm. Silvestre 25
Sarcey (F.). La Comédie-Française à Londres 29
— Le Mot et la chose 13, 32
Sauvageonne, par André Theuriet 32
Scène tirée du Démocrite de Regnard, par Coquelin aîné 26
Scheler (Alphonse) et Jules Salmson. D'un siècle à l'autre 23
Schloss (Paul). Guide de l'arbitragiste 36
Scrupules, par Ernest d'Hervilly. (Théâtre de Campagne, V⁰ série) 19
Secret de Théodore (le), par Eugène Verconsin. (Théâtre de Campagne, VI⁰ série) 20
Secret d'une Vainone (le), par Ernest d'Hervilly. (Th. de Campagne, VI⁰ série) 20
Séguin (Alfred). Une pluie de baisers. (Théâtre de Campagne, VI⁰ série) 20
Sentimentales (les), par Alph. Labitte 34
Séraphin et Cⁱᵉ, par Vast-Ricouard 33
Sérénade (une), par le comte W. Sollohub. (Théâtre de Campagne, II⁰ série) 17
Sergent (le), par Paul Deroulède. (Théâtre de Campagne, VI⁰ série) 20
Sergent Villajoux (le), par Ern. Garennes 31
Serge Panine, par G. Ohnet 32
Sermet (Julien). La Muse moderne 35
Sermon prononcé par le R. P. Esprit de Tiochebray 14
Silence dans les rangs! par Ernest d'Hervilly. (Théâtre de Campagne, I⁰ série) 19
Silvestre (Armand). Les Farces de mon ami Jacques 32
— Les Malheurs du commandant Laripète 32

Silvestre (Armand). Sapho.. 25
Sollohub (le Cte W.). L'Embarras du choix. (Théâtre de Campagne, VI° série)............................. 20
— Le Feu follet. (Théâtre de Camp., VII° série)...... 21
— Le Premier pas. (Théâtre de Campagne, VII° série) 21
— Sa canne et son chapeau. (Théâtre de Campagne, II° série).............. 17
— Une Sérénade. (Théâtre de Campagne, II° série). 17
Sosta (René). La Maison de lierre..................... 32
Soupière (la), par *Ernest d'Hervilly*. (Théâtre de Campagne, I° série)........ 16
Souris (la), par *A. Des Roseaux*. (Théâtre de Camp. VII° série)................. 21
Sous-Préfets de X*** (les deux), par *Jules Guillemot*. (Théâtre de Campagne, V° série)................. 19
Souvenirs de Frédérick Lemaître, publiés par son fils................... 21
Stapleaux (Léopold). Les Belles Millionnaires.......... 32
Statue de Diane (la), de Jean-Baptiste Pigalle, par *C. Doussault*................... 35
Susol et Cahen. A l'essai. (Th. de Camp., VII° série)..... 21
— A l'essai. Brochure........ 23
Tapisserie (Journal de)...... 37
Théâtre d'adolescents, par *Adolphe Carcassonne*. 22 et 33
Théâtre bizarre, par *R. Palefroi*.................... 22
Théâtre de Campagne, séries I°, II°, III°, IV°, V°, VI°, VII°......... 15-22
Thénard (J.). Une présentation............................ 27
Theuriet (André). Les Fraises. (Théâtre de Camp., IV° série). 19

Theuriet (André). La Maison des deux Barbeaux. Le Sang des Finoël......... 32
— La Vieille Maison. (Théâtre de Campagne, II° série)..... 17
— Les Mauvais ménages.... 33
— Sauvageonne........... 32
Tillier (P.) et Em. Clerc. La Comédie parisienne.......... 23
Timbre-Poste (le), par *A. Herman*.................. 27
Tinchebray (le P. Esprit de). Sermon.................. 14
Tom-Bob. Nouveaux proverbes.................. 22
Tout chemin mène à Rome, par *André Raybaud*. (Théâtre de Campagne, V° série).. 19
Tragédie du docteur Faust (la), par *A. de Riedmatten*... 14
Trésor des Dames (le)..... 37
Trois Bougies (les), par *Louis Leroy et Henri Bocage*... 25
Trucs de Truck (les), par *St-Agnan Choler*......... 25
Truffier (J.) Petit-Jean..... 27
Un crâne sous une tempête, par *Abraham Dreyfus*. (Théâtre de Campagne, VI° série).................. 20
Un Diplomate. Le Congrès en miniature.............. 36
Un Drame dans la rue de l'Échiquier, par *Ch. Warzin*.. 33
Un Drame de la rue, par *Edmond Yates*, traduction par Mme *Judith Bernard-Derosne*............... 33
Un militaire français. Voyage au pays des Roubles..... 33
Vade-Mecum à l'usage des Agriculteurs, par *Eugène Musatti et Ed Vianne*........ 36
Valet de Cœur (le), par *E. de Najac et H. Bocage*. (Théâtre de Campagne, V° série)... 19
Vallons de l'Helvétie, par *A. Herman*................ 31
Vast-Ricouard, Claire Aubertin..................... 33
— Séraphin et C°........

Vast-Ricouard. La Jeune Garde 33
— La Vieille Garde......... 33
Vent d'Ouest, par *Ernest d'Hervilly*. (Théâtre de Campagne, II° série)............ 17
Vénus, par *Henri Bocage*. (Théâtre de Campagne, VI° série).................. 20
Vénus de Milo (la), par *C. Doussault*................ 35
Verconsin (Eugène). Adélaïde et Vermouth. (Théâtre de Camp., VII° série)..... 21
— Le Cap de la trentaine. (Théâtre de Campagne, V° série)............... 19
— Retour de Bruxelles. (Théâtre de Campagne, IV° série)............... 18
— Le Secret de Théodore. (Théâtre de Campagne, VI° série)............... 20
Vernier (Paul). La Chasse aux Nihilistes 33
Vianne (Ed.) et Eugène Musatti. Vade-Mecum à l'usage des agriculteurs........... 36
Vieille Garde (la), par *Vast-Ricouard* 33
Vieille Maison (la), par *André Theuriet*. (Théâtre de Campagne, II° série).......... 17

Villemot (Emile). Les Bêtises du cœur................. 33
Villiers de l'Isle-Adam (le Cte). Le Nouveau Monde.... 24
Vin gai (le), par *E. Delanney*. 27
Vingt mille francs, par *Emile Desbeaux*. (Théâtre de Campagne. VI° série)......... 20
Vision de Claude (la), par *Paul Delair*. (Théâtre de Campagne, VI° série)........... 20
Volte-Face, par *Emile Guiard*. (Théâtre de Campagne, IV° série) 18
Volte-Face, par *Emile Guiard*. Brochure 25
Voyage au pays des Roubles................... 33
Voyage autour des Parisiennes, par *Georges de Létorière* 31
Voyage de noces (un), par *Gustave Ambo* 30
Voyages pittoresques, par *Eug. Krüger* 35
Warzin (Charles). Un Drame dans la rue de l'Échiquier... 33
Weill (Michel-A.). La Parole de Dieu 26
Yates (Edmund). Un Drame de la rue 33

RÉPERTOIRE GÉNÉRAL de **POLITIQUE** et d'**HISTOIRE**

CONTEMPORAINES, FONDÉ EN 1875.

Directeur, Eugène Laffineur. — *Rédacteur en Chef,*

Georges Gauné

4 VOLUMES PAR AN

ABONNEMENTS

PARIS, 20 fr. Départements et Étranger. 22 fr.

Angers, imp. A. Burdin et C°, rue Garnier, 4. — 2-82.

www.ingramcontent.com/pod-product-compliance
Lightning Source LLC
Chambersburg PA
CBHW071622230426
43669CB00012B/2045